国家社科基金西部项目：
"民族社区旅游发展与民族传统文化保护'双赢'的调控机制研究"（09XM

The Game between Modernity and Locality
A Theoretical Interpretation on the
Predicament of Tourism Development in Ethnic Communities

现代性与乡土性的博弈

民族社区旅游发展困境的理论透视

刘 旺 柳红波 蒋 敬／著

科学出版社

北 京

图书在版编目（CIP）数据

现代性与乡土性的博弈：民族社区旅游发展困境的理论透视 / 刘旺，
柳红波，蒋敬著. —北京：科学出版社，2018.6
　ISBN 978-7-03-058093-1

　I.①现⋯　II.①刘⋯②柳⋯③蒋⋯　III.①民族地区-旅游业发展-
研究-中国　IV.①F592.7

　中国版本图书馆CIP数据核字（2018）第133427号

责任编辑：孙　宇　李秉乾 / 责任校对：邹慧卿
责任印制：徐晓晨 / 封面设计：有道文化
编辑部电话：010-64035853
E-mail：houjunlin@mail.sciencep.com

科 学 出 版 社 出版
北京东黄城根北街 16 号
邮政编码：100717
http://www.sciencep.com

北京凌奇印刷有限责任公司 印刷
科学出版社发行　各地新华书店经销
*

2018年6月第　一　版　开本：B5（720×1000）
2020年1月第二次印刷　印张：19 1/2
字数：310 000
定价：96.00 元
（如有印装质量问题，我社负责调换）

序

　　本书是在"现代性与乡土性的博弈"大背景下研究旅游发展对民族社区社会文化影响的学术专著。笔者对于旅游社会文化影响话题的关注，始于川西深山峡谷里的一个小村庄——甲居藏寨。2005年，刚刚博士毕业的我无意间走进了这个村庄，古老的嘉绒藏族世世代代居住在这里，依山而建的藏式民居与大自然浑然一体，薄薄的烟云缭绕着整个山谷，充满灵气。一瞬间，忽然觉得文人先贤笔下的田园牧歌大抵也不过如此，也就在这一刻，我隐约感觉到这个小村庄或将是我学术征程的新起点。

　　2006年7月，中央电视台《纪事》栏目播出了《格玲·德雅》纪录片，片中曝光了甲居藏寨在旅游发展中出现的各种负面现象，甲居藏寨在短短6年的旅游开发历程中遇到了诸如竞争"拉客"、环境污染、村民纠纷等各种问题。不得不承认，旅游对于民族社区而言，福祉与阵痛并存，其在给当地民族社区带来经济收入的同时，也对民族社区社会文化产生了广泛而深刻的影响。甲居藏寨只是千千万万个民族社区的缩影，出于学术的敏感性，我对民族社区的旅游发展及其影响等问题产生了浓厚的兴趣。此后，我和我的团队开始将民族社区作为研究对象，常年奔走于川西各个民族村寨，经过数次调研、考察之后，我们围绕民族社区旅游发展中存在的各种问题展开了系列研究。

　　本书是对我们系列研究的总结，聚焦于"现代性与乡土性的博弈"这个大背景，旨在剖析旅游发展对民族社区社会文化的影响。一方面，现代性以理性为核心，其所蕴含的巨大解放力量为民族社区旅游发展提供了物质基础和社会条件，一定程度上唤醒或强化了少数民族的族群意识和族群认同，促进了民族传统文化的传播和交流；但另一方面，现代性所带来的外来文化和商品经济意识的入侵，导致了当地文化生活的肤浅化、舞台化以及民族文化产品的标准化、虚假化，也在一定程度上对当地传统伦理和道德导向产生了巨大冲击，加剧了民族社区相关利益者之间的结构性矛盾。民族社区社会冲突的不断出现，使越来越多的人慨叹："这些为现代化洪流所席卷的民族村落已经不再是人们所向往的诗和远方！"所以人们又开始怀念起以往那个传统的小村落，怀念那时的山水、那时的人、那时简单的生活。这或许就是现代性与乡土性的二元悖论，一方面现代性的所向披靡渐渐地消解着乡土性；另一方面它却又在不知不觉中唤起了人们对乡土的怀念与回归。但这场现代性与乡土性的博弈，究竟谁输谁赢呢？

　　本书的前言和结论是由我本人撰写的，其余各章的作者简要情况如下：第一章，作者左文超，目前在贵州财经大学工作；第二章，作者蒋敬，目前在四川工程职业技术学院工作；第三章，作者柳红波，目前在河西学院工作，并在职攻读复旦大学旅游管理博士学位；第四章，作者刘小萍，目前在河南省济源市旅游局工作。

　　本书针对民族社区旅游发展过程中存在的各种问题，分别采用定性与定量研究方法，综合运用文化权理论、产权理论、"差序格局"理论、人力资本理论和社会资本理论，试图较为全面地透视民族社区旅游发展过程中现代性与乡土性的博弈，为民族社区旅游可持续发展提供理论指导和实践参考。

刘　旺

2018 年 4 月 5 日

前　言

　　20世纪以来，全球化已成为不可逆转的潮流，其在加速商品与资本在全球流动的同时，也带动了技术、信息、人流的空间流动，世界各国之间的联系比以往任何一个时期都更加紧密，正走向一种支配性的逻辑和同质化的趋势。在经济全球化的同时，社会文化也出现了空前的流动，"全球化文化潮流"正在影响世界的各个角落，民族传统文化在外来文化的冲击下开始变异、衰亡或消失，面临被标准化、同质化的命运。与此同时，现代社会的旅游者对异域文化"差异性"和"地方性"的追求却与日俱增，对民族传统文化表现出强烈的体验欲望。这是在全球化背景下对地方性的一种追求，是在现代世界中对原生态的一种回归，是在标准化场景下对异质性的一种探索。

　　我国的少数民族多聚居在我国西部和边疆地区，留存着原真的自然风貌、古朴浓郁的民俗风情，积淀了深厚的文化底蕴，对于追求异域风情和体验民族传统文化的国内外旅游者具有强大的吸引力。20世纪80年代以来，民族社区旅游在贵州、云南、广西、四川等少数民族地区陆续开展。各地方政府将其作为脱贫致富、促进地区发展的重要抓手予以高度重视，企业资本也不断介入民族社区的旅游开发。一方面，民族社区通过旅游开发，推动了社区经济的发展，提高了社区居民的生活水平；另一方面，随着旅游的发展，外来旅游者在给民族社区带来经济收益的同时，也带来了外来文化，民族传统文化和外来文化开始交融和碰撞，部分居民对传统文化的认同度开始降低，传统文化的个性特征开始消失，传统文化的保护和传承受到挑战，传统文化的原真性受到游客的质疑，民族传统文化作为社区旅游发展赖以依存的"根基"受到威胁。同时，随着民族社区旅游的发展，社区开始出现劳动分工，居民之间的收入差距开始拉大，社区开始出现分化和分层，原有的以亲缘和血缘为纽带的社区结构也开始发生变化，社区居民之间、社区居民与政府之间、社区居民与企业之间开始出现矛盾冲突，这些现象是所有以民族传统文化为核心吸引物的民族社区在旅游发展过程中面临的共同难题，它们极大地影响着民族社区的文化传承和旅游的持续发展。

本书总体采用微观与宏观相统一、规范与实证相结合、定性与定量相结合的研究思路。在研究过程中，首先进行理论构建，在此基础上，选择典型的案例区域，实证研究旅游活动对民族社区社会文化的影响程度和内在的作用机制。

在理论研究方面，把旅游活动对民族社区社会文化影响这一研究问题置于"现代性与乡土性的博弈"的大背景下，通过阅读国内外相关文献，总结国内外有关旅游活动对旅游目的地社会文化影响的研究成果及其对我国相关研究的借鉴意义。理论研究主要通过研究系统论、制度经济学、民族学、乡土社会学、人力资本、社会资本理论，为本书研究找到了理论支撑，为本书研究的顺利进行奠定了坚实的理论基础。

在理论研究的基础上，进入实证研究的层面。第一步是研究民族社区旅游资源的结构特征，通过应用系统论、制度经济学、民族学、人力资本等相关理论，揭示民族社区旅游资源具有规模效应、公权与私权交织等内在本质特征，并指出民族社区的旅游资源某种程度上体现在居民日常的生活形态之中。对民族社区旅游资源特殊性的研究的目的在于明确社区居民的主体地位，揭示民族社区在由居民的日常生活形态特征向具有展演功能的旅游资源的资本形态特征转变过程中面临的困境,并寻求理论解释。第二步,运用反映我国农村乡土社会结构特征的"差序格局"理论,定量测量旅游活动对民族社区社会结构的影响程度,探讨民族社区结构的内核是否受到影响。第三步,运用人力资本理论,研究旅游活动对民族社区的非物质文化遗产开发与保护的影响,探讨在市场经济的大背景下,如何实现非物质文化遗产从"无意而为之的天然习得"向"有意而为之"的转变及其措施。第四步,运用社会资本理论,解析民族社区社会资本的构成,以及旅游活动对民族社区社会资本的影响,通过两个社区的比较研究,提出培育民族社区社会资本的措施,以促进民族社区的可持续发展。

本书主要内容共计四章,围绕现代性与乡土性的博弈大背景,探讨旅游活动对民族社区社会文化的影响及其内在的规律性,具体如下。

第一章,主要研究民族社区旅游资源结构特征与开发困境。该章在已有研究成果基础上,进一步深入剖析民族社区旅游资源内在的结构特征,揭示民族社区旅游资源具有集聚特征、群体性特征、公权与私权交织特征、人力资本特征。民族社区旅游发展面临三大困境:一是旅游活动引起原本属于社区居民的日常生活场景向具有展演、观光功能的舞台场景转变过程面临的困境;二是由社区传统文化的"天然习得"向市场经济环境下传统文化的"有意而为之"的转变,价值理性与工具理性发生冲突,民族社区传统文化的继承和发展面临困境;三是旅游活动引起社区居民"自发自在"的行为模式向"自由自觉"的行为模式的转变,这一转变过程中,社区居民将面临深层次的内生困境。

第二章,以本土化的乡土社会学为基础,以反映我国乡土社会结构特征的"差序格局"理论为依据,开发测度旅游活动对民族社区乡土社会特征影响的量表,选取典型的甲居藏寨作为案例区域,通过问卷调查,获取第一手数据,定量分析旅游活动对民族社区乡土社会特征影响的程度。研究发现,旅游发展后,民族社区居民之间经济利益往来增多,各种社会关系中的"工具性成分"日益扩大，并不断冲击着"情感性成分"。其中，对血缘关系产生的冲击较小，但对亲属关系、地缘关系、人情关系、邻里关系产生的冲击较大，人与人之间的尊卑等级和亲疏远近发生了变化，从而动摇了维系原有"差序格局"社会结构的邻里关系、地缘关系等基础因素，但"差序格局"的基本面仍然存在。

第三章，主要从人力资本理论的视角，研究在新的社会经济文化背景下，非物质文化遗产传承与保护的微观机制。在市场经济环境下，非物质文化遗产从"地方性知识"转变为能够产生经济收益的"人力资本"。在这一身份转变过程中，非物质文化遗产的传承也由"天然习得"到"有意而为之"，也即从文化的濡化过程到文化的主动选择过程。在主动选择过程中，对于一些不能产生经济收益或者投资收益较低的非物质文化遗产，社区居民便没有积极性进行主动学习方面的投资，因而面临消失的危险。因此，探讨在社区旅游发展过程中，如何实现民族社区非物质文化遗产的传承机制是该章研究的重点。

第四章，主要从西方社会资本的理论视角，分析研究旅游活动与民族社区社会资本变化的关系。民族社区旅游发展过程中出现的社会问题，可归结为社会资本的流失。对于民族社区而言，社会资本产生于民族长期的发展过程和发展环境中，它支撑着民族社区的运行。社会资本是民族社区发展中能够促使人们实现发展目标的基本动力和润滑剂，是发展中不可缺少的资本，也是旅游得以发展的重要社会基础和支撑。只有系统重构、培育社会资本才能解决民族社区发展中的困境，要想系统重构、培育社会资本，首先必须了解民族社区社会资本的现状和问题，以及旅游前后民族社区社会资本发生了怎样的变化，然后才能提出民族社区社会的再培育和重构的措施。该章选取桃坪羌寨和萝卜寨两个社区的社会资本进行考察研究，对两个社区的社会资本进行对比，通过判断这两个社区在社会资本各维度的显著差异，最后得出旅游发展后民族社区社会资本的变化内容及变化方向。

　　本书研究从理论层面来讲，一是通过应用系统论、人力资本、乡土社会学等相关理论来研究民族社区旅游资源的结构特征，从而揭示民族社区旅游资源自身的特殊性，尝试解决民族传统文化保护与传承的基础理论问题；二是基于现代性与乡土性的理论视角，探讨了民族社区旅游发展引致的民族社区传统文化转型与重构过程中面临的深层次困境，并尝试开发测度旅游活动对民族社区乡土特征影响的量表，定量研究旅游活动对民族社区乡土特征影响的程度，预测民族社区传统文化的演变方向和路径；三是在对民族社区资源特性进行研究的基础上，通过应用社会资本理论，结合相关研究成果，开发了测度民族社区社会资本的量表，通过对旅游活动对民族社区社会资本影响的测量，揭示旅游活动对民族社区社会文化影响的内在作用机制，从而为民族社区的治理措施提供理论依据。

　　从实践层面上看，我国大多数民族社区分布在偏远的山区，自然条件恶劣，经济发展滞后，居民的生活水平亟须提高，通过发展社区旅游来改善当地居民生活质量成为地方政府和社区居民迫切的需求和必然的选择。

刘　旺

2018 年 4 月 5 日

目 录

第一章
民族社区旅游资源结构
特征与开发困境

第一节　民族社区基本概念界定和旅游资源研究进展

一、基本概念界定

（一）社区

社区这一社会学术语是德国社会学家滕尼斯于 1887 年在其著作《共同体与社会》中首次使用的，后被美国学者译为 community，1933 年费孝通等人将 community 译为"社区"。到目前为止，关于社区概念的数量已多达二百余种。庞树奇和蒋雅蓉（2001）认为"社区是有共同地域基础、共同利益和归属感的社会群体"。郑杭生（2003）认为"社区是进行一定的社会活动、具有某种互动关系的共同文化维系力的人类生活群体及其活动区域"。由此可见，社区具有两个基本属性：一是社区是一个社会群体；二是社区是一个地理空间。

（二）民族社区

目前，在研究民族地区旅游开发问题时，学者们除了使用"民族社区"概念外，也时常使用"民俗村""民族村""民族村寨"等，这些概念既有交叉，也各有侧重，含义略有不同。

彭多意（2001）认为，民族社区是指在一个大社会中生活在一起的一群人，他们具有相似的经济利益、生产生活环境和社会文化结构。民族人口聚居的自然村或行政村可以视为一个社区，生活在村内的村民在环境、社会文化结构和经济利益等方面都有一定的相似性。刘婷（2002）认为，"民族文化生态村"，或者称为"民族村寨"是一个大概念，即是一个具有一定地区性的传统民族文化保护价值的村寨，民族文化生态村是展示原地、原生态的民族文化村寨，是现实存在的活文化与孕育产生此文化的自然生态环境的结合体。罗永常（2003，2005）将作为旅游目的地的少数民族乡村社区定义为，具有发展旅游业的资源和条件的民族村寨及其周围环境，其旅游吸引物既可以是少数民族乡村的自然风光，也可以是人文景观；既可以是少数民族乡村建筑、服饰、饮食、节庆、婚丧嫁娶、文体活动、乡土工艺等显性的文化要素，也可以是居民的思维方式、心理特征、道德观念、审美情趣等非显性的文化要素。作为一类特殊而广大的地区，少数民族乡村社区有着一些共同特点，即长期封闭、生产力水平低、文化构成单纯、经济落后且结构单一、人口素质低、人口压力大、人地矛盾突出等，其社会文化环境和自然生态环境都十分脆弱，很难承受外来强势文化特别是旅游经济大潮的冲击。李伟梁（2006）认为，民族社区就是在少数民族居民相对集中的地方，包括少数民族聚居的农村社区，像少数民族村寨，也包括少数民族聚居的城镇社区，但以前者为主。总体而言，民族社区具有地域性、社会性和民族性的特点，即李伟梁认为民族社区是由少数民族居民聚集而成的区域，在城市形成城市社区，在村寨则形成村寨社区，由于社会历史等原因，少数民族的社区以少数民族村寨为主。高永久和朱军（2010）认为，民族社区是"以少数民族社会成员为构成主体，以民族社会成员的共同的地缘和紧密的日常生活为基础的民族区域性社会，是一个兼具社会性和民族性的社会共同体"。与李伟梁（2006）相比，高永久和朱军（2010）认为，民族社区是由少数民族共同体组成的群体，在固定的地域上形成区域特色的前提下，他们更强调社区的社会性。

　　综合上述观点，本书采用高永久和朱军（2010）对民族社区的定义，并专指生活在偏远的少数民族聚居的农村社区，通常也可称为民族村寨。典型的民族社区具有以下特征：一是地域的相对封闭性；二是以某一少数民族身份为主体人群的社会成员构成的单一性；三是民族传统文化的完整性和独特性；四是以血缘、亲缘为纽带形成的社会结构的稳定性。

二、民族社区旅游资源概念研究

目前，国内学者在研究我国少数民族文化旅游资源开发及相关问题时，除了采用"民族旅游资源"概念以外，还经常使用"民族文化旅游资源""民族地区旅游资源""少数民族地区旅游资源""民族风情旅游资源""少数民族风情旅游资源""少数民族旅游资源""少数民族专项旅游资源""民族民俗旅游资源"以及"民俗旅游资源""民俗文化旅游资源""民俗特色旅游资源""区域民俗文化旅游资源""民俗风情旅游资源"等概念，这些概念互有交叉重复，含义各有侧重，反映出研究者们对一些基本概念的使用还存在着一些分歧，尚未达成一致。

国内许多学者对此进行了阐述，陈烈和黄海（1995）认为，民俗旅游资源是指能吸引旅游者，具有一定旅游功能和旅游价值的民族民间物质的、制度的和精神的习俗。如生产与生活习俗、游艺竞技习俗、岁时节日习俗、礼仪制度习俗、社会组织习俗、祭祀信仰习俗、文学艺术等，具有世界性、地域性、集体性、增智性和封闭性等基本特征。田里（1997）认为，民俗旅游资源的范围十分广泛，其外延几乎包括了人类生活的各个领域和各个层面，并通过心理的、语言的和行为的方式表现出来。民俗旅游资源，无论是物质表现形式的，还是社会表现形式的，或是心理表现形式的，都在民俗事象的表层之下蕴含十分丰富的、深层的心理和思想背景。刘晖（2001）认为，少数民族文化旅游资源则是指对旅游者产生吸引力的少数民族文化因素，且这部分文化因素能够为旅游业所利用，能够产生社会效应、经济效应和生态效应，少数民族文化旅游资源既可以是具有具体形态的物质实体，如富于民族特色的民居、服饰、饮食、寺庙、器皿、交通工具、生产工具等，也可以是不具有具体物质形态的精神文化因素，如少数民族的风俗习惯、节日礼仪等。

唐晓云和赵黎明（2005）认为，社区旅游资源作为"对旅游者所产生吸引力"的来源，包括社区内的自然资源（社区的地理景观、生物景观及天象和气候资源等）和人文资源（遗址遗迹、建筑与设施、旅游商品、人文活动等），是一个资源复合体。其中，社区居民既是社区旅游重要的人文资源，是旅游活动的客体；同时又是重要的旅游资源产权主体和旅游开发的主体之一（王汝辉和刘旺，2009）。

从总体上看，上述与民族旅游资源相关的概念都是以某一地区的民族文化为基础，通过某种手段或从某种角度对民族文化形式及内涵进行产品化体现，使其成为旅游吸引物。由于本书界定的研究区域为生活在偏远地区的少数民族聚居的农村社区，因此，本书在研究过程中统一使用"民族社区旅游资源"这一概念来统称上述各种术语。

三、民族社区旅游资源属性特征研究

目前，在关于民族旅游资源概念界定的相关研究中，部分学者对民族旅游资源的属性进行了分析。陈烈和黄海（1995）认为，民族旅游资源不同于一般旅游资源，它具有地域性、集体性和封闭性（指民族旅游资源完整、系统和稳固等特点）等基本特征。田里（1997）认为，民族旅游资源是具有多种属性和特征的文化现象，从旅游的功能与价值的角度看，具体表现出强烈的社会群体性特征、历史继承性、变异性、地域性等特殊属性。张捷（1998）则侧重于研究民族旅游资源的价值特点，他认为，民俗文化是旅游地旅游资源的重要组成部分，其"活的"文化性、"地方"特质、精神和个性的独特性是其区别于一般旅游资源的重要特征。从总体上看，民族社区旅游资源属性特征研究主要集中在以下几个方面。

（一）民族社区旅游资源公共属性特征研究

杨振之等（2002）、单纬东（2004）、文红和唐德彪（2007）等认为，目前民族社区旅游开发过程中民族文化旅游资源破坏严重、不同利益主体

间矛盾激化以及少数民族文化资源保护效果不理想等问题，主要是源于少数民族文化资源在产权上具有公共属性特征。文彤（2002）通过对桂林龙脊梯田风景区的实证研究发现，在景区家庭旅馆业开发过程中，社区居民之间贫富分化矛盾实际上就是一个"公共物品的使用问题"。民族社区旅游资源具有产权安排上的模糊性及在消费上的非竞争性，这是旅游开发过程中社区旅游收益分配被边缘化以及旅游区资源过度利用问题产生的主要原因（单纬东，2004；单纬东和许秋红，2008；单纬东，2009；唐德彪和方磊，2009；李雪峰，2002；孙艳红，2006）。但也有学者对此进行了质疑，他们认为，民族社区旅游资源实际上并非真正意义上的公共资源，而是一个集体产权和私有产权叠合在一起的特殊资源，正是民族旅游资源在产权属性上的混合性才导致了资源开发过程中的公地悲剧（唐晓云和赵黎明，2005；池静和崔凤军，2006；梁玉华等，2006）。

（二）民族社区旅游资源系统整体性特征研究

唐顺铁（1998）认为，民族旅游一般以社区旅游资源为依托，旅游与社区的结合形成了社区旅游。金颖若（2002）认为，民族村寨是一个相对完整的社区，民俗旅游资源以民族村寨为载体，具有全面、系统、集中的特点。唐晓云和赵黎明（2005）认为，社区旅游资源内嵌于社区之中，是一个资源复合体，具有价值整体性，资源的各个部分之间存在紧密依存的关系。孙诗靓和马波（2007）认为，社区是一个多层面、系统性的概念，它既包含地理空间等因素，也包含情感意志、社会心理等因素。文红和唐德彪（2007）认为，在系统内部，不同层次的系统要素按一定的规律组成有机整体，彼此之间相互制约、保持动态平衡。例如，饮食、服饰、居住、语言、信仰、习俗、观念等就构成了类型多样、稳定有序、互动共生的整体。刘旺等（2008）、王汝辉（2010a）指出，由于社区旅游资源系统内在的严密不可分性，社区旅游资源只能作为一个整体为所在区域的群体共同享有，某一居民户想要排斥其他居民户使用资源几乎不可能。

（三）民族社区居民人力资本产权属性研究

单纬东（2007）、单纬东和许秋红（2008）、刘旺等（2008）、王汝辉和刘旺（2009）、李强（2010）等研究发现，民族文化旅游资源，特别是非物质文化旅游资源是同文化资源的拥有者（当地群众）紧密结合在一起的，居民在社区非物质文化旅游资源保护方面起着重要作用，他们在旅游开发过程中的获益情况直接影响着其对资源保护的积极性。单纬东（2006）较早地将罗森（Rosen）的人力资本的概念引入民族文化保护的研究中。他认为，非物质文化资源以人为载体，个体对天然属于自己的资源具有主观能动性，可以自行选择继承还是放弃他们的传统文化。社区居民如果在旅游开发过程中获得公平的收益，就会选择保护和继承他们的文化传统，否则将有可能放弃。刘旺和王汝辉（2008）也从文化权理论的视角，强调了社区居民在民族传统文化保护和传承中的重要作用。王汝辉和刘旺（2009）提出，民族村寨居民具有资源利用主体和资源本体双重身份特征，内在于居民"活态"载体上的文化资源具有人力资本产权特殊性。

以上研究表明，在民族社区旅游资源特殊性研究方面，学者们侧重于对民族社区旅游资源的文化特性、功能与价值特点的分析。然而，从民族社区旅游资源的内涵来看，民族社区旅游资源是一个包含社区自然资源和人文资源的系统整体，社区居民既是社区旅游重要的人文资源，亦即重要的旅游吸引物，是旅游活动的客体，同时又是重要的旅游资源产权主体、文化传承的主体和旅游开发的主体。民族社区旅游资源除了具有文化特性以外，在系统结构与资源产权方面也具有自身特殊性质。

四、研究述评

通过对有关民族社区旅游资源的文献成果系统地回顾，发现以往的研究主要侧重于民族社区旅游资源的类型特征、区域景观特征、文化特性、功能与价值等方面。随着资源开发过程中资源权属、利益分配、传统文化保护等问题的凸显，旅游资源的产权特性、结构特征和人力资本特征逐渐受到学者们的重视。许多学者结合具体区域的少数民族传统文化资源开发和保护的现状，分析了目前民族社区旅游资源开发和保护过程中存在的问题，提出了少数民族文化旅游资源开发与保护的措施。其中，彭兆荣对瑶族和苗族村落的研究；张晓萍对云南文化旅游资源开发的人类学研究；王若及管宁生对云南丽江民族文化旅游资源开发的研究；刘婕等人对九寨沟旅游开发、对安多藏族文化影响的研究；郭颖以泸沽湖地区为例对少数民族地区文化旅游资源开发和保护问题的研究；杨兆萍等人以新疆喀什地区为例对典型少数民族文化旅游地的开发和保护问题的研究；罗永常对黔东南民族文化旅游资源开发利用现状分析与对策的研究；李彬对山西民俗旅游资源的开发利用的研究；吴承忠对鄂西土家族民俗文化旅游价值的研究；张捷对九寨沟藏族民俗文化与江苏吴文化民俗旅游资源比较的研究；陶伟等对宁夏回族民俗旅游资源开发的研究；罗明义对开发云南民族文化旅游的研究；单纬东对少数民族文化旅游资源产权状况的研究等具有一定的典型性和代表性。但是从已有的研究成果来看，国内学者在民族社区旅游资源的研究方面主要存在以下不足。

首先，对民族社区旅游资源特殊性的研究，主要侧重于对资源的具象构成进行描述，较少关注系统内部各要素之间的关系。从已有的研究成果来看，不论是旅游资源类型特征、区域景观特征还是旅游资源的文化特性、功能与价值等，实际上都是对旅游资源精神的、物质的、制度的等在构成上的特点的描述，主要回答了"有什么"的问题，对民族社区旅游资源系统内隐的结构特征认识存在不足。民族社区旅游资源是目的地所有人文事象和自然风光的总和，它本身就是一个完整的系统。在旅游开发过程中，单个要素的变化会引起整个村寨旅游资源系统开发过程中各种问题的出现。因此，对我国民族社区旅游资源特殊性的研究不能停留于对资源类型特征、文化特性等的归纳和总结上，要结合民族旅游资源系统的特点，对其结构特征进行深入剖析，研究系统内部各要素之间的关系。

其次，对社区居民的人力资本产权特殊性认识还有待深入。从目前的研究成果来看，学者侧重于从社区参与的角度强调居民在当地旅游发展中的主体作用，对社区居民作为资源"活态"载体的、具有人力资本特征的深入研究较为欠缺。民族社区居民是旅游资源的主要利用者，同时也是社区旅游资源的重要组成部分。凝集于居民身上的活态资源具有人力资本产权的某些特殊性质，社区居民可以自行控制内化于社区居民身上的人力资源的"开启"及"关闭"，在旅游开发过程中，如果居民的人力资本产权受到相应限制，如居民基本权益受损，将可能导致社区文化旅游资源衰竭，民族旅游业发展难以持续。因此，研究民族社区旅游资源的治理问题，必须重视社区居民的双重身份特征，从产权的角度，对居民的人力资本产权属性特征进行深入研究。

最后，对民族地区旅游资源的公共资源属性特征的研究，多是直接引用经济学中的公共物品理论模型，忽略了民族社区旅游资源与一般资源的差异。现有的研究成果，大多数是将经济学中公共物品理论模型直接移植来解释民族社区旅游资源的公共资源产权问题，认为我国民族社区旅游资源在产权安排上的模糊性是目前社区旅游资源公地悲剧产生的根本原因。实际上，在民族社区旅游资源开发过程中，并非所有旅游资源的产权归属都不清晰，房屋、生产生活工具等单体资源的权利明确属于个人，真正无法界定清晰的是因资源聚集而外溢到公共领域的权利，如社区旅游品牌、整体的人文旅游环境等。社区旅游资源产权属性的混合性使得资源在开发过程中不能简单地采用围栏而治的方式进行管理。民族社区旅游资源的公共资源属性与经济学中所探讨的牧场、渔场、水渠、森林等完全意义上的公共资源特征存在一定的差异。因此，不能机械地直接搬用经济学中的公共物品理论，要结合民族社区旅游资源的特殊性进行专项研究。

第二节 民族社区旅游资源结构特征

本节引入系统论原理和产权经济学中的公共领域理论及人力资本理论，对民族旅游资源结构特征进行深层次考察，透视民族社区旅游资源不同于一般社区旅游资源的特殊性质，为解析民族社区旅游资源开发利用的内生困境提供理论基础，为民族社区旅游资源的可持续利用提供对策措施。

一、民族社区旅游资源的系统性特征

系统论的创始人贝塔朗菲将系统定义为：系统是相互联系、相互作用的诸元素的综合体（苗东升，2006）。整体性是系统最为鲜明、最为基本的特征之一，主要指系统是由若干要素组成的具有一定新功能的有机整体，作为系统子单元的各个要素一旦组成系统整体，就具有单个要素所不具有的性质和功能，形成系统新的质的规定性，从而使整体的性质和功能不等于各个要素性质和功能的简单加和（魏宏森，1994）。

民族社区旅游资源是一个有机联系、不可分割的统一体。就社区概念来看，其本身就是一个由多层面、多要素构成的具有丰富内涵的集体名词，它既包含地理空间等因素，也包含情感意志、社会心理等因素（孙诗靓和马波，2007）。因此，内嵌于社区之上的社区旅游资源亦是一个资源复合体，资源的各个部分之间存在紧密依存的关系（唐晓云和赵黎明，2005）。民族社区旅游资源涵盖了少数民族生产、生活的方方面面，它既包括显性的物质实体，如富有民族特色的乡村建筑、服饰、生产工具、交通工具等，也包括非显性的精神文化因素，如少数民族的节日礼仪、生产生活方式、风俗习惯等，资源内部各个要素、各个部分之间相互联系，相互影响，不可分割。文红和唐德彪（2007）认为，文化生态体系与自然界的生态系统一

样，可以作为一个系统来对待。系统内部是由不同层次的系统要素按一定的规律组成的有机整体，结构内部要素相互制约、保持动态平衡。例如，饮食、服饰、居住、语言、信仰、习俗、观念等就构成了类型多样、稳定有序、互动共生的整体。

（一）系统性特征与民族社区旅游资源的规模聚集效应

民族旅游资源系统是一个由许多自然要素和人文要素组成的统一体，要素之间相互联系、相互作用、不可分割，要素与要素、部分与部分之间相互影响，能够新增或凸显单体要素或单个部分所不具有的新价值和新功能，形成资源系统整体价值的放大，从而产生 1+1＞2（整体大于部分之和）的系统效应。

以少数民族村寨的物质文化资源——传统民居建筑为例，在长期的历史发展过程中，少数民族居民为适应复杂的自然环境与多变的气候特征，依山就势、就地取材，建成了具有鲜明地域特色的民居建筑。在特定区域内，众多建筑风貌相似、结构一致的民居聚合在一起，与周围的自然环境相互映衬，呈现出规模宏大又和谐统一的民居群落景观形态。在旅游开发中，这种具有统一建筑风貌的少数民族社区能够对旅游者产生强大的吸引力，成为民族社区旅游资源的公共品牌，资源整体价值远远大于单体资源价值之和，产生了资源价值的系统效应。

同样，非物质文化旅游资源亦是如此。民族社区的非物质文化资源，尤其是民族民俗，往往是由当地居民所创造、共享并传承的风俗生活习惯，这种习惯是由社区相互联系的人们在日常的生产生活中形成的一种常态的群体行为，它依赖于社区居民的共同努力和协作。譬如，当穿着民族传统服装的居民聚集在一起，共同劳作，一起生活，并在此基础上形成了社区居民共同的、稳定的、常态性的行为方式时，就能产生吸引力，能够吸引旅游者前来观光和体验，从而发挥旅游资源的品牌效应，凸显单体资源（居民个体）所不具有的新价值（旅游吸引力）。

（二）系统性特征与民族社区旅游资源的公共领域

如上所述，民族社区的旅游资源要素经过聚集以后，形成了一个有机联系、不可分割的系统，而且还产生了"其整体价值远远大于单体要素之和"的规模聚集效应，也即是通过空间聚集实现了单体要素价值的增值。对于单体要素价值增值的部分，居民个人无法独自拥有，但能免费使用。溢出单体要素的这部分留在社区公共领域内的价值，成了社区的公共资源，即社区的整体旅游吸引力。社区居民虽然无法控制、无法独自占有留在公共领域的这部分价值，但居民可以通过改变单体要素的行为来提高或者降低社区的整体旅游吸引力。因此，如何利用和管理社区的公共资源，成为民族社区能否持续发展的基石。

（三）系统性特征与旅游者感知的晕轮效应

民族社区旅游资源是一个有机联系、不可分割的整体，即单个要素的变化会造成整个社区旅游资源系统质量的根本变化。在旅游活动中，由于旅游者总是将知觉对象作为一个系统整体加以认识（张宏梅，2004），因此，游客一旦对民族社区旅游资源系统的某一部分、某一方面形成不良感知时，就会倾向于将部分的不良感知扩张到整体，进而导致人们关于社区旅游的整体形象受到扭曲。如社区中的传统民居建筑，它具有深厚的历史文化内涵，若人们擅自改变传统建筑风格或违反传统风貌新建民居，必将导致社区整体建筑风貌受到影响，社区旅游整体形象遭受损害。同样，在一个社区内，个别居民做出的故意破坏环境卫生，对游客不友好，或在旅游接待过程中"宰客、拉客"等行为，将可能引发旅游者对社区旅游形象感知的晕轮效应，导致社区旅游资源整体吸引力受损。可见，当单体资源要素发生改变或部分资源以欠佳的结构形成整体时，就会影响资源整体功能的发挥。

二、民族社区旅游资源的人力资本特征

（一）社区旅游开发与居民人力资本价值凸显

一般说来，劳动者的知识、技能、体力（健康状况）等因素构成了人力资本，它们能够提升人的价值，同时也能像其他物质资本一样为劳动者带来预期收益（贝克尔，1987）。教育、在职培训、保健、劳动流动、工作变动等方面的投资是人力资本形成的重要形式，除此以外，天赋也是重要的人力资本因素（胡伟清，2008）。

民族社区一旦发展旅游，内化于居民身上的容貌、声音、语言、地方性知识、生产生活方式、价值观念等就能摇身一变，成为能够对旅游者产生吸引力的吸引物，成为旅游者观赏、体验的客体，成为旅游者消费的对象，变成能够产生经济价值的资源，能够为当地居民创造收益，而这些因素植根于居民思想态度和言行举止中，其所有权仅限于体现它的人（王汝辉和刘旺，2009）。

民族社区居民所持有的人力资本主要是通过"天然习得"的方式来实现的。它主要包括两部分内容，一是指少数民族后代与生俱来的与"亲代"保持一致的特征，即遗传。它是个体对母体或种群在某一生理特征上的继承，比如个体的容貌、体格、品格特征等都与种群保持高度一致。二是指在长期的社会实践过程中，少数民族为适应特殊的自然环境，满足生存及发展需要，通过个人经验累积以及向其他人不断学习形成的地方性知识或特殊技能，包括少数民族的语言、文字、生产生活方式、地方性知识、价值观念、特殊技能以及在此基础上形成的民风民俗等，是一种社会创造物的总和，其获取方式主要是通过上一代人向下一代人传递，下一代人向上一代人学习，具有"天然习得"的特征，而非"有意而为之"。当民族社区居民拥有的地方性知识或特殊技能能够在旅游开发中带来经济利益的时候，它就不再仅仅是地方性知识或特殊技能了，而成为能够为其拥有者带

来经济收益的人力资本了，也从"天然习得"向"有意为之"转变了。

（二）民族社区居民具有资源利用主体与资源本体的双重身份特征

民族社区的居民是旅游资源的利用主体，同时作为民族传统文化的"活态"载体，居民自身也是民族社区旅游资源的重要组成部分（王汝辉和刘旺，2009）。

首先，居民是当地旅游资源的利用主体。民族社区居民参与社区旅游发展，如从事民居接待、景区歌舞表演或景区讲解工作等，实际是在利用社区内部丰富的自然和人文资源为自己创造收益，居民是当地旅游资源的利用者。其次，当地居民本身也作为一种吸引物，是旅游观赏的客体，成了民族社区旅游资源不可分割的组成部分。民族社区旅游资源的开发离不开社区丰富、独特的非物质文化资源，文化是社区旅游产品的灵魂和基础，但是非物质文化本身是无形的，只有通过物质载体，才能被游客感知，被旅游业所利用。少数民族居民是本民族传统文化的创造者和传承者，他们在历史的发展过程中创造了一系列具有地方特色的传统文化，这些文化要素根植于居民日常行为和思想中，是社区旅游吸引力之所在。因此，居民作为当地传统文化的"活态"载体，自身构成吸引物，是民族社区旅游资源不可分割的组成部分，结合居民是当地旅游资源利用主体特征，因而民族村寨居民具有资源利用主体和资源本体的双重身份特征。

（三）民族社区居民自行控制人力资本的"开启"和"关闭"

1. 民族社区居民在法律上拥有继承和保护本民族传统文化的自主选择权

我国宪法第一章第四条规定，"国家根据各少数民族的特点和需要，帮助各少数民族地区加速经济和文化的发展""各民族都有使用和发展自己的语言文字的自由，都有保持或者改革自己的风俗习惯的自由"；法律条款清

晰地表明，少数民族居民有权按照自己的意愿，选择保持、改变或革除其
风俗习惯、宗教信仰等文化因子，任何人或者民族都没有法律上可成立的
强制同化改变另一个民族文化的权利（张钧，2005）。同时，亦能发现，国
家及地方机关对少数民族传统文化实施的保护只是一种非强制性的外力的
帮助，并非强迫。民族传统文化的变迁是一个不以人的意志为转移的、客
观的历史过程，少数民族拥有继承和保护本民族文化的自主选择权。

**2. 民族社区居民天然拥有对自身人力资本的产权和主动性，限制资源
利用主体的权益将会导致相应的人力资本"关闭"**

巴泽尔认为，人力资本是一种"主动资产"，它的所有者——个人完全
控制着资产的开发与利用，一旦人力资本产权受到限制甚至被删除，产权
的所有者可以将相应的人力资本"关闭"起来，以至于这种资产似乎从来
就不存在，导致人力资本产权在德姆塞茨意义上的"残缺"。简言之，人力
资本产权的残缺可以使这种资产的经济利用价值一落千丈（周其仁，1996）。
民族社区居民是本民族传统文化的创造者和继承者，是非物质文化资源的
"活态"载体，内化于居民身上的"活态"资源具有人力资本产权特性，其
"所有权限于体现它的人"（Rosen，1985）。换句话说，民族社区居民的人
力资本只能不可分割地属于社区居民自己，社区居民自己有权决定是否使
用及使用多少。一旦人力资本产权受损，"其资产可以立刻贬值或荡然无
存，因此，人力资本不能强制，只能激发，只可激励而无法压榨"（周其
仁，1996）。

由于社区居民人力资本不能脱离居民载体而存在，因此居民对其人力
资本拥有天然的使用权和控制权。在民族社区旅游资源开发过程中，如果
居民感知到自己在旅游发展中处于有利地位，那么其预期收益能够获得公
平的实现，他们就会释放人力资本，选择保护和继承自己的传统文化，否
则，他们将可能选择"关闭"人力资本，如放弃本民族文化传统，最终导
致当地社区民风民俗、价值观念、思想道德体系、居民生产生活方式等发

生渐变，民族社区旅游氛围难以营造和维系（王汝辉和刘旺，2009）。如在四川甘孜亚丁景区（肖琼，2009）、地震前的四川理县桃坪羌寨（王汝辉，2010a）、贵州镇山村（梁玉华等，2006）等，就因为在社区旅游开发中，当地村民的意愿表达和利益诉求被忽视，社区居民之间收益分配差距过大，而导致村民对民族传统文化的保护和传承丧失积极性，严重威胁当地旅游资源的持续利用。可见，民族村寨居民天然拥有自身人力资本的产权和主动性，限制资源利用主体的权益将导致相应的人力资本"关闭"。

三、民族社区旅游资源公权与私权交织

民族社区旅游资源的产权不是绝对共有，也不是完全私有，而是公权与私权交织，具有混合性，即归属上的共有性和使用中的私益性并存（雷玉琼，2009）。就单体资源来看，其权利归属清晰，明确属于居民个人。如民族社区居民的房屋建筑、生产生活工具、交通工具、民族服饰以及凝集于居民身上的人力资本等就属于居民个人所有，居民对其拥有独立的使用权和收益权。但是，从整体上看，由单体资源聚合而成的整个民族旅游资源系统却是属于社区居民共同使用，是公共产权。以民族社区的传统文化资源为例，一个社会传统文化的形成绝非该社会人类共同体中的某些个体或称精英主动行为的结果，而是该社会人类共同体在长期的生产、生活过程中，在适应人与自然、人与社会的关系中逐渐形成的，是集体创造物。在旅游开发中，部分居民若欲借助于此类"共有"的资源为其谋取私利无疑会招致"他者"的抵制，因为就其产权的属性而言，这些具有系统特征的资源应当为社区居民所共有，是典型的公共产权。

第三节　民族社区旅游发展的内生困境分析

民族社区旅游资源具有系统性、人力资本、公权与私权交织等结构

特征，导致其在开发与利用中产生一系列资源利用矛盾，严重威胁社区旅游资源的持续利用。本节将从现代性与乡土性的二元视角，以甲居藏寨的旅游开发为例，探讨民族社区旅游发展的内生困境及其外在表征。

一、现代性与乡土性的解读

（一）现代性的解读

现代性的含义学界目前存在一定的歧义，尚未达成共识，但从总体上讲，现代性特指西方理性启蒙运动和现代化历程所形成的文化模式和社会运行机理，它是人类社会从自然的地域性关联中"脱域"出来后形成的一种新的"人为的"理性化的运行机制和运行规则（衣俊卿，1995，2004）。技术理性与工具理性、人本精神成为现代性的核心，即技术理性塑造了超越狭隘经验的科学思维和理性活动方式，人本精神代表着自由自觉的主体的参与精神、批判意识和创造性，二者共同规定了现代人征服自然创造世界的价值导向（徐静，1998）。

（二）乡土性的解读

费孝通（2007）指出，"从基层上看去，中国社会是乡土性的"。"乡土"中的乡是指乡村，土则是指土地，"乡土"强调的是与传统农耕文明相联系的社会特性。中国的农本社会是以血缘为纽带的宗法社会，它本质上是一个自在自发的日常生活世界，凭借着自发地溶进血脉之中的传统、风俗、习惯、经验、天然情感、血缘等自在的文化基因而自发自在地生存，长期以来形成重伦理不重科学、重经验模仿不重理性思维、重"品德"不重创造才能的自然主义和经验主义的行为模式（衣俊卿，1995）。根植于传统农业社会的乡土文化与现代性所要求的理性化、人本精神的现代性的行为模式具有本质的差异。

（三）乡土特征

乡土特征是费孝通先生研究中国 20 世纪 30～40 年代乡村社会特点时提出的一个概念。费孝通（2007）指出"乡村里的人口似乎是附着在土地上的，一代一代的辖区，不太有变动——这是乡土社会的特征之一""乡土社会的一个特点就是这种社会的人是在熟人社会里长大的""乡土社会是靠亲密和长期的共同生活来配合个人的相互行为……只有生于斯、死于斯的人群里才能培养出这种亲密的群体，其中各个人有着高度的了解""乡土社会是'礼治'的社会""在乡土社会里传统的效力更大"，等等。这为我们研究乡土特征提供了很好的依据。

阎云翔（2006）在费孝通研究的基础上，将乡土特征系统地概括为以下五个特点：一是血缘关系的重要性；二是公私、群己关系的相对性；三是自我中心的伦理价值观；四是礼治秩序，即利用传统的人际关系和伦理维持社会秩序；五是长老统治的政治机制。

"乡土"中的乡是指乡村，土则是指土地，"乡土"强调的是与传统农耕文明相联系的社会特性。然而随着时代的变迁，目前传统的村落权威模式发生了很大的变化，以公共权力为基础的权威占压倒优势，以血缘关系为基础的权威基本上不发生作用，因此，"长老统治的政治机制"已失去存在的基础。但传统农耕经济基础之上的大部分民族社区仍具有乡土社会特征的其他特点。因此，结合我国民族社区实际情况，选取以下四个特征作为民族社区乡土特征的内涵：①基于血缘因素的社会关系；②公私、群己关系的相对性；③自我中心的伦理价值观；④礼治秩序。此外，本书侧重分析民族社区的社会特性，因而研究的重心不在于自然环境、人口、组织与文化等静态系统，而是着重分析旅游发展之后，民族社区居民社会关系、传统行为、价值观念的动态变化程度。

二、现代性与乡土性的博弈：民族社区旅游发展的内生困境

旅游发展在给当地民族社区居民带来经济收入的同时，也带来了市场经济的运行机制和新的文化模式，民族社区传统文化和外来文化以前所未有的力度和广度开始交融和碰撞，社区居民的精神世界和心理不可避免地经历着巨大的震荡。应当看到，这一场精神世界的震荡具有必然性。这是因为，市场经济并不意味着简单的商品交易的"市场"，也不是仅仅单纯的经济行为，而是一种与农业社会的自然经济和计划经济全然不同的现代社会的运行机制和文化模式（衣俊卿，1995；徐静，1998）。它必然对民族社区传统的文化价值观念和道德行为规范产生冲击，集中表现在：个体主体意识与整体主义（集体主义），功利主义、拜金主义与社区传统"重义轻利"的超功利主义，享乐主义、消费主义与传统节俭美德，工具理性与价值理性，特殊主义与普遍主义之间的剧烈冲突，从而引起民族社区社会各个层面的根本性变化；另外，现代社会的旅游者对民族社区传统的乡土文化表现出强烈的体验欲望，游客追求的正好是民族社区淳朴民风和民族文化的地方性，在理念上与"现代性"正好相反，即表现出"反现代性"的一面。在这一场关于现代性和乡土性的博弈中，民族社区旅游何去何从已成为学者、政府、旅游者、当地居民共同关注的焦点。民族社区旅游发展不可避免地带来道德失范现象，处于传统和现代二元困境中的民族社区的居民经历文化价值观念的剧烈冲突（徐静，1998）。显而易见，旅游发展不可避免地要使民族社区经历一次深刻的价值重构与文化转型。

（一）对经济利益的追求导致人的自然性和文化性的分裂，造成了居民物质财富增长与社区居民精神世界贬值的困境

在以农业为基本产业形态的民族社区，人们凭借传统、风俗、习惯、血缘、地缘等内在的文化基因而自在自发地生存，日常生活具有自在性、

重复性、封闭性等特征，人与自然之间和谐相处。在旅游活动进入民族村落后，一方面，在经济利益的刺激下，激发了社区居民的创造性、参与精神和主体性。居民对于经济利益和物质财富的追求，本来无可厚非，这是人的自然性的体现，也是社区发展的动力。另一方面，人的需要是以个体物质性需要为内容，以社会精神需要为形式的统一体，人的物质性需要只有体现出某种精神的性质，才能反映需要的人的性质，才能使人与其他生物区别开来。人只有在社会中才能进行文化性创造，才能使文化的精神成果得以传承，才能实现人的社会历史发展（王琦，2010）。

民族社区旅游发展的困境之一在于人们追求经济利益的过程中，割裂了人的自然性和文化性，造成了物的世界增值与人的精神世界贬值的对立。一方面，旅游活动刺激了社区居民对于物质财富的追求，提高了当地的物质生活水平；另一方面，由于社区居民对于经济利益的盲目追求，个人私欲不断膨胀，人的自然性不断挤压人的文化性，人们只顾及物质欲望的追求和满足，而对社区传统文化的传承放弃了人的精神活动的创造和发展。

（二）在实现个人经济利益的同时，造成个体与集体对立的困境

在以传统农业为主要经济收入的年代，民族社区的绝大多数居民是按照经验、常识、习俗、惯例而自发地生存，个体依附于集体而存在。社区旅游业发展后，经济利益的刺激，激发了居民的个体的内在活力和创造能力，这本无可厚非，但问题是，在一过程中，居民往往把个体看作可以脱离集体而存在的个体，割裂了个体和集体的关系。

民族社区旅游发展引发的困境之二在于社区居民往往将自己在社区旅游发展过程中获取的经济收入归结为自家的房屋和自身的经营能力所致，而不关心社区的公共利益和文化保护，忽视了这些单个的个体要素只有在社区的整体系统中才具有意义和价值，脱离了集体这个系统后将一文不值。因为民族社区的民居建筑或者民俗风情等吸引物，往往是需要通过大量单

体要素的聚集或者居民的共同行动才形成有机联系的系统的，通过聚集形成了规模效应和品牌效应，产生了"单体要素或单个部分所不具有的新价值和新功能，社区资源系统整体价值远远大于各个单个要素价值之和，即1+1＞2（整体大于部分之和）的系统效应"（左文超，2011）。在产生系统效应的同时，还产生了"溢出效应"，即大于单体要素本身价值的部分留在了社区公共领域，成为社区居民的公共资源。因此，离开了集体的个体，将成为"无源之水，无本之木"。

　　另外，个体要素的状况和居民的个人行为状况会影响到游客对社区整体的评价和印象，一旦游客对民族社区旅游资源系统的某一部分、某一方面形成不良感知时，就会倾向于将部分的不良感知扩展到整体，进而导致人们关于社区旅游的整体形象受到扭曲，形成旅游者对社区旅游形象感知的"晕轮效应"。如社区中的传统民居建筑，在旅游开发中，建筑风貌的统一性作为旅游资源系统性特征的重要构成要素，无论就形式还是其他方面而言它都具有某种被给定的结构化特征。若个别居民擅自改变传统建筑风格或违反传统风貌新建民居，做出故意破坏环境卫生，对游客不友好，或在旅游接待过程中"宰客、拉客"等行为，将会导致社区旅游资源整体吸引力受损。可见，当单体资源要素发生改变或部分资源以欠佳的结构形成整体时，就会影响资源整体功能的发挥。

（三）市场经济的交换法则对社区传统人情交换法则的冲击，造成工具理性与传统伦理对立的困境

　　中国传统的农村是熟人社会，是"伦理本位的社会"，在这种伦理本位的社会中，人们根据与自己关系的远近、亲疏，秉承不等价的交换原则，来确定交换的对象、形式和内容。而且，在社区的地域空间范围内，"来来往往，永不清账"，体现出浓郁的"情与义"。在这种形式中，交易在彼此熟悉的当事人之间进行，这一次交易成为下一次交易的基础，彼此之间的利益也依赖于这种稳定的伙伴关系。在他们之间，欺诈、投机取巧等机会主义倾向相对较弱。在这里，不是以强制性的法律作保障，而是依靠人与人之间的相互信任、依赖交易各方的人格支撑着他们之间的长期互利合作。所以在人格化的交换形式中，道德准则、价值观念等非正式制度便成为交易双方的主要约束形式（陈国富和卿志琼，1999）。旅游活动从表象上看，给民族社区带来的是游客，从本质上看，给民族社区带来的是与传统的人情交换完全不同的市场经济交换法则。市场交换法则是"一手交钱、一手交货"的即时结算，这种交换形式，不是依靠人与人之间的相互信任和关系的远近，而是依据效率、利润、公平竞争、机会均等原则，形成双方的合作。在这种形式的交换中，道德准则、价值观念等非正式约束显得软弱无力，而成文的并得到社会权力机构实施保证的正式制度则具有明显的优越性。

市场交换法则不仅与人情交换讲求的"情义与亲疏"的不等价原则存在根本区别，而且还对社区传统的信任规范产生了冲击。在传统的民族社区，居民依据血缘、地缘、业缘关系的远近和身份、地位的高低，来确定交易对象和对待交易对象的态度，对熟悉的人是一套，对不熟悉的人是另一套，长期以来，形成了发达的特殊主义信任关系。而市场交换法则则主要依靠普遍主义的信任结构，依据效率、利润和机会均等的原则来确定交易对象和内容，而与交易者的地位、身份、地缘等因素无关。

旅游活动进入民族社区后，市场经济的运行机制和文化模式对民族社区传统重情重义的伦理观念和人们之间的信任模式产生了冲击，发达的特殊主义的信任关系在市场经济的冲击下渐渐弱化，而与市场经济相适应的普遍主义的信任关系又尚未建立起来，从而产生了信任危机。

三、民族社区旅游发展的内生困境的外在表征

在对民族社区发展的内生困境解析的基础上，选取甲居藏寨作为案例区域进行具体解剖，探讨民族社区旅游发展过程中的内在困境的外在表征。

　　甲居藏寨位于四川省甘孜藏族自治州（简称甘孜州）丹巴县城以北 7 千米处，面积约 5 平方千米，行政村包括甲居一村、二村和三村，根据 2010 年 10 月份的调查，全村共计 150 余户人家，700 余人。甲居藏寨是嘉绒藏族的集居地，民俗风情浓郁，文化底蕴深厚，民居依山而建，错落有致，古朴典雅，与自然环境和谐统一，享有"藏区童话世界"的美称。这里的民居是独特的藏式楼房建筑，藏房的现存形式完整地保存了嘉绒民居的基本特征，如使用原始的材料，采用传统的技术，保持着古朴的风貌。

　　甲居藏寨美丽的藏式民居和浓郁的民族风情对追求异域文化的旅游者具有强大的吸引力。20 世纪末已开始出现少量的自助旅游者，当时游客较少，不收门票，部分观念开放的居民开始自发地为游客提供食宿服务。随着游客逐年增加，政府开始介入甲居藏寨的旅游开发，并对其进行积极的推广和打造。2001 年 5 月，在县政府的主持下，首届"中国四川丹巴嘉戎藏族风情节"隆重举办。此后，县政府每年 5 月都举办"中国四川丹巴嘉戎藏族风情节"（又称"选美节"），并参加各地举办的旅游推介会等，借助媒体强大的声势吸引外界的眼球。2003 年 8 月，从县城到甲居藏寨的 5 千米公路全线通车，用时只需要 10 多分钟，这是丹巴县为发展旅游而兴建的第一条村级公路。与此同时，一些媒体、杂志也着力对甲居藏寨进行推广宣传。2004 年末，中央电视台"中华民族"栏目组专程赶到甲居藏寨采访拍摄，并以"美人乡·美人香"为题推出专辑。2005 年，《中国国家地理——选美中国特辑》评选甲居藏寨为"中国最美丽的乡村"，使甲居藏寨的知名度与美誉度大大提高。

　　为了逐步引导并规范民居旅游接待服务，甲居藏寨于 2002 年推行了"民居接待示范户"的挂牌形式，鼓励一些条件较好的民居户率先发展旅游。挂牌的民居接待户须取得个体工商户营业执照，其消防安全、餐具卫生、服务收费标准等均须符合县文化旅游局制定的相关标准。截止到 2010 年

10 月，甲居藏寨三个村共有正式挂牌旅游接待户 19 家，其中一村 11 家，二村 5 家，三村 3 家，全村 50%～60%的民居户都有旅游接待能力。

2004 年，甲居藏寨开始正式收取 30 元/人次的门票，门票收入用于偿还道路等基础设施的投入，当年的游客约为 3 万人次。到了 2007 年，门票收入已经超过 200 万元。近年来，旅游的快速发展在给当地居民带来经济收入的同时，也造成许多负面效应。2006 年中央电视台新闻频道《纪事》栏目就甲居藏寨旅游发展过程中出现的村民之间因争夺游客而引发的一系列问题制作了纪实性节目《格玲·德雅》，播出后引起强烈反响。

综上所述，甲居藏寨是少数民族村寨旅游开发研究的典型案例之一。从地理空间、行政边界、社会文化变迁速度等因素来看，符合"微型社区"研究的基本条件。本书选取甲居藏寨一村、二村作为案例区域，103 户人家，500 余名居民作为样本来源进行调研和分析，其中一村 53 户，二村 50 户[①]。

随着开发的深入，甲居藏寨社区旅游发展过程中的矛盾逐渐突显。一方面，村民为追求个体利益对社区旅游资源进行过度性开发和掠夺性索取，导致当地旅游资源和环境出现蜕化；另一方面，居民之间贫富差距问题导致部分居民心理失衡，从而对社区旅游发展逐渐失去信心，对传统文化的保护表现出消极态度，民族旅游资源的开发与永续利用面临挑战。

（一）部分居民凭借自身资本优势攫取公共资源，形成垄断

Brougham 和 Butler（1981）指出，旅游带来的收益不可能覆盖所有的居民；Farver（1984）通过对冈比亚（Gambia）旅游业的分析，认为旅游收益没有均等地分配给每个居民，处于经济、政治优势地位的群体较轻易地垄断了社区旅游经营活动，获取了大部分利益，弱势群体则一无所获，加剧了强弱失衡的社会结构。

---

① 数据均来自研究小组 2010 年 9 月 20 日至 10 月 25 日的田野调查。

在甲居藏寨，个别村干部或经济实力雄厚的社区精英运用自身资本优势，改善接待条件，扩大接待规模，迅速成为景区旅游接待大户，获得了巨大利益。实地调研发现，接待大户们常年拥有充足而稳定的客源，年平均旅游收益达十万元以上，而其他大部分村民则只能依靠在黄金周进行零星接待或参与低报酬的旅游经营活动，如通过向旅游者出售农副产品，到接待大户家帮工等方式来赚取一部分微薄收入。

民族社区旅游资源是一个有机联系、不可分割的统一体，每一户民居、每一个居民都是旅游资源的重要组成部分，都为社区旅游品牌及文化氛围的维系做出了重要贡献。社区中少数几个接待大户垄断社区旅游经营活动的行为，本质上是少数居民利用自身的资源优势，如经济资本积累、社会关系网络、经营能力等攫取社区公共资源来为自己谋利，它看似不可避免，实际上却是一种少数"剥削"多数的不合理现象，违背了社会公平原则，理应通过一定措施给予调节。

（二）居民主体权利受限，民族社区旅游赖以依存的根基动摇

虽然民族社区旅游资源开发给当地带来了新的就业机会和可观的旅游收益，但是由于大多数村民参与旅游发展的途径较单一，加之民族社区旅游收益分配机制不合理，民族旅游发展所产生的收益在目的地分配不公平，只有少部分居民能够通过旅游经营获益，大部分人则承担了社区旅游发展的成本（吴晓萍，2000；唐德彪，2002；邱云美和封建林，2005；崔玉范，2009；李强，2010）。整体来看，社区居民虽然是旅游开发的主体，但是目前却多以"弱势群体"的姿态出现在旅游发展中。

民族社区居民是自身人力资本的利用主体，居民对凝集在自身身上的"活态"资源拥有充分的主动性，如果旅游开发没有充分尊重社区居民的主体地位，满足其预期经济利益或参与决策的权利要求，那么居民就会发挥主观能动性，主动传承传统文化，维护社区公共利益；反之，如果社区旅

游开发忽视社区居民的主体地位，其拥有的权益没有得到体现，那么居民就会选择"关闭""破坏"甚至放弃继承本民族传统文化的行为，以表达自己的不满和对抗，最终导致民族旅游发展赖以生存的文化基础受到破坏。目前，在甲居藏寨，社区居民的主体权益未受到足够重视。一方面，景区门票收入的分配方案对社区明显不公平，社区居民所占分配比例过低，没有充分保证居民的应得利益；另一方面，居民参与旅游决策的权利遭到忽视，导致居民保护社区传统文化的积极性正在下降。实地调查中，大部分居民表示没有参与过旅游决策，或参与决策完全是走形式，居民缺乏表达自身利益诉求的渠道。由于居民主体地位弱势化，其自觉维护社区旅游环境与保护传统文化的意愿正日益下降。例如，部分居民表示，"由于没有在旅游发展中获得应有的利益分配，自己没有积极性去学习和保护本民族传统文化"。还有部分居民表示，"现在，大家跳藏族锅庄舞蹈的目的越来越商业化，以前那种自发的，为抒发感情而跳舞的情况越来越少了"。可见，由于居民自身权利难以得到保证，居民心中可能生发出来的保护传统文化与维护社区旅游环境的主观意愿无疑会减弱，长此以往，民族旅游发展赖以生存的文化根基将会动摇，将会威胁民族社区旅游业的可持续发展。

（三）居民个人理性导致集体非理性，引发公地悲剧

由于少数民族社区旅游资源的产权属性较复杂，产权形态具有混合性，因此，如果没有制度约束，社区居民仅站在个体角度计算成本和收益，将不可避免地带来社区整体资源过度使用问题，造成公地悲剧。在甲居藏寨，公地悲剧主要表现在以下几个方面。

1. 民族社区旅游资源蜕化和变质

表面上看，社区居民正在利用属于自己的私人财产获取利益，没有对其他人造成直接损害，但实际上，居民为了使自己的私有财产价值最大化，都在想方设法、最大限度地攫取公共领域价值，如利用甲居藏寨的旅游品

牌、文化氛围、生态环境等为自己谋利。其结果是，民族社区旅游资源利用无度和蜕化。具体表现在两个方面。一方面，民居接待户数量不断增加，规模迅速扩大，社区生态环境遭到一定程度的破坏。实地调查发现，为了接待更多游客，甲居藏寨旅游接待户数量正在迅速增加，目前，甲居一村和二村的旅游接待户已逾 80 家，最大的民居示范户更可一次性接待游客上百人。在旅游旺季，居民利用自己房屋接待游客所产生的生活污水和垃圾使整个景区生态环境受到威胁。

另一方面，每家每户都在最大程度地利用传统文化资源获取旅游收益，却缺乏主动关心社区旅游资源及环境维护问题的意识。特别是面对作为甲居藏寨旅游吸引力的根——整体统一的民居建筑风貌发生改变的现状，居民们却很少关心。据调查，部分村民为了迎合游客对标准间的需求，对自己的房屋内部结构进行了改造，一些村民甚至私自兴建钢筋水泥结构房屋，专门用来从事旅游接待，这种行为直接导致甲居藏寨整体的协调性和统一性受到破坏，旅游吸引力下降。

2. 社区旅游接待无序竞争

假如社区居民自己不使用或限制使用资源，其收益将会分散到其他使用这部分资源的人身上，因此在缺乏制度约束的情况下，大部分居民倾向于不考虑所有社会成本而尽可能多地、尽可能快地利用社区整体资源环境接待游客，最终造成社区旅游接待的无序竞争。

在甲居藏寨，为了尽可能多地招揽客源，获取更多个人利益，社区居民之间展开了无序竞争，"拉客、抢客、拉帮结派"等现象时有发生。首先，部分接待户与景区讲解员串谋联合瓜分客源。据观察，为了接待更多游客，部分民居接待户与讲解员达成协议，以每个游客 2~5 元的标准将接待费用以佣金的形式返还给景区讲解员，使讲解员只将游客带入固定几家接待户安排食宿，加剧了社区内部的垄断问题。其次，部分居民私自到景区入口处，甚至到丹巴县城"拉、堵"游客，使甲居藏寨旅游形象严重受损。在调查中，部分游客对此行为表现出不适和反感，景区整体吸引力受到影响。最后，部分居民为吸引客源，容纳更多游客，私自将自己的承包地或自留地改建成停车场。据观察，甲居藏寨目前拥有多个私人停车场，大部分为自留地改建，原来安静、有序的藏族村寨正充斥着无序的商业氛围。

3. 社区旅游品牌、旅游环境公共产品供给短缺

由于民族社区旅游品牌、整体环境等由社区居民共同使用，其维护和改进亦需要每一个社区居民的共同努力，但是根据奥尔森（1995）的观点："除非一个集团中人数很少，或者除非存在强制或其他某些特殊手段，使个人按照他们的共同利益行事，否则有理性的、寻求自我利益的个人将不会采取行动去实现他们共同的或集团的利益。"因此，若缺乏内在的激励，理性个人将可能选择"搭便车"，而不愿主动为社区旅游品牌和旅游环境等公共产品的供给做出努力，最终导致社区旅游竞争力受损，美誉度降低。

在甲居藏寨旅游资源开发过程中，公共产品供给短缺主要表现在以下两方面。第一，每个人都希望尽可能多的游客前来甲居藏寨观光游览，但却很少有人主动为景区旅游品牌和形象的维护做出努力，大部分居民都倾向于占便宜、免费享受他人的成果。目前，景区"拉客、宰客"、擅自改变民居建筑风貌等损害社区旅游形象的行为大量存在，但却无人出面纠正。第二，每个居民都在享受当地独特的民族文化资源为其创造的旅游收益，却很少有人关心其传承和保护问题。据调查，由于缺乏经济激励，目前愿意主动学习当地传统文化的居民越来越少，一些极具当地特色的民俗活动、民间手工艺技术等非物质文化资源面临失传的威胁。

社区居民是民族社区旅游资源的利用主体，同时也是当地旅游资源的重要组成部分，居民在旅游发展中的获益情况与其保护旅游资源的主动性具有直接关系。在甲居藏寨旅游开发过程中，少数几家旅游接待大户垄断社区大部分旅游经营活动的行为导致社区居民之间收入差距悬殊，从而引发居民之间的矛盾。

第四节　民族社区资源权利意识觉醒与对门票分红的感知差异研究

一、社区旅游资源价值攀升唤醒居民的资源权利意识

在社区发展旅游以前，民居建筑等资源的主体功能主要是用于居民自住，民族歌舞、民俗活动等也主要是居民自娱自乐、自发参加，并不带来任何的经济收入，没有谁去关心这些资源的权利归属。社区发展旅游以后，随着旅游者的到来，以民居观光和民俗风情体验为主要目的的旅游活动不仅为社区带来了经济收入，也唤醒了社区居民的权利意识。当地居民在与旅游者接触过程中渐渐明白，他们的房屋、服饰、言行举止、节庆活动等日常生活的要素骤然变成能够吸引旅游者前来旅游的宝贵资源，具有经济价值。德姆塞茨（2004）认为，随着共同财产资源价值的增长，人们越来越可能确定对它的权利。随着民族社区旅游业的不断发展和旅游市场规模的不断扩大，社区旅游资源的经济价值也将不断攀升。在经济利益的诱惑下，社区居民就要开始捍卫自己拥有的权利，突出表现在社区门票分红上，开始陷入"淳朴的呼唤"与"功利的诱惑"的困境。

二、社区居民对门票分红的感知差异研究

门票收入是民族社区居民对其传承的传统文化在商业性使用过程中的主要公共产权收益。门票分红是少数民族居民参与社区公共资源权利分配的重要途径，是社区居民旅游资源主体地位的重要体现。

目前，在甲居藏寨，居民参与社区旅游经济活动的形式较单一，导致其获取利益的途径受到相应限制，除了靠民居接待、售卖旅游商品等经营活动获取收益外，门票分红是大部分居民获取利益的重要来源。因此，社区居民获得门票分红的多少及其在门票分红中所占的份额，会直接影响到

社区居民参与社区旅游发展的态度，以及保护和传承民族传统文化的积极性。本书对甲居藏寨居民的门票分红感知及期望进行定量分析，考察不同类型居民户在门票分红问题上的实际感知和需求，以期设计合理的利益分配及保障措施，激发居民主动保护和传承社区传统文化。

（一）问卷设计与调查

1. 初始问卷的制定

2009 年 7 月 4～12 日，课题组前往甲居藏寨，针对旅游发展对当地经济、社会、文化等影响问题进行摸底调查，与 BS 先生、ZGH 先生、GH 女士、ZWC 先生等挂牌接待户进行了长时间、细致的交流，并随机采访了一些非挂牌接待户对旅游影响的感知情况。事后对访谈记录进行了归纳整理，笔者在与课题组成员多次讨论和修改后，拟定了初步的调查问卷。初试问卷包括社区居民的旅游经济影响感知、社区居民的资源权利意识、社区居民对目前门票分红情况的感知以及社区居民对门票分红的期望 4 个方面的调查内容，共计 8 个问项（表 1-1）。

表 1-1　初始问卷指标及对应题项

指标	题项
社区居民的旅游经济影响感知	Q1：旅游业发展后，我的收入得到较大提高
	Q2：旅游业发展让我得到了新的就业机会
	Q3：甲居藏寨发展旅游后，当地居民生活水平得到较大提高
	Q4：旅游发展只是使少数人受益
社区居民的资源权利意识	Q5：我认为甲居藏寨是村民共有的，有钱应该大家一起赚
	Q6：我也是甲居藏寨旅游资源的一部分，作为主人，我也应该分得一定的旅游收益
社区居民对目前门票分红情况的感知	Q7：您对景区门票分红金额的满意程度
社区居民对门票分红的期望	Q8：您对景区门票分红的期望是多少

其中，关于社区居民旅游经济影响感知的 4 个题项，本书主要参考了国内外学者对目的地居民旅游影响感知的实证研究成果。通过对文献的梳

理发现，旅游参与水平（Perdue et al.，1987；张洁和杨桂华，2005；李卫华等，2006）、从产业中获取的经济利益（Ap，1992；陆林，1996；章锦河，2001）、对产业的了解程度（Davis，1988）、经济上对旅游的依赖程度等（Williams and Lawson，2001）是影响居民对旅游发展感知及态度的可能因素（史春云等，2007；赵玉宗等，2005；宣国富等，2002；刘喜梅等，2008；陈金华和周灵飞，2008；杨学燕，2008；黄燕玲和罗盛峰，2008）。通过参考国内外学者对旅游经济影响感知的测量题项，结合调查的需要，最终确定了社区居民旅游经济影响感知的 4 个测量题项（Q1～Q4），即旅游收入水平、就业机会、生活水平、获益差距。初始问卷指标及对应题项见表 1-1。

问卷在测量尺度上采用利克特五级制量表尺度加以衡量，将受测者对于题项陈述的态度分为"完全同意、同意、中立、不同意、完全不同意"五个等级，并对其进行了相应的赋值。完全同意赋值为 5 分，同意赋值为 4 分，中立赋值为 3 分，不同意赋值为 2 分，完全不同意赋值为 1 分。要求受访者根据自身的态度倾向进行选择。

2. 问卷预调查

为了提高调查问卷的信度与效度，课题组于 2010 年 9 月 20～28 日按居民类型随机抽取了甲居一村、二村 30 名居民进行了一对一的问卷预调查。对于不能自行填写问卷的居民，由调查人员口述问题和选项，让居民进行选择，或从其相关论述语言中寻找答案，代为其完成问卷的填写。预调查阶段共发放问卷 30 份，回收 30 份，有效问卷 28 份，有效回收率达 93.3%。

30 份调查样本中：①男女比例各占 50%；②年龄层次为 18～65 岁；③民族构成方面，藏族占 96.7%，汉族占 3.3%；④出生地方面，甲居一村占 60%，甲居二村占 40%；⑤文化程度方面，无文化占 14%，小学占 36%，初中占 37%，高中及其以上占 13%；⑥居民类型方面，接待大户占 30.0%，一般接待户占 33.4%，零星接待户占 23.3%，非接待户占 13.3%。

预调查访谈完成后，调查者根据被访者的反馈，对问卷内容、问项表达方式等进行了调整，笔者在与课题组成员多次讨论和修改后，最终确立此次调查的正式问卷，主要包括以下两部分（表1-2）。

第一部分：居民人口统计特征调查，包括性别、年龄、民族、出生地、文化程度、居民接待类型6个变量。除年龄外，其余变量均为可选择项。各变量赋值情况如下。

性别：男性赋值为1，女性赋值为0。

民族：藏族赋值为1，非藏族赋值为0。

出生地：甲居一村赋值为1，甲居二村赋值为2，其他赋值为3。

文化程度：未受过正规教育赋值为1，小学赋值为2，初中赋值为3，高中赋值为4，其他赋值为5。

居民接待类型：接待大户赋值为1，一般接待户赋值为2，零星接待户赋值为3，非接待户赋值为4。

第二部分：被访者对门票分红相关问题的感知及期望的调查，包括7个问题。正式问卷指标及其对应题项见表1-2。为了使居民的感知程度与分值高低的一致性相同，本书对选项进行反向赋值，如Q1题项"发展旅游业后，自家的收入水平与以前相比的情况：大幅增加赋值为5，小幅增加赋值为4，不变赋值为3，小幅减少赋值为2，大幅减少赋值为1。以下类同。

表 1-2 正式调查问卷指标及对应题项

指标	题项
社区居民的旅游经济影响感知	Q1：发展旅游业后，自家的收入水平与以前相比的情况
	Q2：发展旅游业后，自己的就业机会与以前相比的情况
	Q3：甲居藏寨发展旅游后，当地居民生活水平的情况
	Q4：发展旅游业后，居民之间的获益差距情况
社区居民的资源权利意识	Q5：我认为甲居藏寨是村民共有的，不属于哪一个人，我也应该分得一定的旅游收益，共同富裕
社区居民对目前门票分红情况的感知	Q7：您对景区门票分红金额的满意程度
社区居民对门票分红的期望	Q8：您对景区门票分红的期望是多少

3. 数据采集阶段

预调查完成后，课题组于 2010 年 9 月 30 至 10 月 25 日对甲居一村、二村 103 户居民家庭进行了全样本入户调查，考虑到被调查者的受教育水平，本书主要采用面对面访谈调查的方式，通过调查者向受访者提问，受访者根据实际情况回答的形式获得调查数据。访谈内容主要按照问卷内容进行，但对访谈提问的方式和顺序、访谈对象回答的方式、访谈记录的方式和访谈的时间、地点等均不做硬性要求，根据实际情况灵活处理，目的是在完成问卷基本选项填写的同时，获得关于研究对象、相关事件更多的质性材料。研究者最后共发放问卷 113 份，回收问卷 108 份。

两个调查区域受访者的主要人口学特征为：男性调查者占 54.6%，女性调查者占 45.4%；调查人口中藏族为 106 人，占调查总人数的 98.1%；年龄结构以 20～59 岁为主体，占样本总数的 70.4%；受教育程度以小学、初中学历居多，分别占总样本的 30.6% 和 40.7%；接待类型以一般接待户和零星接待户居多，分别占总接待类型的 27.8% 和 36.1%。

（二）数据分析

1. 社区居民对旅游经济影响感知明显，居民之间获益差距拉大

根据正式调查收集到的相关数据，对社区居民经济影响感知的 4 个测量题项分别进行均值分析（表 1-3），以便判断旅游发展对当地居民经济生活的总体影响。

表 1-3　甲居藏寨景区居民旅游经济影响感知统计数据

经济影响	收入水平	就业机会	生活水平	获益差距
样本总数	108	108	108	108
均值	4.101 9	3.796 3	4.481 5	4.250 0
标准差	0.491 80	0.488 36	0.501 99	0.597 89

根据利克特量表等级评分标准，均值在 1～2.4 表示反对，2.5～3.4 表示中立，3.5～5 表示赞同。由表 1-3 可知，甲居藏寨景区居民对旅游经

济影响的感知较明显，其中，居民对"发展旅游业后，自家收入水平提高"以及"发展旅游业后，当地居民生活水平提高"两项的认同度比较高，均值分别达到 4.1019 和 4.4815，说明旅游发展以后，当地居民的整体经济条件有所改善，居民收入增多，就业机会扩大。与此同时，居民对"旅游发展只是使少数人受益"的认同度及支持率亦较高，均值达4.2500。这表明，甲居藏寨景区旅游开发使得社区居民之间的获益差距逐渐拉大，旅游收益在农户间的分配问题成为居民关注的焦点。据调查，部分居民因感知到贫富差距日渐拉大，而表现出抵制旅游发展的不满情绪。因此，为了社区旅游业的持续发展，必须对居民之间过大的收入差距进行调节。

2. 社区居民资源权利意识加强

民族旅游资源系统是一个由许多自然要素和人文要素组成的统一体，完整性是其价值体系的根本保障。由于非物质文化部分往往不能界定为属于某一个具体所有者，而是为所在区域的群体（文化氛围的创造者和维系者）共同享有（王汝辉和刘旺，2009），是公共物品，因此每一位居民都有权利从资源的使用和维护中获取利益。在调查中发现，随着民族旅游业的持续发展，目的地居民的公共资源权利意识逐渐觉醒，产生了对公共资源所产生的经济价值进行合理分配的强烈要求。为了获得社区居民旅游资源权利意识感知的结果，对 Q5 题项"我认为甲居藏寨是村民共有的，不属于哪一个人，我也应该分得一定的旅游收益，共同富裕"做了均值分析，其结果如下。居民在这一问项上表现出极高的认同度，均值为 4.0556，这表明，甲居藏寨社区居民的资源权利意识觉醒，居民对自己拥有的资源能够产生经济价值有了清晰认识，其要求实现共同富裕的愿望十分迫切。所以，一旦居民感知到自身权利没有受到保护，他们就将会采用各种消极的手段抵制社区旅游的发展。因此，在旅游发展过程中，应重视对公共资源收益进行合理分配，满足居民公平获取资源收益分配的要求。

3. 不同类型居民对门票分红的感知差异

在社区居民参与旅游发展的过程中，门票分红是其获取公共资源权利分配的一个主要形式，居民对门票收入分配的满意度关系到其保护社区旅游资源的主动性和积极性。因此，为了检验不同类型居民对门票分红感知的差异，本部分将使用 SPSS 16.0 统计软件中的单因素方差分析方法对此问题进行测量。

1）样本正态分布及方差齐性检验分析

单因素方差分析用于研究一个控制变量的不同水平是否对观测变量产生了显著影响。在进行单因素方差分析之前，需要对样本进行正态分布和方差齐性检验，以检验该方差分析是否满足"方差齐性"的前提条件。

对于样本正态性分布的检验，通常采用偏度（skewness）和峰度（kurtosis）的绝对值来对样本进行判断，一般认为当偏度绝对值小于 3.0，峰度绝对值小于 10.0 时样本服从正态分布。对于方差齐性的检验，则采用方差同质性检验（variances homogeneity test）法进行验证。其零假设为不同类型居民对门票分红满意度感知无显著差异，显著性水平 α 为 0.05，如果概率 p 大于显著性水平，则不应拒绝零假设，说明不同类型居民对门票分红满意度感知无显著差异，满足进一步分析的前提要求。

通过对样本峰度和偏度的检验分析可知（表 1-4），样本偏度值（-0.219）小于 3.0，峰度值（-1.136）小于 10.0，符合样本正态分布的要求。同时，方差齐性检验结果显示（表 1-5），列文统计值为 2.392，概率 p 大于 0.05 显著性水平，此时应接受零假设，说明样本满足方差齐性这一前提条件，能够进行进一步的单因素方差分析。

表 1-4　居民类型为检测变量的偏度和峰度值检验结果

检测变量	样本数	偏度		峰度	
		统计值	标准差	统计值	标准差
接待类型	108 份	−0.219	0.257	−1.136	0.480

表 1-5　不同居民类型下方差齐性检验结果

观测变量	列文统计值	方差齐性检验 p
门票分红满意度	2.392	0.075

2）不同类型居民对门票分红感知的单因素方差分析

本书将居民的不同类型作为控制变量的不同水平，用均值比较（compare means）功能中的单因素方差分析（one-way ANOVA）法，分析居民类型这一控制变量是否对门票分红感知产生了显著影响；如果存在显著感知差异，则用多重比较检验（post-hoc test）法，进一步分析不同类型居民两两之间对门票分红感知的差异程度，并将感知相似的类型划为一组，以便进一步地解释分析。

首先，以居民类型为控制变量，门票分红感知为观测变量，作单因素方差分析，分析结果如表 1-6 所示。

表 1-6　单因素方差分析结果

项目	接待大户	一般接待户	零星接待户	非接待户	均值	p
门票分红满意度感知	2.4167	1.9643	2.1026	1.9412	2.1111	0.039

注：显著性水平为 0.05

由表 1-6 可知，不同类型居民对门票分红满意度感知的显著性水平为 0.039（小于 0.05），说明控制变量"居民类型"对观测变量"门票分红满意度感知"造成了显著影响。

其次，进行不同接待类型居民对门票分红感知的单因素多重比较检验，进一步分析不同接待类型居民对门票分红感知的差异程度，并采用 S-N-K（Student-Newman-Keuls）方法将感知程度相似的居民类型划为一组，分析结果见表 1-7 和表 1-8。

表 1-7　不同接待类型居民对门票分红感知的单因素多重方差比较分析

最小显著差异（LSD）法	（I）居民类型	（J）居民类型	均值差异（I-J）	p
门票分红感知	接待大户	一般接待户	0.452 38*	0.015
		零星接待户	0.314 10*	0.020
		非接待户	0.475 49*	0.025
	一般接待户	接待大户	−0.452 38*	0.015
		零星接待户	−0.138 28	0.400
		非接待户	0.023 11	0.910
	零星接待户	接待大户	−0.314 10*	0.020
		一般接待户	0.138 28	0.400
		非接待户	0.161 39	0.402
	非接待户	接待大户	−0.475 49*	0.025
		一般接待户	−0.023 11	0.910
		零星接待户	−0.161 39	0.402

*表示显著性水平为 0.05

表 1-8　不同接待类型居民对门票分红感知相似性子集划分情况

观测变量（S-N-K 法）	相似子集	$p（\alpha=0.05）$
门票分红感知	接待大户	0.148
	一般接待户	0.061
	零星接待户	
	非接待户	

注：采用调和平均样本大小等于 24.715

　　由上述统计分析结果可知，接待大户与一般接待户、零星接待户、非接待户之间在门票分红上的感知差异显著（p 分别为 0.015、0.020、0.025），而一般接待户与零星接待户、非接待户之间差异不明显（p 分别为 0.400 和 0.910），根据不同接待类型居民在感知上的异同，进一步用 S-N-K 法将四类接待户划分为两个相似性子集，一个子集为一般接待户、零星接待户、非接待户，另一个子集为接待大户。此结果能够在图 1-1 中再次得到印证，这说明在门票分红的看法上，一般接待户、零星接待户、非接待户看法一致，且与接待大户的看法存在显著差异。

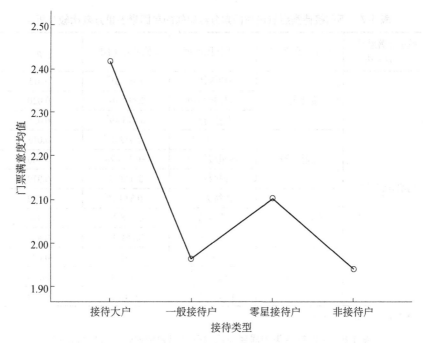

图 1-1　不同接待类型居民门票分红满意度感知均值折线图

3）定性解释

结合质性访谈资料对不同类型居民对门票分红的感知差异性进行分析，可以看出，产生上述结果的原因可能与不同类型居民参与旅游发展的程度及其在旅游发展中的获益情况有关。

甲居藏寨景区的接待大户的客源稳定，收入较高，门票分红在其旅游年收益中所占比例较小，因此对景区内居民获得门票收入的15%这一分配方案感知不太强烈，异议不大，并明显区别于其他三类居民。

其他类型居民则因旅游参与程度和旅游获益情况的不同，表现出与接待大户之间的显著差异。如非旅游接待户由于受主、客观条件的限制（如家中缺乏青壮年劳动力，缺乏资本等）难以开展旅游接待，门票分红是其获取旅游收益的主要来源，因此居民对门票收入分配比例的感知较强烈。在访谈调查中，此类居民普遍希望通过景区门票分红改善目前的生活条件，提高生活水平，他们对目前门票收入分配方案的不满意程度最高，与接待大户形成鲜明对比。

一般旅游接待户居民虽然在接待条件和规模上都不及旅游接待大户，但是总的来说，该类型居民参与旅游发展的程度以及收入水平都相对较高（该类居民家中一般有讲解员或者有从事客运的司机，黄金周时普遍客满，可进行大规模接待），与游客接触频繁，因此，此类型居民对社区居民在旅游发展中的主体地位认识较深刻，他们普遍认为门票分配方案应该以当地居民为主，突出当地人的重要作用。

可见，由于居民参与旅游发展的程度和旅游收入情况的区别，不同类型居民对门票收入分配的感知存在差异。非旅游接待户、零星接待户、一般旅游接待户对目前门票分红的感知相似，满意度普遍较低，接待大户因旅游收入较高，对目前的门票分红感知不强烈。

4.不同接待类型居民对门票分红的期望

掌握不同接待类型居民对门票分红的期望有助于设计富有针对性的激励措施，调动居民保护社区旅游资源的主动性和积极性。以上分析验证了不同类型居民对门票分红的感知具有一定差异性，以下部分将通过编制居民门票分红期望的二维交叉列联表（表1-9、表1-10），考察不同接待类型居民对门票分红的期望分布，并结合质性调查材料进行数据解释。

表1-9　居民接待类型与门票分红期望值的交叉列联表

项目			门票分红期望值				总计
			15%～19%	20%～29%	30%～39%	40%～50%	
接待类型	接待大户	所占人数/人	7	3	1	13	24
		接待类型/%	29.2	12.5	4.2	54.1	100
		门票期望值/%	41.2	100	33.3	15.3	22.2
		组内总计/%	6.5	2.8	0.9	12.0	22.2

续表

项目			门票分红期望值				总计
			15%～19%	20%～29%	30%～39%	40%～50%	
接待类型	一般接待户	所占人数/人	2	0	0	26	28
		接待类型/%	7.1	0	0	92.9	100
		门票期望值/%	11.8	0	0	30.6	25.9
		组内总计/%	1.9	0	0	24.1	26.0
	零星接待户	所占人数/人	6	0	2	31	39
		接待类型/%	15.4	0	5.1	79.5	100
		门票期望值/%	35.3	0	66.7	36.5	36.1
		组内总计/%	5.6	0	1.9	28.7	36.0
	非接待户	所占人数/人	2	0	0	15	17
		接待类型/%	11.8	0	0	88.2	100
		门票期望值/%	11.8	0	0	17.6	15.7
		组内总计/%	1.9	0	0	13.9	15.7
总计		所占人数/人	17	3	3	85	108
		接待类型/%	15.7	2.8	2.8	78.7	100
		门票期望值/%	100	100	100	100	100
		组内总计/%	15.7	2.8	2.8	78.7	100

表 1-10　居民接待类型与门票分红期望值的卡方检验

项目	值	df	渐进 p 值（双侧）
皮尔逊卡方	19.677[a]	9	0.020
似然比	19.252	9	0.023
线性和线性组合	3.939	1	0.047
有效案例中的 N	108		

a. 11 单元格（68.8%）的期望计数少于 5

　　由表 1-9 可知，从整体上看，目前绝大部分居民（78.7%）认同 40%～50% 的分红比例，只有少数居民（21.3%）选择维持现状或持有不同意见。在各种类型居民中，一般接待户对门票分红的期望普遍较高，92.9% 的居民赞同将分红比例提高到 50%。其后为非接待户，占该类型总样本（17）的 88.2%，零星接待户和接待大户，分别各占其总样本的 79.5% 和 54.2%。

进一步观察发现，共有 17 户居民对门票分红的期望值为 15%~19%，其中接待大户所占比例最高（7），占选择此分红比例的所有类型居民总样本的 41.2%，其后依次为零星接待户（35.3%）、一般接待户（11.8%）和非接待户（11.8%）。可见，从频数分布上来看，除了少数居民满足于目前 15% 的分配方案以外，大部分居民认为 40%~50% 的门票分红比例是比较合理的。结合访谈调查资料进行进一步分析，产生此结果可能与以下几个方面的因素有关。

首先，家庭收入水平的高低影响居民对门票分红的期望。一般情况下，家庭收入较低的居民对门票分红的期望较高，反之则较低。从访谈中可知，接待大户每年获取的旅游收入较高，门票收入在其旅游总收益中所占比例有限，因此他们对目前的门票分红感知普遍不强烈，期望也不明显。而其他三类居民情况则相反，因收入有限，大多数人表现出对门票分红有较高的期望。除此以外，从表 1-10 中也可以发现，在其他三类居民中，仍有少部分人认同目前 15% 的分红份额，通过分析发现，这一结果也与家庭收入水平有较大关系。实地调查反映，在此类居民中，部分人除了有农耕收入、旅游收入以外，其自身或家庭成员还拥有其他额外收入，如家庭成员是国家工作人员，每月有固定的工资收入，此类居民虽然不是景区旅游接待大户，但是由于每月收入稳定、生活水平有保证，因此对景区门票分红的感知不强烈，期望与要求不高。如零星接待户 ZQZ（女，57 岁，退休教师，每月可领到 3000 元退休工资）就表示："自己对目前门票分红没有太多要求，每月 3000 元的退休工资已经完全够用了。"又如一般接待户 DJ（男，57 岁，县医院退休老院长，退休工资 3500 元）也表示："自己不太关心门票分红的事情，有没有门票分红都可以，不强求，只是站在大多数居民的立场上认为，提高门票分红比例比较合理。"由此可见，家庭收入情况对居民门票分红期望能产生重要的影响。

其次，政策制定者影响其家人对门票收入的感知期望。通过对少数选择维持现状或持有不同意见的居民（21.3%）进行分析发现，除了受收入水平影响外，是否是现有门票分红政策的制定者或相关者也同样影响着各类型居民的分红期望。如果被访者或其家庭成员中有人参与了门票分红政策的制定，则他们大多表现出对现有分配方案的支持态度。如接待大户 ZWC（男，38 岁，当地政治精英，家庭接待以政府接待为主）表示，"目前的门票分红方案是比较合理的，政府为甲居藏寨旅游发展做了很多事情，如修路、修厕所、做宣传等，没有政府的引导，甲居藏寨不会有人知道，更不会有这么多人来旅游，政府多分一点是有道理的"。又如接待大户 NJGM（女，19 岁，学生，其父亲是县林业局局长）表示，"大家现在都要求分一半，但是我觉得分 30% 差不多了，毕竟政府还是做了很多事的，普通老百姓不知道，但是爸爸他们很清楚，政府帮我们修路是要花很多钱的，我们现在的门票一部分是去还贷款，分 30% 差不多了"。

最后，居民公共资源权利意识是否觉醒也会影响门票收入的感知期望。居民公共资源权利意识是否觉醒也是影响其期望的一个重要因素。从访谈资料中分析可知，对资源公共属性感知越强烈的居民对门票分红的期望越高。如 NLR（男，70 岁，甲居藏寨老书记）认为，"甲居藏寨的旅游资源是属于集体的，整个环境是靠大家在维系，如果没有我们和我们的房子，旅游者就不会来，所以应该给村民分多一点门票，50% 合理"。DQ（男，32 岁）也表示，"房子是我们村民自己修的，游客来看的是整个甲居藏寨，这些是老百姓的劳动成果，给老百姓分 50% 的门票钱是有理可循的"。由此可见，居民公共资源权利意识的觉醒影响其门票分红期。

5. 结论

首先，旅游开发以后社区居民之间的贫富差距日益明显，居民对旅游获益差距感知强烈。统计结果表明，虽然甲居藏寨旅游发展在一定程度上提高了当地人民的生活水平，但同时也造成居民之间贫富差距的拉大，旅游收益分配问题成为社区居民关注的焦点。

其次，社区居民对旅游资源的公共属性感知较强烈，对公共资源权益进行合理分配的愿望十分迫切。居民在公共资源感知题项上表现出极高的认同度，表明大部分居民的公共资源权利意识已经觉醒，希望通过合理的资源权利分配措施，缩小居民之间贫富差距，实现共同富裕。

再次，不同接待类型居民对门票分红的感知差异显著。门票分红是目前甲居藏寨社区居民获得公共资源权利分配的一个主要形式，单因素方差分析结果表明，在门票分红的感知方面，因参与旅游发展的程度及旅游收入水平的不同，接待大户和非接待户、一般接待户、零星接待户之间存在显著差异，接待大户对门票分红的满意程度明显高于其他三类居民。但总体来看，社区居民对目前甲居藏寨门票分红的现状普遍不满意。

最后，从统计数据来看，除少数旅游接待大户对目前 15% 的门票分配方案较满意以外，大部分居民认为甲居藏寨门票分红比例应提高到 50%。而受收入水平、公共资源意识、身份背景等因素的影响，不同类型居民对门票分红的期望存在一定差异。

本 章 小 结

本章首先在研究民族社区旅游资源结构特征的基础上，从现代性与乡土性的二元视角探讨了民族社区旅游发展过程中的内生困境，然后以甲居藏寨为例，解剖了民族社区旅游发展过程中内生困境的外在表征。本章结论如下。

第一，民族社区旅游资源是一个由许多自然要素和人文要素组成的统一体，要素与要素之间、部分与部分之间、要素与部分之间相互联系、相互作用、相互影响，形成一个不可分割的统一体。通过相互联系和相互作用，系统产生了许多单体要素不具有的性质和功能，其整体价值大于单体要素之和，系统性是其价值体系的根本保障。

在长期的历史发展过程中，少数民族居民为适应复杂的自然环境与多变的气候特征，依山就势、就地取材，建成了具有鲜明地域特色的民居建筑。在特定区域内，众多建筑风貌相似、结构一致的民居聚合在一起，与周围的自然环境相互映衬，呈现出规模宏大又和谐统一的民居群落景观形态。在旅游开发中，这种具有统一建筑风貌的少数民族社区能够对旅游者产生强大的吸引力，成为民族社区旅游资源的公共品牌，资源整体价值远远大于单体资源价值之和，产生了资源价值的系统效应。

同样，民族社区的非物质文化旅游资源亦是如此。民族社区的非物质文化资源，尤其是民族民俗，往往是由当地居民所创造、共享并传承的风俗生活习惯，这种习惯是由社区相互联系的人们在日常的生产生活中形成的一种常态的群体行为，它依赖于社区居民的共同努力和协作。譬如，当穿着民族传统服装的居民聚集在一起，共同劳作，一起生活，并在此基础上形成了社区居民共同的、稳定的、常态性的行为方式时，就能产生吸引力，能够吸引旅游者前来观光和体验，发挥旅游资源的品牌效应，凸显单体资源（居民个体）所不具有的新价值（旅游吸引力）。

第二，民族社区旅游发展引致原本属于居民日常的生产、生活场景向旅游者观赏、体验、参与的舞台化展演场景转型。在这一转型过程中，旅游活动带来的市场经济的文化模式和社区内生的农耕文化模式必然会产生激烈的碰撞，社区居民不可避免地陷入现代性和乡土性二元悖论的困境。

在以传统农业或者牧业为基本产业形态的民族社区，人们凭借传统、风俗、习惯、血缘、地缘等内在的文化基因而自在自发地生产、生活。在旅游活动进入民族社区后，这些原本属于社区居民日常的生产、生活场景，由于旅游者的进入，转变为具有观赏、体验、参与的舞台化场景，成为旅游者消费的对象，开始产生旅游经济价值。旅游活动表面上带给社区的是直接的经济收益，本质上是给社区植入了市场经济的文化模式。

一方面，在经济利益的刺激下，社区居民开始变得斤斤计较、唯利是图，为了个人的利益，不惜牺牲他人或者集体的利益，社区居民淳朴、重义轻利的形象开始向势利、重利轻义的形象转变，社区传统文化的根基受到威胁；另一方面，民族社区能够吸引旅游者前来旅游观光的"根基"在于淳朴的民风和独特的乡土文化，如果民族社区变得与城市社区相似，必将失去旅游吸引力，民族社区旅游发展就成了"无源之水，无本之木"。在现代性和乡土性的博弈中，民族社区旅游发展面临艰难的选择。

第三，旅游发展引致社区潜在资源价值的凸显，从而引起社区居民资源权利意识的觉醒，突出表现在社区居民对旅游资源的公共属性感知较强烈，对公共资源权益进行合理分配的愿望十分迫切。

在民族社区发展旅游以前，优美的田园山水风光、传统的民居建筑、特色的民族服饰、民俗活动等资源，基本上是满足社区居民的日常生产生活所需；当社区发展旅游后，这些原本主要满足居民日常生产生活的要素，成为旅游者观光、体验、消费的对象，可以直接给社区或者社区居民个人带来经济收益，变成了具有巨大经济价值的资源。

在民族社区发展旅游的过程中，经营管理方往往通过售卖门票来获取收入。在经济利益的刺激下，社区居民开始关注社区资源收益权利的分配。社区居民和经营管理主体双方在门票收入分配中所占份额的多少成为双方矛盾的焦点。社区居民在门票收入中所占份额的多少直接影响到当地居民保护民族传统文化的主动性与积极性。

第二章
旅游活动对民族社区
乡土特征的影响研究

第一节　旅游发展对民族社区社会文化影响

关于旅游发展对民族社区社会文化影响的研究，早已引起国内外学者的高度关注。中国在 20 世纪 90 年代开始引入西方的研究成果，并针对旅游发展对民族社区带来的问题进行理论和实证研究，涉及的学科有民族学、民俗学与博物馆学、地理学、社会学、经济学、管理学、政治学等七大类。基于本书研究的需要，本章从民族社区旅游资源结构特征、旅游活动对民族社区乡土社会特征的影响、民族社区非物质文化遗产传承与保护、旅游活动与民族社区社会资本关系四个方面对相关理论和实证研究成果进行回顾和评述。

国外学者早在 20 世纪 60 年代就开始了旅游活动对民族社区社会文化影响的研究，70 年代，研究的范围扩大到旅游对目的地经济和生态环境的影响等领域，形成了旅游对民族社区经济、社会文化和生态环境影响的系统研究，在理论研究和实证研究方面都取得了丰富的成果。国内的相关研究起步较晚，学者们在引介国外研究成果的基础上，进行了大量的实证研究。张文于 2007 年著的《旅游影响——理论与实践》是目前为数不多的研究旅游影响的专著之一。此外，在借鉴国外相关学术成果基础上，张晓萍（2005）著的《民族旅游的人类学透视——中西旅游人类学研究论丛》、彭兆荣（2004）著的《旅游人类学》等著作为研究旅游社会文化影响提供了理论基础和实证参考。本节将从理论视角、研究方法两个方面对国内外相关研究成果进行综述，并重点关注旅游发展对民族社区社会特征影响的相关成果。

一、研究视角

（一）旅游人类学

旅游人类学是较早关注旅游社会文化影响的学科之一，对不同文化之间的接触、交流与变迁是人类学研究中最为重要的一个主题（彭兆荣，2004）。20 世纪 60～70 年代，越来越多的学者开始关注旅游目的地社会文化变迁，东道主与游客之间的示范效应等。瓦伦·L. 史密斯（1977）主编的《东道主与游客——旅游人类学》(第一版)通过大量人类学案例的研究，详细地描述了旅游现象引发的文化接触和交往及其带来的个体或群体生活方式的变化，成为旅游人类学里程碑式的著作。20 世纪 80 年代以后，更多的学者将研究的目光拓展到潜藏于旅游经济发展之中的社会意识形态和社会权利关系。20 世纪 90 年代以后，学者们逐渐开始将研究与旅游的自身特点紧密结合起来，使研究的理论方法更加趋于完善。

　　旅游人类学运用涵化理论（acculturation theory）和示范效应、文化商品化、文化再生产等理论来解释旅游社会文化的影响问题。丹尼逊·纳什（2004）从旅游对目的地社区及其居民影响的视角出发，认为旅游是一种涵化形式，在这种跨文化沟通中，旅游者对旅游地社会的影响是持续的，而居民作为当地文化的主体和载体，也会根据自身的价值取向对各种外来文化做出回应，进而促进目的地社会文化的变迁。王雪华（1999）认为，旅游造成了旅游者和目的地居民的文化互动和交流，在文化交流的过程中，旅游成为文化传播的媒介，并且这种文化交流具有不平衡性。王妙和孙亚平（2001）应用比较文化理论对旅游地社区社会文化影响的变化机理进行了分析，认为主客之间的文化差距产生了示范效应，而示范效应的结果可能是有益的也可能是有害的。刘赵平（1998a）认为，涵化理论虽然从宏观层面说明旅游发展对旅游地社区社会文化产生影响，但其仅停留在解释性理论的层次，人们据此很难推断出具有操作性的控制影响的方法。

（二）社会学

　　社会学通过人们的社会关系和社会行为，从社会系统的整体角度来研究社会的结构、功能、现象发生和发展规律（张进福和肖洪根，2000），部分学者将社会学中的理论应用于旅游对民族社区社会文化影响的研究。其中，社会交换理论（social exchange theory）于 20 世纪 80 年代末至 90 年代初，在解释居民对旅游影响的感知和态度方面受到学者的重视。该理论是对行为者相互交换、给予和付出行动的经济化分析，其潜在的假定是行为者以获取最大化和付出最小化的方式行动，该理论认为，人类的一切行为互动都是为了追求最大利益的满足（刘赵平，1999）。Ap（1992）指出，社会交换理论为解释居民感知提供了一个有用的理论框架。他还构造出社会交换过程模型，试图理解居民与旅游者之间的动态相互关系，解释居民对旅游影响形成的知觉。刘赵平（1998b）通过对野三坡的实证研究表明，相较于发展阶段理论（旅游地生命周期理论）、涵化理论，社会交换理论对旅游社会文化影响机制最有解释力。作者进一步指出，社会交换理论还可以解释旅游引致的社会文化改变中的许多现象，如一些地方旅游开发后淳朴民风减弱或消失的现象。但堪永生等（2005）指出，社会交换理论具有一定的适用范围，因为这一理论没有提出具体的、通过居民感知和态度研究来进行检验的概念。假使社会交换理论可以检验，而仅通过居民感知和态度调查不可能解释交换这一双向的问题，没有旅游者确定的态度，只能说明交换理论的一半内涵。

刘旺和蒋敬（2011）从乡土社会结构理论视角出发，以"差序格局"理论为指导，采用微观社会学的社区研究方法，构建了旅游发展对民族社区社会文化影响的研究框架，并以此框架来分析旅游发展对民族社区乡土特征的影响。有关本土化的"差序格局"理论的应用，国内的社会学者在 20 世纪 80 年代就开始运用该理论来研究乡村工业对乡土社会结构的影响，他们指出，改革开放以来，传统的农耕经济受到了前所未有的冲击，新的经济冲击着以血缘和地缘关系为基础的"差序格局"，人伦观念的差等秩序开始动摇，经济理性思维开始进入农民生活。与此同时，血缘和地缘的结合开始松动，业缘关系长足发展，乡土社会发生了转型。传统的"差序格局"变得更加多元化和理性化。如果将民族旅游业看作进入少数民族农村地区的一项产业的话，我们不难发现，其作为一种新的经济形式，扮演了与乡村工业本质上相同的角色，它不仅冲击着当地原有的经济基础，而且还通过影响居民生产与生活方式，继而导致社会结构的"差序格局"发生变化，传统的乡土特征日渐式微。然而，民族旅游业的角色又不完全等同于乡村工业，乡村工业的发展是为了促进农村地区的现代化进程，而民族社区的旅游业是以民族传统文化和乡土性为核心吸引物的。乡土特征是维系民族社区旅游发展的根本，是民族传统文化的"灵魂"。如果民族社区变得与现代城市无异，也就不存在所谓的民族旅游了。因此，在现代性与乡土性的博弈中，如何维系民族社区的乡土特征开始受到重视。基于"差序格局"理论视角，通过研究旅游发展对民族社区乡土特征的影响，有助于从本土化乡土社会结构理论的视角出发，更好地理解旅游发展对民族社区社会文化影响的深层次原因，从而在传统与现代之间找到一个旅游发展的平衡点，使民族社区保持适应时代发展的"乡土特征"。

（三）地理学

旅游目的地是吸引旅游者作短暂停留、参观游览的地方，对目的地而言，大量游客涌入会对目的地区域产生什么样的影响是地理学要重点关注的问题之一。Butler（1980）认为，旅游的社会影响在旅游目的地可以分为两大类：一类是关于目的地的特征；另一类是旅游对基础设施和当地资源开发、利用的影响。

在旅游发展对旅游目的地社会文化影响研究中，加拿大学者 Butler 于1980 年提出的旅游地生命周期理论（the tourism area life cycle）被学者广泛采用。该理论认为，旅游地的演化要经历探查、参与、发展、巩固、停滞、衰落或复兴六个阶段。在停滞期内旅游地的游客数量将达到最大，旅游环境容量趋于饱和，社会、文化和环境问题也随之而至。旅游地居民的旅游感知和态度同旅游地的发展程度存在联系，与其给社区带来的消极社会文化、经济和环境影响呈负相关关系。Upchurch 和 Teivane（2000）在拉脱维亚共和国的首都里加调查研究当地居民对旅游发展的感知时，运用 Butler 的旅游地生命周期理论，验证了里加正处于旅游发展的初级阶段，评价了旅游发展对里加的积极和消极影响。随着旅游者的进入，当地社会也产生了一些分歧和矛盾。然而刘赵平（1998b）对野三坡的实证研究表明，难以找出支持发展阶段理论（旅游地生命周期理论）的有力论据。

此外，有学者也提出旅游对目的地的影响依赖于其社会承载力的大小。Saveriades（2000）认为旅游改变了目的地的社会特征，而这些改变的方向和大小都依赖于目的地对旅游活动的承载能力，在对三个塞浦路斯的旅游社区进行对比研究后，作者建构了旅游承载力与社会影响之间关系模型。

国内有关旅游发展对民族社区社会文化影响的理论研究，主要是对国外相关成果的介绍、模仿与回应，尚未形成系统、科学的体系。国外的涵化理论、社会交换理论等相关理论虽然在一定程度上能解释旅游发展对民族社区带来的社会文化影响问题，但都对民族社区的血缘纽带、人情关系、差等有序等乡土特征重视不足，容易忽略民族社区的本土化情景，因此在解释居民行为变化等方面一贯沿袭了西方学者的理论思路，"会使人产生一种'中国人变得愈来愈像西方人'的印象"（黄光国，2006），无法体现民族社区传统文化的主体。此外，不同的社会结构对抵御或适应外来影响的力量或方式是不同的，要进一步分析旅游发展对我国民族社区社会文化影响的深层次原因，应当重视我国民族社区的乡土特征，并对其进行系统的分析。

二、研究方法

（一）田野调查法，深度定性描述

社会学者和人类学者（特别是人类学者）开始进行旅游社会文化影响

研究时，早期多采用生活在目的地社会中根据观察和亲身体验得出结论的田野调查法，该方法实际上是对观察法、访谈法、社会调查法等方法的一种综合运用，通过实际考察人类社会来获得研究的第一手资料并验证各种假设。此外，比较研究方法也是有效的文化人类学研究方法。从瓦伦·L. 史密斯（2002）主编的《东道主与游客——旅游人类学研究》（第二版）中可以看到，人类学者通过田野调查，详细观察并描述了旅游活动对当地社会文化、经济、环境等带来的影响及其变迁。刘赵平（1999）在借鉴社会学、旅游人类学社会调研主要手段的基础上，以野三坡为案例地，提出了"带参照系、具时间跨度的跟踪调查"这一比较研究方法。

（二）问卷调查法，量化研究逐步深入

在质性研究不断发展的同时，量化研究逐渐增多，统计分析方法也逐步深入、精准。在实证研究中，国外学者多用问卷调查法进行数据搜集，用于检验理论的适用性或建立新的理论；国内学者也多采用此方法就旅游发展对民族社区、民族村落社会文化影响进行大量的个案研究，见表 2-1。

表 2-1　国内民族社区旅游社会文化影响实证研究案例

作者	年份	案例地	作者	年份	案例地
刘振礼	1992	河北野三坡	和占琼	2004	云南丽江
戴凡 保继刚	1996	云南大理古城	苏勤 林炳耀	2004	安徽西递、江苏周庄、安徽九华山
陆林	1996	皖南旅游区	唐雪琼等	2004	云南元阳县 哈尼村寨
刘赵平	1998	河北野三坡	苗红 陈兴鹏	2007	甘肃肃南马蹄寺 景区
李凡 金忠民	2002	安徽西递、宏村 和南屏	刘韫	2007	四川甲居藏寨
付保红	2002	云南西双版纳曼 春满村寨	吴忠军	2008	广西桂林龙脊 梯田
章锦河	2003	安徽黟县、西递	李先锋等	2008	宁夏古城村

资料来源：根据部分相关文献整理

在统计分析方法方面，初期研究主要采用了描述性统计分析方法，通过比较不同旅游影响感知项目的均值得分来评判居民的旅游影响感知是总体积极的还是总体消极的。随着旅游社会文化影响问题研究的深入，因子分析、聚类分析、方差分析、相关分析、回归分析等数理统计方法被更多地用于数据处理和分析、测量量表的开发和检验等。此外，结构方程模型（SEM）中的验证性因子分析也渐渐被广泛应用于居民旅游影响感知研究中，丰富了测量旅游社会文化的影响的方法。20 世纪 70 年代以来，最通常的经验主义方法还是通过量测旅游地居民感知与态度。到 20 世纪 90 年代中期，随着社会调查研究个案的积累，一些学者开始尝试建立一个统一的、适用性较强的定量评价模型，比较著名的是 Lankford 和 Howard（1994）的旅游影响态度量表（Tourism Impact Attitude Scale，TIAS），这是一套由 27 个变量指标组成、包含 2 个因子大类的态度尺度模型，该研究在学术界产生了很大的影响（Lankford and Howard，1994）。Ap 和 Crompton（1998）也发表了类似的研究成果，在他们的研究中量表由 35 个变量指标组成，涉及经济、社会文化、环境影响、服务等七方面的内容。但有学者对量表的"普遍适用性"提出疑问，他们认为这些指标是从前人的研究中归纳出来的，与具体调查地的相关性不强，无法保证调查研究结果的涵盖性和针对性。随后，不少学者都对旅游影响态度量表的科学性、操作性和实用性进行了探讨。

国内学者多借鉴 Lankford 和 Howard（1994）、Ap 和 Crompton（1998）的旅游影响评估尺度和推导过程，构建旅游影响尺度并进行实证检验。目前的研究程序一般为问卷设计与发放、用 SPSS 统计软件检测数据可信度、分层聚类、提取数据、居民感知结果、差异分析、结论与讨论。可见该领域主要是运用社会学的研究方法，试图建立一套评价与研究居民感知的系统的量化标准。

　　从国内外现有研究成果来看，描述性的定性分析较多，偏重旅游发展对民族社区社会文化影响具体内容的分析和归纳，而运用数理分析的定量研究较少，大多数停留在描述性统计分析方面，对因子分析、方差分析、回归分析、结构方程模型等数理统计方法应用较少。在量表测量上，国内学者多是基于西方学者开发的量表，结合案例区域实际情况进行指标的增减，但这类研究方式是"拿西方学者发展出来的理论模式和测量工具'套'在中国受试者身上，借用西方的理论模式和测量工具来'检视'或'了解'中国人。这种做法可能造成的最大危机是使研究对象丧失其主体性"（黄光国，2006），测量不到民族社区社会文化的特色。

第二节　研究设计与实地调研

一、研究区域与样本概况

（一）研究区域的样本概况

　　本书选取的研究区域仍为甲居藏寨。本书依据甲居藏寨民居接待户参与旅游发展的程度，综合考虑是否为挂牌接待户、年旅游接待人次及其客源稳定性、民居接待设施条件及服务水平等因素，将甲居藏寨居民户的类型分为接待大户、一般接待户、零星接待户、非接待户四类。接待大户参与旅游接待活动的程度最为深入，接待设施和条件较好，且常年客源稳定，旅游收入是家庭收入的主要来源；一般接待户虽然积极参与旅游接待，但客源的数量和收入远不及接待大户，其客源和收入均不稳定，服务水平也参差不齐；零星接待户是指那些仅在黄金周期间才有游客，或者因接待大户分客而从事旅游接待的家庭；非接待户是指没有从事旅游接待服务的家庭。

（二）研究样本抽样方法

本书采用分层随机抽样的方法对居民样本进行抽样调查。首先，在前期实地概况调查的基础上，手绘了甲居藏寨居民的分布示意图，供实地调查时使用，此过程得到了当地居民的大力支持。其次，按照接待户的四种类型，将103户家庭进行了分类，以家庭为样本单元进行问卷调查，并随机抽取各类型居民户中具有代表性的家庭进行重点访谈，对其他居民户则做较为简要的交谈。最后，针对部分家庭父辈和子辈对旅游社会文化影响感知差别较大的情况，再将该家庭按年龄层次进行分层调查。

二、研究方法

（一）半结构性访谈法

2009年7月4~12日，课题组前往甲居藏寨，针对旅游发展对当地经济、社会、文化影响等问题进行摸底调查，与当地的挂牌接待户进行了长时间、细致的交流，并随机采访了一些非挂牌接待户对旅游影响的感知情况。事后笔者对访谈记录进行了归纳整理，结合民族社区乡土特征的四个特点，并与课题组成员进行多次讨论和修改，拟定了旅游发展对甲居藏寨乡土特征影响的访谈提纲。

2010年9月20日至10月25日，课题组再次前往甲居藏寨，以访谈提纲为主要线索提问，对随机抽取的38位不同类型居民进行深入访谈，访谈平均时长为2小时，并在经过受访者本人同意的情况下对访谈进行了录音。通过分析访谈所得质性资料，从而判定旅游发展是否对甲居藏寨的乡土特征产生了影响，若产生影响那么具体表现在哪些方面，这也为下一步的问卷调查奠定了基础。

（二）半参与式观察法

在调查过程中，通过多种方式使调查人员尽可能地融入当地居民中去，以便近距离观察居民的日常生活和交往、民风习俗等，并尽可能深入地了解当地居民的真实想法。例如，课题组将调查人员分散安排在多家接待户用餐和居住，并积极参与主人家的日常劳动，甚至和主人一起用餐。在这一互动过程中，观察居民的表情和各种行为，体会居民在不同场合说话的语气、声调等细微变化，从而更加准确地了解居民的真实想法。又如，课题组成员多次前往门票站、田间地头观察居民的言行举止等，为质性研究提供丰富的素材。此外，在调查期间研究者亲身参与了当地的转山会，也碰巧参加了当地一位老人的葬礼，通过亲身体验，调查人员提高了对当地民风民俗的感性认识。

（三）实地问卷调查法

实地问卷调查分为两个阶段，一是预调查阶段。设计好初试问卷后，课题组指导老师对调查人员进行专业培训，使其掌握问卷调查的基本原则和方法，理解每个问题的含义，并用当地居民的语言习惯进行表述，使受访者易于理解和准确回答。课题组在做好基本准备工作后，于 2010 年 9 月 20～28 日随机抽取甲居藏寨 30 名居民进行一对一的问卷预调查。对不能自行填写问卷的居民，由调查人员口述问题和选项，让居民进行选择，或从其相关论述语言中寻找答案，代为其完成问卷的填写。二是正式调查阶段。对初试问卷中存在的问题进行修改后，形成正式问卷。课题组于 2010 年 9 月 30 日至 10 月 25 日对甲居一村、二村 103 户居民家庭进行问卷调查。由于大部分家庭成员的观点比较一致，因此只选择一名成员的观点作为该家庭的代表填写问卷。若父母和子女观点差别较大，则分别对他们进行问卷调查。

（四）SPSS 统计分析

本书用 SPSS 16.0 统计软件对问卷数据进行统计检验和分析，使用的具体方法如下。

（1）信度检验：信度分析是一种测量综合评价体系是否具有一定稳定性和可靠性的有效分析方法。SPSS 的信度分析主要用于对量表内在信度进行研究，重在考察一组评估项目是否测量的是同一个特征，这些项目之间是否都具有较高的一致性（薛薇，2009）。本书使用克龙巴赫（Cronbach）信度系数法检验测量项目的内在信度。经验上，如果克龙巴赫 α 系数大于 0.9，则认为量表的内在信度很高；如果克龙巴赫 α 系数大于 0.8（小于 0.9），则认为量表的内在信度是可接受的；如果克龙巴赫 α 系数大于 0.7（小于 0.8），则认为量表设计存在一定问题，但仍有一定参考价值；如果克龙巴赫 α 系数小于 0.7，则认为量表设计存在很大问题应考虑重新设计。本书采用克龙巴赫 α 系数大于 0.7 的标准。

Churchill（1979）强调，需要在进行因子分析前净化和消除"垃圾测量项目"，在研究过程中同时参考修正后项目总相关（Corrected Item-Total Correction, CITC）系数和剔除的克龙巴赫 α 系数两个标准来筛选测量项目。当 CITC 零相关或相关系数较低时，应予以剔除，本书使用 CITC 小于 0.3 则删除该测量项目的标准。如果剔除的克龙巴赫 α 系数较剔除前的克龙巴赫 α 系数有显著提高，则说明所剔除的评估项目与其他项目的相关性较低，正是剔除了该项目才使其他项目的总体相关性得以提高。本书将对民族社区乡土特征四个维度的量表分别作信度检验分析。

（2）效度检验：本书使用 KMO（Kaiser-Meyer-Olkin）检验和巴特利特球形检验（bartlett test of sphericity）统计量检验测量项目的效度，通过因子分析方法来验证量表的建构效度。本书采用在因子分析中占有主要地位且使用最为广泛的主成分分析法（principal componentanalysis）对数据进行探索性因子分析（Exploratory Factor Analysis，EFA）。

由于"原有变量之间应具有较强的相关关系"是因子分析的前提条件，因此用 KMO 检验统计量来检验数据是否适合作因子分析。KMO 值越接近于 1，意味着变量间的相关性越强，原有变量越适合作因子分析；KMO 值越接近于 0，意味着变量间的相关性越弱，原有变量越不适合作因子分析。凯瑟（Kaiser）给出的常用的 KMO 度量标准为：0.9 以上表示非常适合；0.8～0.9 表示适合；0.7～0.8 表示一般；0.6 表示不太适合；0.5 以下表示极不适合。本书采用 KMO 值大于 0.7 的标准。此外，当巴特利特球形检验的检验统计量的观测值比较大，且对应的概率 p 小于给定的显著性水平 α 时，表明原有变量适合作因子分析，具有很好的建构效度。本书将对民族社区乡土特征四个维度的量表分别作效度检验分析。

（3）描述性统计分析：对问卷受访者基本信息的分析，能够在一定程度上反映出样本是否具有总体代表性，抽样是否存在系统偏差等，并以此证明相关问题分析的代表性和可信性。本书用描述性统计（descriptive statistics）分析法中的频数（frequencies）功能统计频数和有效百分比，分析调查样本基本信息的分布特征。用描述性统计功能计算各测量指标的均值得分，从总体上判断社区居民在旅游发展对乡土特征影响的感知情况。

（4）因子分析：因子分析是指以最少的信息丢失为前提，将众多原有变量浓缩成少数几个因子，并使因子具有一定命名解释性的多元统计分析方法，其目的是用少量因子代替多个原始变量，有效降低变量维数。本书采用 KMO 检验和巴特利特球形检验统计量检验测量项目是否适合作因子分析，检验标准同效度检验。

因子提取方法主要采用在因子分析中占有主要地位且使用最为广泛的主成分分析法，该法主要根据"特征根值大于1"的标准，并参考碎石图、因子累计方差贡献率大于 0.7 等标准，确定因子个数。根据因子载荷值，确定是否需要进行因子旋转（rotation）以利于因子命名。采用方差最大法（varimax）进行正交旋转处理后抽取共同因素，保留特征根值大于 1，因子载荷大于 0.5 的因素，提取因子变量。用因子变量代替原有变量进行乡土特征影响感知相关分析。本书将对民族社区乡土特征各维度的量表分别作因子分析。

（5）单因素方差多水平分析：单因素方差分析用于研究一个控制变量的不同水平是否对观测变量产生了显著影响，在进行单因素方差分析之前，需要对样本进行正态分布和方差齐性检验，以检验该方差分析是否满足"方差齐性"前提条件。本书以居民不同类型作为控制变量的不同水平，用均值比较功能中的单因素方差分析法，分析居民类型这一变量是否对乡土特征影响感知产生了显著影响；对存在显著感知差异的，则用多重比较检验法，进一步分析不同类型居民两两之间对乡土特征影响感知的差异程度，将感知相似的类型划为一组，以便进一步地解释分析。

三、初始问卷编制

（一）测量维度及指标题项索引

"测量的目的在于根据研究者对理论构念的理解和定义，把抽象的概念具体化，找到合适的测量指标（indicator），从而对这些构念所代表的现象进行科学的描述、区分、解释，乃至预测。"（陈晓萍等，2008）本书采用以下四个特征作为民族社区乡土特征的分析维度：①社会关系；②公私、群己关系的相对性；③自我中心的伦理价值观；④礼治秩序。针对各维度的核心思想，归纳提炼出量表开发的题项索引（表2-2），为进一步构建相应的测量指标提供依据。

表2-2　乡土特征维度题项索引

维度 （一级变量）	题项索引（Q）	维度 （一级变量）	题项索引（Q）
社会关系	亲子关系 Q1	公私、群己关系的相对性	权利、义务界限的模糊性 Q6
	亲属关系 Q2		
	地缘关系 Q3	自我中心的伦理价值观	传统价值观 Q7
	人情关系 Q4		功利价值观 Q8
	邻里关系 Q5	礼治秩序	"礼俗"等传统规范着人们的行为 Q9
			技艺学习及文化教育 Q10

（二）访谈提纲主要内容

在研究过程中，以乡土特征的四个维度和题项索引为基础，结合旅游发展对甲居藏寨社会文化影响调研资料，经课题组成员多次讨论，反复修改后，拟定的访谈提纲分为四大部分，共 13 个问题。

第一部分：从亲子关系、亲属关系、地缘关系、人情关系、邻里关系五个方面了解旅游发展对甲居藏寨社会关系和人际交往的影响。其中，亲子关系、亲属关系、邻里关系主要侧重于访谈情感、经济联系方面的变化情况；地缘关系、人情关系则主要侧重于访谈商品买卖活动、帮工、红白喜事方面的变化情况。

第二部分：主要访谈居民对甲居藏寨房屋风貌保护、传统文化保护的一些看法和意见，以及访谈居民是否意识到应由全村人共同维护这些“公共资源”。

第三部分：是对居民传统价值观念变化感知的访谈，首先请当地居民列举一些甲居藏寨较为典型的传统价值观，其次再进一步询问“各个价值观是否受到旅游发展的影响”“如果受到影响，变化的结果是怎样的”等问题。

第四部分：主要通过访谈居民对传统行为规范的遵守程度、对传统技艺学习的积极性等相关问题，了解传统礼治秩序约束力的变化情况。

（三）初始问卷编制

1. 量表借鉴指标

本书的量表指标既借鉴了国内外现有文献中认可度较高的量表，又根据研究问题的实际需要，对不能满足研究需要的部分自行设计相应指标。

本书借鉴指标主要来源于国内外学者有关旅游发展对目的地社会特征影响，以及民族社区居民对旅游社会文化影响感知相关研究文献中的量表。如国外学者 Lankford 和 Howard（1994）、Ap 和 Crompton（1998）、Brunt

和 Courtney（1999）的量表指标。这些量表在文献中占有显著地位，具有较高的信度和效度，受到国内外学者的高度认可。欧阳润平和覃雪（2010）通过对国内 40 份相关量表进行归纳整理，将其中 27 份涉及社会文化影响分析的量表进行了归类整理，为本书的指标提取提供了很好的参考价值。从相关文献中提取的有关民族社区乡土特征影响的指标如表 2-3 所示。

表 2-3   相关文献借鉴指标

题项索引（Q）	借鉴指标（题项）	题项索引（Q）	借鉴指标（题项）
亲子关系 Q1		权利、义务界限的模糊性 Q6	传统文化保护 I5
亲属关系 Q2	家庭关系 I1	传统价值观 Q7	纯朴 I6 信任度 I7 诚实度 I8 长辈权威 I9
地缘关系 Q3	商品经济意识 I2	功利价值观 Q8	物质财富 I10
人情关系 Q4	互助协作关系 I3	"礼俗"等传统规范着人们的行为 Q9	黄赌毒现象 I11 择偶范围 I12
邻里关系 Q5	邻里人际关系 I4	技艺学习及文化教育 Q10	教育机会 I13 语言学习 I14

2. 量表增加指标

由表 2-3 可知，在现有的旅游发展对民族社区社会文化影响研究量表中，部分指标涉及旅游发展对乡土特征影响的问题，但对民族社区的"乡土"性挖掘不够，不能较全面地反映居民情感和交往行为之间的亲疏远近、尊卑有序等特点。因此，依据研究需要，结合实地访谈资料，通过专家讨论，笔者又增加了如下指标（表 2-4）。

表 2-4   本书增加的指标

题项索引（Q）	增加指标（题项）	题项索引（Q）	增加指标（题项）
亲子关系 Q1	父母和子女的感情 I15	地缘关系 Q3	商品买卖 I19
亲属关系 Q2	兄弟姊妹交往 I16 亲戚情感联系 I17 亲戚经济联系 I18	人情关系 Q4	换工方式 I20 红白喜事往来 I21

续表

题项索引（Q）	增加指标（题项）	题项索引（Q）	增加指标（题项）
邻里关系 Q5	邻里之间的经济联系 I22	功利价值观 Q8	权力 I27
权利、义务界限的模糊性 Q6	村寨风貌保护 I23	"礼俗"等传统规范着人们的行为 Q9	节庆过法 I28
传统价值观 Q7	良心 I24 宽容、容忍 I25 团结 I26	技艺学习及文化教育 Q10	技能学习 I29 文化教育 I30

综合表 2-3、表 2-4，形成了一份由 30 项指标组成的旅游发展对民族社区乡土特征影响的量表体系。

3. 初始调查问卷编制

初始问卷第一部分是被调查居民的背景资料，包括性别、年龄、民族、出生地、文化程度、居民类型 6 个人口统计特征变量；备注选项中的有讲解员、有汽车、有停车场、有标间、临近公路作为居民类型划分辅助信息的 5 个变量，共计 11 个变量。除年龄变量采用空格填写的形式，其他变量则提供选择项。各变量赋值情况如下。

D1 性别：男性赋值为 1，女性赋值为 0。

D2 年龄：以年龄段来分类，25 岁及其以下赋值为 1，26～35 岁赋值为 2，36～45 岁赋值为 3，46～55 岁赋值为 4，56 岁及其以上赋值为 5。

D3 民族：藏族赋值为 1，非藏族赋值为 0。

D4 出生地：甲居一村赋值为 1，甲居二村赋值为 2，其他赋值为 3。

D5 文化程度：没有文化赋值为 1，小学赋值为 2，初中赋值为 3，高中赋值为 4，其他赋值为 5。

D6 居民类型：接待大户赋值为 1，一般接待户赋值为 2，零星接待户赋值为 3，非接待户赋值为 4。

D7～D11 对有讲解员、有汽车、有停车场、有标间、临近公路几项按是和否来分类，"是"赋值为 1，"否"赋值为 2。

　　初始问卷第二部分是受访居民对旅游发展对乡土特征影响的感知调查。基于表 2-3、表 2-4 共计 30 个指标，结合实地访谈情况，通过专家法讨论，删除不符合当地情况的指标（如黄赌毒现象），对语义有重叠的指标作适当整合后，转化成一系列的陈述句，形成了由 23 个问题构成的初试调查问卷。问卷中表达程度和方向的变量采用利克特五级制量表尺度进行测量，要求居民根据自己的感知选择一个最合适的选项，其他变量则要求根据实际情况对提供的选项进行选择。变量选项赋值与选项番号一致。

4. 量表变量及其意义

　　旅游发展对乡土特征影响测量变量及其意义如表 2-5 所示，共分为四个维度，由于变量 V10 不是利克特量表，因此不参与信度和效度的统计检验分析。

表 2-5　量表变量及其意义

乡土特征维度	变量及意义	备注
社会关系	V1. 旅游发展对父母和子女之间的感情影响	
	V2. 旅游发展对兄弟姊妹之间的交往影响	
	V3. 旅游发展对亲戚之间的情感联系影响	
	V4. 旅游发展使亲戚之间产生的经济联系变化情况	
	V5. 旅游发展后，村民之间的商品买卖变化程度	
	V6. 旅游发展后，村民与游客之间的商品买卖变化程度	
	V7. 旅游发展后，帮忙换工方式变化程度	
	V8. 旅游发展后，红白喜事等方面的来往变化程度	
	V9. 旅游发展后，邻里关系变化程度	
	V10. 旅游发展后，当游客在自家住不下时，怎样分客？	非利克特量表
公私、群己观念	V11. 民居风貌保护是谁的事？	
	V12. 传统文化保护是谁的事？	
伦理价值观	V13. 对"做人要讲良心"这个传统观念的认识变化程度	
	V14. 对"做人要讲诚信、诚恳"这个传统观念的认识变化程度	
	V15. 对"讲容忍、宽容"这个传统观念的认识变化程度	

续表

乡土特征维度	变量及意义	备注
伦理价值观	V16. 对"讲团结"这个传统观念的认识变化程度	
	V17. 对"长幼有序"这个传统观念的认识变化程度	
	V18. 对"财富"的看重程度	
	V19. 对"权力"的看重程度	
礼治秩序	V20. 旅游发展后,对传统节庆(春节、转山会、跑马节)的过法变化程度	
	V21. 对传统行为规范的要求变化程度	
	V22. 旅游发展以后,年轻人对传统歌舞、刺绣等技能学习的积极性变化情况	
	V23. 家长对子女文化教育问题重视程度变化情况	

(四)初试问卷量表信度和效度检验

信度和效度分析遵循以下程序。首先,使用 CITC 和剔除的克龙巴赫 α 系数两个标准来筛选测量项目:采用 CITC 不小于 0.3 的标准;利用克龙巴赫信度系数法检验问卷的内在信度,采用统计量检验值不小于 0.7 的标准。其次,使用 KMO 检验和巴特利特球形检验统计量检验问卷的建构效度,采用 KMO 值不小于 0.7,显著性水平为 0.05 的标准。

下文将用 30 份初试问卷所得数据对乡土特征各维度的量表分别进行信度和效度检验,检验结果如表 2-6~表 2-8 所示。

1. 乡土特征之社会关系影响量表信度和效度检验

乡土特征之社会关系影响量表,共计 10 个指标,信度和效度检验结果如表 2-6 所示。

表 2-6 乡土特征之社会关系影响量表检验结果(预测)

筛选前			筛选后		
变量	修正后项目总相关系数	题项删除后的克龙巴赫 α 系数	变量	修正后项目总相关系数	题项删除后的克龙巴赫 α 系数
V1	−0.303	0.857	V2	0.356	0.866
V2	0.395	0.800	V3	0.742	0.822
V3	0.734	0.752	V4	0.572	0.844

续表

筛选前			筛选后		
变量	修正后项目总相关系数	题项删除后的克龙巴赫 α 系数	变量	修正后项目总相关系数	题项删除后的克龙巴赫 α 系数
V4	0.496	0.788	V5	0.72	0.825
V5	0.702	0.759	V6	0.414	0.859
V6	0.398	0.799	V7	0.700	0.829
V7	0.686	0.764	V8	0.559	0.845
V8	0.588	0.777	V9	0.742	0.822
V9	0.723	0.754			
克龙巴赫信度系数		标准化的克龙巴赫 α 系数	克龙巴赫信度系数		标准化的克龙巴赫 α 系数
0.806		0.780	0.857		0.854
KMO 和巴特利特球形检验					
KMO 样本测度			巴特利特球形检验 p		
0.788			0.000		

由表 2-6 可知：社会关系影响第 1 个测量变量的修正后项目总相关系数为 -0.303，小于 0.3，剔除该变量后克龙巴赫 α 系数为 0.857，较剔除前的 0.806 有较大提高，符合删除标准，因此予以剔除，测量变量由 9 个减少到 8 个。变量筛选后量表的整体信度系数为 0.857，说明信度较好，量表内部具有一致性。

对样本进行 KMO 和巴特利特球形检验后，KMO 值为 0.788，说明原有变量之间存在较强的相关关系，适合作因子分析；巴特利特球形检验统计值的显著性概率 p 为 0.000，远小于 0.05 的显著性水平，说明量表具有很好的建构效度。

2. 乡土特征之公私、群己观念影响量表信度和效度检验

乡土特征之公私、群己观念影响量表，共计 2 个指标，信度和效度检验结果如表 2-7 所示。

表 2-7　乡土特征之公私、群己观念影响量表检验结果

筛选前			筛选后		
变量	修正后项目总相关系数	题项删除后的克龙巴赫 α 系数	变量	修正后项目总相关系数	题项删除后的克龙巴赫 α 系数
V11	0.645	—	V11	0.645	—
V12	0.645	—	V12	0.645	—
克龙巴赫信度系数		标准化的克龙巴赫 α 系数	克龙巴赫信度系数		标准化的克龙巴赫 α 系数
0.784		—	0.784		—
KMO 和巴特利特球形检验					
KMO 样本测度			巴特利特球形检验 p		
0.605			0.000		

由表 2-7 可知：公私、群己观念影响 2 个测量变量的修正后项目总相关系数均大于 0.3，变量筛选后量表的整体信度系数为 0.784，说明信度较好，量表内部具有一致性。

对样本进行 KMO 和巴特利特球形检验后，KMO 值为 0.605，说明原有变量之间相关关系较弱，不适合作因子分析；巴特利特球形检验统计值的显著性概率 p 为 0.000，远小于 0.05 的显著性水平，说明量表具有很好的建构效度。

3. 乡土特征之伦理价值观影响量表信度和效度检验

乡土特征之伦理价值观影响量表，共计 7 个指标，信度和效度检验结果如表 2-8 所示。

表 2-8　乡土特征之伦理价值观影响量表检验结果

筛选前			筛选后		
变量	修正后项目总相关系数	题项删除后的克龙巴赫 α 系数	变量	修正后项目总相关系数	题项删除后的克龙巴赫 α 系数
V13	0.113	0.822	V14	0.708	0.765
V14	0.693	0.716	V15	0.685	0.771
V15	0.738	0.706	V16	0.350	0.841
V16	0.447	0.769	V17	0.647	0.782

续表

筛选前			筛选后		
变量	修正后项目 总相关系数	题项删除后的 克龙巴赫 α 系数	变量	修正后项目 总相关系数	题项删除后的 克龙巴赫 α 系数
V17	0.578	0.744	V18	0.543	0.805
V18	0.460	0.768	V19	0.657	0.784
V19	0.579	0.747			
克龙巴赫信度系数		标准化的 克龙巴赫 α 系数	克龙巴赫信度系数		标准化的 克龙巴赫 α 系数
0.784		0.778	0.822		0.825
KMO 和巴特利特球形检验					
KMO 样本测度			巴特利特球形检验 p		
0.767			0.000		

由表 2-8 可知：伦理价值观影响第 13 个测量变量的修正后项目总相关系数为 0.113，小于 0.3，剔除该变量后克龙巴赫 α 系数为 0.822，较剔除前的 0.784 有较大提高，符合删除标准，因此予以剔除，测量变量由 7 个减少到 6 个。变量筛选后量表的整体信度系数为 0.822，说明信度较好，量表内部具有一致性。

对样本进行 KMO 和巴特利特球形检验后，KMO 值为 0.767，说明原有变量之间存在较强的相关关系，适合作因子分析；巴特利特球形检验统计值的显著性概率 p 为 0.000，远小于 0.05 的显著性水平，说明量表具有很好的建构效度。

4. 乡土特征之礼治秩序影响量表信度和效度检验

乡土特征之礼治秩序影响量表，共计 4 个指标，信度和效度检验结果如表 2-9 所示。

表 2-9　乡土特征之礼治秩序影响量表检验结果

筛选前			筛选后		
变量	修正后项目 总相关系数	题项删除后 的 α 系数	变量	修正后项目 总相关系数	题项删除后的 克龙巴赫 α 系数
V20	0.673	0.644	V20	0.673	0.644
V21	0.670	0.646	V21	0.670	0.646

续表

筛选前			筛选后		
变量	修正后项目总相关系数	题项删除后的 α 系数	变量	修正后项目总相关系数	题项删除后的克龙巴赫 α 系数
V22	0.584	0.701	V22	0.584	0.701
V23	0.445	0.790	V23	0.445	0.790
克龙巴赫信度系数		标准化的克龙巴赫 α 系数	克龙巴赫信度系数		标准化的克龙巴赫 α 系数
0.764		0.777	0.764		0.777
KMO 和巴特利特球形检验					
KMO 样本测度			巴特利特球形检验 p		
0.751			0.000		

由表 2-9 可知：礼治秩序影响第 23 个测量变量剔除后的克龙巴赫 α 系数为 0.790，较剔除前的 0.764 有较小提高，但修正后项目总相关系数为 0.445，大于 0.3，不符合剔除标准。此外，由重复测量的方差分析结果可知（表 2-10、表 2-11），V23 删除前，不同评估项目均值总体上存在显著差异（$p=0.000$），V23 删除后，不同评估项目均值方差检验对应的概率 p 为 0.237，说明不同评估项目间不存在显著差异。综合考虑，不予剔除第 23 个变量。测量变量为 4 个，整体信度系数为 0.764，虽未达到 0.8，但仍具有一定的参考价值，量表内部具有一致性。

对样本进行 KMO 和巴特利特球形检验后，KMO 值为 0.751，说明原有变量之间存在较强的相关关系，适合作因子分析；巴特利特球形检验统计值的显著性概率 p 为 0.000，远小于 0.05 的显著性水平，说明量表具有很好的建构效度。

表 2-10　V23 删除前重复测量的方差分析结果表

单因素方差分析

项目		平方和	自由度	均方	F	p
组间		99.367	29	3.426		
组内	题项间	30.200	3	10.067	12.458	0.000
	残差	70.300	87	0.808		

续表

项目	平方和	自由度	均方	F	p
合计	199.867	119	1.680		

注：总平均等于 2.4667

表 2-11　V23 删除后重复测量的方差分析结果表

单因素方差分析

项目		平方和	自由度	均方	F	p
组间		113.122	29	3.901		
组内	题项间	2.422	2	1.211	1.476	0.237
	残差	47.578	58	0.820		
合计		163.122	89	1.833		

注：总平均等于 2.7444

四、正式问卷调查

（一）正式问卷编制

正式调查问卷是经过小样本预调查后，经分析具有较高信度和效度，并剔除相关度较低的测量题项后构成的，包括以下两部分内容。

1）正式调查问卷第一部分

第一部分是被调查居民的背景资料，包括性别、年龄、民族、出生地、文化程度、居民类型 6 个人口统计特征变量；备注选项中的有讲解员、有汽车、有停车场、有标间、临近公路作为居民类型划分辅助信息的 5 个变量，共计 11 个变量。除年龄变量采用空格填写的形式，其他变量则提供选择项。各变量赋值情况如下。

D1 性别：男性赋值为 1，女性赋值为 0。

D2 年龄：以年龄段来分类，25 岁及其以下赋值为 1，26～35 岁赋值为 2，36～45 岁赋值为 3，46～55 岁赋值为 4，56 岁及其以上赋值为 5。

D3 民族：藏族赋值为 1，非藏族赋值为 0。

D4 出生地：甲居一村赋值为 1，甲居二村赋值为 2，其他赋值为 3。

D5 文化程度：没有文化赋值为 1，小学赋值为 2，初中赋值为 3，高中为 4，高中以上赋值为 5。

D6 居民类型：接待大户赋值为 1，一般接待户赋值为 2，零星接待户赋值为 3，非接待户赋值为 4。

D7～D11 对有讲解员、有汽车、有停车场、有标间、临近公路几项按是和否来分类，是赋值为 1，否赋值为 2。

2）正式调查问卷第二部分

第二部分是受访居民对旅游对乡土特征影响的感知调查，剔除 V1 旅游发展对父母和子女之间的感情影响、V13 对"做人要讲良心"这个传统观念的认识变化程度两个问项后，正式问卷由 21 个问题构成（详见附录 2）。问卷中表达程度和方向的变量采用利克特五级制量表尺度进行测量，要求居民根据自己的感知选择一个最合适的选项。其他变量则要求根据实际情况对提供的选项进行选择。变量选项赋值与选项序号一致。

（二）数据获取

正式问卷调查选取 103 户家庭作为全样本，进行入户调查，随机选取每户中的一名成员对其进行一对一的问卷调查，现场填写并回收问卷。若存在父辈和子辈感知差异较大的情况，则再按年龄进行分层抽样调查。在填写过程中，如果受访者对某些变量含义不理解，调查人员可及时为其解答说明，从而最大限度地保证问卷的数量与质量。

此次拟调查的 103 户居民中，3 户无人居住，6 户居民因事外出，最后共走访 94 户居民，共发放 120 份问卷，回收 120 份问卷，回收率 100%。剔除填答缺漏太多者的问卷和回答几乎完全一致的问卷后，有效问卷 106

份，有效率为 88.3%。

（三）正式问卷信度和效度检验

信度和效度分析遵循以下程序。首先，使用修正后项目总相关系数和剔除的克龙巴赫 α 系数两个标准来筛选测量项目：采用 CITC 不小于 0.3 的标准；利用克龙巴赫信度系数法检验问卷的内在信度；采用统计量检验值不小于 0.7 的标准。然后使用 KMO 检验和巴特利特球形检验统计量检验问卷的建构效度，采用 KMO 值不小于 0.7，显著性水平为 0.05 的标准。

1. 乡土特征之社会关系影响量表信度和效度检验

乡土特征之社会关系影响量表，共计 8 个指标，信度和效度检验结果如表 2-12 所示。

表 2-12　乡土特征之社会关系影响量表检验结果（实际测量）

筛选前、后		
变量	修正后项目总相关系数	题项删除后的克龙巴赫 α 系数
V2	0.325	0.817
V3	0.690	0.766
V4	0.604	0.780
V5	0.719	0.764
V6	0.451	0.803
V7	0.604	0.781
V8	0.279	0.822
V9	0.554	0.788
克龙巴赫信度系数		标准化的克龙巴赫 α 系数
0.813		0.808
KMO 和巴特利特球形检验		
KMO 样本测度		巴特利特球形检验 p
0.783		0.000

　　由表 2-12 可知：社会关系影响第 8 个测量变量的修正后项目总相关系数为 0.279，小于 0.3，剔除该变量后克龙巴赫 α 系数为 0.822，较剔除前的 0.813 仅有很小提高，虽符合删除标准，但依据实际研究需要，不予剔除。保留所有 8 个变量，量表整体信度系数为 0.813，说明信度较好，量表内部具有较高的一致性。

　　对样本进行 KMO 和巴特利特球形检验后，KMO 值为 0.783，说明原有变量之间存在较强的相关关系，适合作因子分析；巴特利特球形检验统计值的显著性概率 p 为 0.000，远小于 0.05 的显著性水平，说明量表具有很好的建构效度。

　　2. 乡土特征之公私、群己观念影响量表信度和效度检验

　　乡土特征之公私、群己观念影响量表，共计 2 个指标，信度和效度检验结果如表 2-13 所示。

表 2-13　乡土特征之公私、群己观念影响量表检验结果

筛选前、后		
变量	修正后项目总相关系数	题项删除后的克龙巴赫 α 系数
V11	0.543	—
V12	0.543	—
克龙巴赫信度系数		标准化的克龙巴赫 α 系数
0.704		0.704
KMO 和巴特利特球形检验		
KMO 样本测度		巴特利特球形检验 p
0.600		0.000

　　由表 2-13 可知：量表变量修正后项目总相关系数全部大于 0.3，保留所有 2 个变量。量表的整体信度系数为 0.704，说明信度合格，量表内部具有一致性。

　　对样本进行 KMO 和巴特利特球形检验后，KMO 值为 0.600，说明原有变量之间相关关系不高，不太适合作因子分析；巴特利特球形检验统计

值的显著性概率 p 为 0.000，远小于 0.05 的显著性水平，说明量表具有很好的建构效度。

3. 乡土特征之伦理价值观影响量表信度和效度检验

乡土特征之伦理价值观影响量表，共计 6 个指标，信度和效度检验结果如表 2-14 所示。

表 2-14　乡土特征之伦理价值观影响量表检验结果

筛选前、后		
变量	修正后项目总相关系数	题项删除后的克龙巴赫 α 系数
V14	0.634	0.723
V15	0.620	0.728
V16	0.323	0.798
V17	0.606	0.733
V18	0.505	0.761
V19	0.558	0.748
克龙巴赫信度系数		标准化的克龙巴赫 α 系数
0.783		0.786
KMO 和巴特利特球形检验		
KMO 样本测度		巴特利特球形检验 p
0.726		0.000

由表 2-14 可知：量表变量修正后项目总相关系数全部大于 0.3，保留所有 6 个变量。量表的整体信度系数为 0.783，说明信度较好，量表内部具有一致性。

对样本进行 KMO 和巴特利特球形检验后，KMO 值为 0.726，说明原有变量之间存在一定的相关关系，适合作因子分析；巴特利特球形检验统计值的显著性概率 p 为 0.000，远小于 0.05 的显著性水平，说明量表具有很好的建构效度。

4. 乡土特征之礼治秩序影响量表信度和效度检验

乡土特征之礼治秩序影响量表，共计 4 个指标，信度和效度检验结果如表 2-15 所示。

表 2-15　乡土特征之礼治秩序影响量表检验结果

筛选前、后		
变量	修正后项目总相关系数	题项删除后的克龙巴赫 α 系数
V20	0.673	0.632
V21	0.663	0.639
V22	0.515	0.732
V23	0.482	0.766
	克龙巴赫信度系数	标准化的克龙巴赫 α 系数
	0.759	0.773
KMO 和巴特利特球形检验		
	KMO 样本测度	巴特利特球形检验 p
	0.737	0.000

由表 2-15 可知：量表变量修正后项目总相关系数全部大于 0.3，保留所有 4 个变量。量表的整体信度系数为 0.759，说明信度较好，量表内部具有一致性。

对样本进行 KMO 和巴特利特球形检验后，KMO 值为 0.737，说明原有变量之间存在一定的相关关系，适合作因子分析；巴特利特球形检验统计值的显著性概率 p 为 0.000，远小于 0.05 的显著性水平，说明量表具有很好的建构效度。

本节的量表构建是在文献梳理的基础上，尽可能地借鉴已有的有关旅游发展对乡土特征影响的相关指标，结合本书的理论框架，通过实地访谈法、专家法等方法对指标进行了补充、调整和修改，并以甲居藏寨为案例地进行预调研、正式调研，运用 SPSS 16.0 统计软件对量表进行了信度和效度检验。以上分析结果表明，本问卷具备了合理的信度和效度，可以作为旅游发展对民族社区乡土特征影响实证研究的测量量表。

第三节　数据分析

一、基本统计分析

（一）调查样本基本信息统计

本书选取人口统计学特征中 D1 性别、D2 年龄、D3 民族、D4 出生地、D5 文化程度、D6 居民类型 6 个变量，用描述性统计法中的频数功能对变量进行频数、有效百分比的描述性统计分析，D7 讲解员、D8 汽车、D9 停车场、D10 标间、V11 临近公路 5 个指标作为居民类型划分的参考指标进行频数、有效百分比统计分析，分析结果如表 2-16 所示。

表 2-16　调查样本基本信息分析表

变量名称	样本分类	频数	有效百分比/%
D1 性别	男	57	53.8
	女	49	46.2
D2 年龄	25 岁及其以下	11	10.4
	26～35 岁	36	34.0
	36～45 岁	19	17.9
	46～55 岁	16	15.1
	56 岁及其以上	24	22.6
D3 民族	藏族	103	97.2
	汉族	2	1.9
	半汉半藏	1	0.9
D4 出生地	甲居一村	52	49.1
	甲居二村	51	48.1
	其他	3	2.8
D5 文化程度	没有文化	31	29.2
	小学	36	34.0
	初中	32	30.2
	高中及其以上	7	6.6

续表

变量名称	样本分类	频数	有效百分比/%
D6 居民类型	接待大户	19	17.9
	一般接待户	27	25.5
	零星接待户	36	34.0
	非接待户	24	22.6
D7 讲解员	有	34	32.1
	没有	72	67.9
D8 汽车	有	19	17.9
	没有	87	82.1
D9 停车场	有	26	24.5
	没有	80	75.5
D10 标间	有	18	17.0
	没有	88	83.0
D11 临近公路	是	40	37.7
	否	66	62.3

由表 2-16 可知，受访样本中：

（1）就性别而言，男女人数比例为 1∶16∶1，性别比例相当。

（2）5 个年龄层次中以 26～35 岁的青年（占 34.0%）和 56 岁及其以上的老年人（22.6%）为主，其次是 36～45 岁（占 17.9%）和 46～55 岁（占 15.1%）的中年人，符合样本抽样选择情况。

（3）民族构成上，几乎全部为藏族（97.2%），表明甲居藏寨民族构成具有单一性特点。

（4）出生地以甲居一村、二村占主导（97.2%），因而一定程度上可以说明，大部分受访者经历了旅游发展对当地乡土特征影响的过程，能够反映其感知到的旅游发展前后乡土特征的不同。

（5）文化程度上，以初中教育及以下为主，没有文化（29.2%）、小学（34.0%）和初中水平（30.2%）比例基本相当，高中及其以上水平仅占 6.6%。

（6）居民类型中，以零星接待户（34.0%）最多，其次是一般接待户

（25.5%）和非接待户（22.6%），接待大户所占比例最小（17.9%）。

上述特征表明样本随机性较强，有较强的代表性，保证了分析结论的可靠性。

（二）社区居民对乡土特征影响感知的均值统计分析

基于正式调研的抽样调查结果，用描述性统计分析法中的描述统计功能就居民对乡土特征影响感知的问卷数据进行统计分析，计算各变量数据的均值和标准差，另对 V10～V12 的各选项进行频数、百分比统计。通过分析社区居民对乡土特征影响的感知情况，可从总体上判断旅游发展对甲居藏寨乡土特征的影响程度。

根据选项设置顺序，均值越小，表明居民感知到的旅游发展对乡土特征影响越大；均值为 3，表明居民认为旅游发展对乡土特征基本没有什么影响；均值越大，表明居民感知到的旅游发展对乡土特征影响越小。从均值统计结果来看，整体而言，甲居藏寨的居民均不同程度地感知到了旅游发展对乡土特征的影响，统计数据如表 2-17～表 2-20 所示。

1. 旅游发展对甲居藏寨社会关系产生了较小影响

由表 2-17 可知，总体而言，旅游发展对甲居藏寨的社会关系产生了较小影响（均值为 3.2263，标准差为 0.79360），但就各种具体的社会关系而言，影响程度又有差异。其中，影响最大的为"地缘关系"，居民认为旅游发展后，V6 村民与游客之间的商品买卖变化程度（均值为 2.2170），V5 村民之间的商品买卖变化程度（均值为 2.9340）较大，表明经济交换关系在当地明显增多。

表 2-17　甲居藏寨居民对民族社区社会关系影响感知的均值统计

调查项目		样本均值	标准差
维度一：社会关系		3.226 3	0.793 60
亲戚关系	V2. 旅游发展对兄弟姊妹之间的交往影响	3.575 5	1.068 58
	V3. 旅游发展对亲戚之间的情感联系影响	3.669 8	1.262 81
	V4. 旅游发展使亲戚之间产生的经济联系变化情况	2.811 3	1.324 59

续表

调查项目		样本均值	标准差
地缘关系	V5. 旅游发展后，村民之间的商品买卖变化程度	2.934 0	1.173 26
	V6. 旅游发展后，村民与游客之间的商品买卖变化程度	2.217 0	1.287 34
人情关系	V7. 旅游发展后，帮忙换工方式变化程度	3.301 9	1.147 83
	V8. 旅游发展后，红白喜事等方面的来往变化程度	3.820 8	1.012 28
	V9. 旅游发展后，邻里关系变化程度	3.481 1	1.332 60

调查项目		调查选项	频数	百分比/%
邻里关系	V10. 旅游发展后，当游客在自家住下时，怎样分客?	接待条件好的	24	22.6
		亲戚	48	45.3
		邻居	23	21.7
		经济条件差的	0	0
		无所谓	11	10.4

对"亲戚关系"的影响中，V4亲戚之间经济联系发生了较大变化（均值为2.8113），在分配游客的倾向上，45.3%的居民表示会首先分客给亲戚，说明旅游发展后，亲戚之间的经济联系明显增多。而 V3 亲戚之间情感联系变化（均值为3.6698），V2 兄弟姊妹之间的交往变化（均值为3.5755）较小，说旅游发展对亲戚之间情感联系没有产生很大冲击。

就"人情关系"而言，旅游发展对其影响较小，但对 V7 帮忙换工方式的影响程度（均值为3.3019）大于居民在 V8 红白喜事等方面的来往变化（均值为3.8208）。说明社区居民至今仍重视人情互惠、礼尚往来等对维系人与人之间的联系的作用。

在"邻里关系"方面，旅游发展对其影响较小（均值为3.4811）。在分客倾向上，有 21.7%的居民表示会首先将住不下的游客分给邻居，说明邻里关系总体和睦，并开始出现经济来往。

2. 旅游发展后，甲居藏寨居民公私、群己观念的现状

为了了解甲居藏寨居民对旅游公共资源保护主体的认知情况，本书对居民公私、群己观念的选项做了频数统计，统计结果如表 2-18 所示。

表 2-18　甲居藏寨居民公私、群己观念频数统计结果

维度二：公私、群己观念

调查项目	调查选项	频数	百分比/%
V11. 民居风貌保护是谁的事？	完全是个人的事	65	61.3
	政府的事	7	6.6
	完全是大家的事	34	32.1
V12. 传统文化保护是谁的事？	完全是个人的事	74	69.8
	政府的事	0	0
	完全是大家的事	32	30.2

由表 2-18 可知，在 V11 民居风貌保护责任认识问题上，认为"完全是个人的事"的比例占 61.3%，"政府的事"的比例占 6.6%；"完全是大家的事"的比例占 32.1%。在 V12 传统文化保护责任问题认识上，认为"完全是个人的事"的比例占 69.8%，"完全是大家的事"的比例占 30.2%。表明大部分居民在旅游接待中仅仅关注自家利益，对集体利益的关注和重视程度减弱了，也没有意识到民居建筑、传统文化作为旅游发展的"公共资源"应当由村民共同保护的责任，长此以往将不利于当地旅游的可持续发展。

3. 旅游发展对甲居藏寨居民伦理价值观产生了较大影响

旅游发展对甲居藏寨居民伦理价值观产生了较大影响（均值为 2.7940，标准差为 0.782 94）。其中，对传统价值观的影响较小，对功利价值观的影响很大。具体而言，居民在 V14 诚信、诚恳（均值为 3.0189）、V17 长幼有序（均值为 3.1000）传统观念上的变化不大，在 V15 容忍、宽容（均值为 3.5189）和 V16 团结（均值为 3.6792）方面发生了较小变化，这一方面说明居民对某些传统价值观的认可和保留，另一方面也表明旅游发展对某些传统价值观并没有造成太大的冲击（表 2-19）。

表 2-19　甲居藏寨居民对伦理价值观影响感知的均值统计

调查项目	样本均值	标准差
维度三：伦理价值观	2.794 0	0.782 94
V14. 对"做人要讲诚信、诚恳"这个传统观念的认识变化程度	3.018 9	1.264 77
V15. 对"讲容忍、宽容"这个传统观念的认识变化程度	3.518 9	1.164 81

续表

调查项目	样本均值	标准差
V16. 对"讲团结"这个传统观念的认识变化程度	3.679 2	1.100 19
V17. 对"长幼有序"这个传统观念的认识变化程度	3.100 0	1.387 01
V18. 对"财富"的看重程度	1.632 1	0.831 81
V19. 对"权力"的看重程度	1.915 1	0.937 25

在代表功利价值观的 V18 财富、V19 权力方面,居民认为,旅游发展后居民对其的看重程度发生了很大变化(均值分别为 1.6321 和 1.9151),这表明了居民利益上的诉求,功利价值观开始凸显。

4. 旅游发展对甲居藏寨礼治秩序产生了较大影响

由表 2-20 可知,旅游发展对甲居藏寨礼治秩序产生了较大影响(均值为 2.6203,标准差为 0.897 90)。其中,居民对 V21 传统行为规范的要求发生了较大变化(均值为 2.6981),但 V20 传统节庆过法(均值为 3.1698)仅发生了较小变化,说明"礼俗"等仅仅对人们某些传统行为的约束和规范发生了改变。

表 2-20 甲居藏寨居民对礼治秩序影响感知的均值统计

	调查项目	样本均值	标准差
维度四:礼治秩序		2.620 3	0.897 90
"礼俗"等传统规范着人们的行为	V20. 旅游发展后,对传统节庆(春节、转山会、跑马节)的过法变化程度	3.169 8	1.260 93
	V21. 对传统行为规范的要求变化程度	2.698 1	1.353 44
技艺学习及文化教育	V22. 旅游发展以后,年轻人对传统歌舞、刺绣等技能学习的积极性变化情况	2.915 1	1.324 62
	V23. 家长对子女文化教育问题重视程度变化情况	1.698 1	0.619 83

在技艺学习及文化教育方面,V23 家长对子女文化教育问题重视程度大大提高(均值为 1.6981),V22 年轻人对传统技艺学习的积极性也发生了较大变化(均值为 2.9151)。居民对现代文化教育的重视,一方面表明其对现代素质文化教育的认可,另一方面也可能影响他们对传统礼俗的认识。

二、乡土特征量表因子分析

除公私、群己观念量表外，乡土特征其他维度影响量表经过 KMO 样本测度和巴特利特球形检验后，KMO 值均在 0.7 以上（表 2-12 为 0.783，表 2-14 为 0.726，表 2-15 为 0.737），巴特利特球形检验统计值的显著性概率 p 均为 0.000，小于 0.05 的显著性水平，符合因子分析的前提条件，适合作因子分析，下面将分别对该三个量表进行因子分析，以消除不是纯粹因子性的测量变量。

（一）乡土特征之社会关系影响量表因子分析

对净化后的民族社区社会关系 8 个变量 V2～V9 进行探索性因子分析，采用主成分分析法，经方差最大法进行正交旋转处理，选取特征根值大于 1、因子载荷大于 0.5 的因素。如表 2-21 所示：提取的 2 个因子累计方差贡献率为 60.684%，表明因子没有保留较多的信息量，不接受因子分析结果。而第 3 个成分的特征根值为 0.901，非常接近于 1，因此考虑提取 3 个公因子。指定提取 3 个公因子作因子分析后，累计方差贡献率增大至 71.949%，超过 70% 的最低标准，说明因子保留了较多的信息量，接受分析结果。最终对乡土特征之社会关系影响量表提取 3 个公因子，分析结果如表 2-22 所示。

表 2-21　乡土特征之社会关系影响量表因子特征根与累计方差贡献率的情况

成分	初始特征值			提取平方和载入			旋转平方和载入		
	合计	方差	累计	合计	方差	累计	合计	方差	累计
1	3.570	44.629	44.629	3.570	44.629	44.629	3.285	41.068	41.068
2	1.284	16.056	60.684	1.284	16.056	60.684	1.569	19.636	60.684
3	0.901	11.264	71.949						
4	0.656	8.204	80.153						
5	0.544	6.802	86.955						
6	0.409	5.112	92.067						
7	0.372	4.644	96.711						
8	0.263	3.289	100.000						

表 2-22　乡土特征之社会关系影响量表经方差最大正交旋转后因子分析结果

变量及其意义	因子负载及名称		
	F1 混合性关系因子	F2 情感性关系因子	F3 工具性关系因子
V3. 旅游发展对亲戚之间的情感联系影响	0.835	0.221	0.084
V7. 旅游发展后，帮忙换工方式变化程度	0.787	0.213	0.016
V9. 旅游发展后，邻里关系变化程度	0.735	−0.044	0.218
V4. 旅游发展使亲戚之间产生的经济联系变化情况	0.680	−0.079	0.472
V5. 旅游发展后，村民之间的商品买卖变化程度	0.632	0.247	0.485
V8. 旅游发展后，红白喜事等方面的来往变化程度	−0.023	0.851	0.252
V2. 旅游发展对兄弟姊妹之间的交往影响	0.260	0.785	−0.116
V6. 旅游发展后，村民与游客之间的商品买卖变化程度	0.181	0.082	0.914
特征根值	2.819	1.512	1.425
方差解释比例/%	35.237	18.898	17.814
累计方差解释比例/%	35.237	54.135	71.949

依据各公因子所包含变量的共性，为因子进行命名解释：

F1 为混合性关系因子，反映旅游发展对居民之间"人情"交往的影响。该因子包含旅游发展对 V3、V7、V9、V4、V5 五个变量。

F2 为情感性关系因子，反映旅游发展对民族社区社会关系中情感交往的影响。该因子包含旅游发展对 V8、V2 两个变量。

F3 为工具性关系因子，反映旅游发展对居民之间"物质目标"交往的影响。该因子包含旅游发展对 V6 一个变量。

（二）乡土特征之伦理价值观影响量表因子分析

对净化后的伦理价值观 6 个变量 V14～V19 进行探索性因子分析，采用主成分分析法，经方差最大法进行正交旋转处理，选取特征根值大于 1、因子载荷大于 0.5 的因素。提取的 2 个因子累计方差贡献率为 67.283%，表明因子没有保留较多的信息量，理应不接受因子分析结果。然而当提取 3

个公因子作因子分析后，虽然累计方差贡献率增大至 **79.449%**，但第 2 个主成分和第 3 个主成分所反映的问题本质是一致的，合并在一起更利于对伦理价值观影响的分析，因此最终对乡土特征之伦理价值观影响量表提取 2 个公因子，分析结果如表 2-23 所示。

表 2-23　乡土特征之伦理价值观影响量表经方差最大正交旋转后因子分析结果

变量及其意义	因子负载及名称	
	F4 现代价值观因子	F5 传统价值观因子
V17. 对"长幼有序"这个传统观念的认识变化程度	0.856	0.082
V19. 对"权力"的看重程度	0.811	0.030
V14. 对"做人要讲诚信、诚恳"这个传统观念的认识变化程度	0.740	0.298
V18. 对"财富"的看重程度	0.600	0.303
V16. 对"讲团结"这个传统观念的认识变化程度	0.009	0.881
V15. 对"讲容忍、宽容"这个传统观念的认识变化程度	0.407	0.780
特征根值	2.465	1.572
方差解释比例/%	41.085	26.198
累计方差解释比例/%	41.085	67.283

依据各公因子所包含变量的共性，为因子进行命名解释：

F4 为现代价值观因子，反映旅游发展后，功利价值观对传统价值观的影响。该因子包含旅游发展对 V17、V14、V19、V18 四个变量。

F5 为传统价值观因子，反映旅游发展对甲居藏寨居民传统观念的影响问题。该因子包含旅游发展对 V16、V15 两个变量。

（三）乡土特征之礼治秩序影响量表因子分析

对净化后的礼治秩序 4 个变量 V20~V23 进行探索性因子分析，采用主成分分析法，经方差最大法进行正交旋转处理，选取特征根值大于 1、因子载荷大于 0.5 的因素。如表 2-24 所示：提取的 1 个因子方差贡献率为 **59.867%**，表明因子没有保留较多的信息量，不接受因子分析结果。而第 2

个成分的特征根值为 0.670，考虑提取 2 个公因子。指定提取 2 个公因子作因子分析后，累计方差贡献率增大至 76.617%，超过 70% 的最低标准，说明因子保留了较多的信息量，接受分析结果。最终对乡土特征之礼治秩序影响量表提取 2 个公因子，分析结果如表 2-25 所示。

表 2-24 乡土特征之礼治秩序影响量表因子特征根与累计方差贡献率的情况

成分	初始特征值			提取平方和载入		
	合计	方差	累计	合计	方差	累计
1	2.395	59.867	59.867	2.395	59.867	59.867
2	0.670	16.750	76.617			
3	0.608	15.192	91.808			
4	0.328	8.192	100.000			

表 2-25 乡土特征之礼治秩序影响量表经方差最大正交旋转后因子分析结果

变量及其意义	因子负载及名称	
	F6 传统教化因子	F7 现代教育因子
V20. 旅游发展后，对传统节庆（春节、转山会、跑马节）的过法变化程度	0.840	0.227
V22. 旅游发展以后，年轻人对传统歌舞、刺绣等技能学习的积极性变化情况	0.786	0.096
V21. 对传统行为规范的要求变化程度	0.741	0.405
V23. 家长对子女文化教育问题重视程度变化情况	0.214	0.960
特征根值	1.918	1.147
方差解释比例/%	47.946	28.671
累计方差解释比例/%	47.946	76.617

依据各公因子所包含变量的共性，为因子进行命名解释：

F6 为传统教化因子，反映旅游发展后，传统礼俗对甲居藏寨居民思想行为约束力的变化。该因子包含旅游发展后 V20、V22、V21 三个变量。

F7 为现代教育因子，反映了教育多元化、普及化后，甲居藏寨居民对传统文化的选择性习得，而不是全盘接受。该因子包含 V23 一个变量。

通过对各量表净化后的变量进行探索性因子分析，采用主成分分析法，参考特征根值大于1、累计方差贡献率大于70%的标准，结合实际研究问题确定因子数；经方差最大法进行正交旋转处理，选取特征根值大于1、因子载荷大于0.5的因素，并对因子进行命名，如表2-26所示，最终提取8个公共因子，精炼了各维度下的指标体系，以便进一步的数据质性分析和解释。

表2-26　旅游发展对民族社区乡土特征影响维度及因子名称

乡土特征维度	因子名称	变量及其意义	因子载荷量
社会关系	F1 混合性关系因子	V3. 旅游发展对亲戚之间的情感联系影响	0.835
		V7. 旅游发展后，帮忙换工方式变化程度	0.787
		V9. 旅游发展后，邻里关系变化程度	0.735
		V4. 旅游发展使亲戚之间产生的经济联系变化情况	0.680
		V5. 旅游发展后，村民之间的商品买卖变化程度	0.632
	F2 情感性关系因子	V8. 旅游发展后，红白喜事等方面的来往变化程度	0.851
		V2. 旅游发展对兄弟姊妹之间的交往影响	0.785
	F3 工具性关系因子	V6. 旅游发展后，村民与游客之间的商品买卖变化程度	0.914
		V10. 旅游发展后，当游客在自家住不下时，怎样分客？	
伦理价值观	F4 现代价值观因子	V17. 对"长幼有序"这个传统观念的认识变化程度	0.856
		V19. 对"权力"的看重程度	0.811
		V14. 对"做人要讲诚信、诚恳"这个传统观念的认识变化程度	0.740
		V18. 对"财富"的看重程度	0.600
	F5 传统价值观因子	V16. 对"讲团结"这个传统观念的认识变化程度	0.881
		V15. 对"讲容忍、宽容"这个传统观念的认识变化程度	0.780
礼治秩序	F6 传统教化因子	V20. 旅游发展后，对传统节庆（春节、转山会、跑马节）的过法变化程度	0.840
		V22. 旅游发展以后，年轻人对传统歌舞、刺绣等技能学习的积极性变化情况	0.786
		V21. 对传统行为规范的要求变化程度	0.741
	F7 现代教育因子	V23. 家长对子女文化教育问题重视程度变化情况	0.960
公私、群己观念	F8 公私、群己观念因子	V11. 民居风貌保护是谁的事？	
		V12. 传统文化保护是谁的事？	

三、不同类型居民对乡土特征影响感知相似子集划分

（一）样本正态分布、方差齐性检验分析

使用单因素方差分析，要求样本呈正态分布、方差齐性。通常比较有用的方法是使用偏度和峰度的绝对值来判断数据的正态分布：当偏度的绝对值小于 3.0，峰度的绝对值低于 10.0，可以认为样本符合正态分布。方差齐性采用方差同质性检验，其零假设是居民不同类型影响下，对乡土特征各因子影响感知测量总体方差无显著差异，显著性水平为 0.05，如果显著性统计概率 p 大于 0.05，则不应拒绝零假设，认为方差齐性满足方差分析的前提要求。

对社区居民人口统计学特征和因子变量作偏度和峰度分析（表 2-27），从数值上来看，除"D3 民族"因案例地为少数民族社区，样本偏度值（6.890）大于 3.0，峰度值（50.665）大于 10.0 的标准，其余所有测量变量的偏度值、峰度值均符合要求，样本呈正态分布。从方差齐性分析检验结果（表 2-28）来看，绝大部分因子达到了 0.05 的显著水平，基本符合单因素方差分析的前提条件。

表 2-27　变量偏度和峰度值

变量	样本数	偏度		峰度	
		统计值	标准差	统计值	标准差
D1 性别	106	0.154	0.235	-2.015	0.465
D2 年龄	106	0.482	0.235	-0.615	0.465
D3 民族	106	6.890	0.235	50.665	0.465
D4 出生地	106	0.297	0.235	-1.147	0.465
D5 文化程度	106	0.236	0.235	-0.927	0.465
D6 居民类型	106	-0.177	0.235	-1.089	0.465
F1 混合性关系	106	-0.571	0.235	-0.367	0.465
F2 情感性关系	106	-0.246	0.235	-0.427	0.465
F3 工具性关系	106	0.758	0.235	-0.808	0.465
F4 现代价值观	106	0.086	0.235	-1.211	0.465

续表

变量	样本数	偏度		峰度	
		统计值	标准差	统计值	标准差
F5 传统价值观	106	−0.678	0.235	−0.081	0.465
F6 传统教化	106	−0.021	0.235	−1.052	0.465
F7 现代教育	106	0.304	0.235	−0.624	0.465
F8 公私、群己观念	106	0.747	0.235	−1.080	0.465

表 2-28　不同居民类型下方差齐性检验结果

因子名称	列文统计值	方差齐性检验 p
F1 混合性关系	1.031	0.382
F2 情感性关系	2.998	0.048
F3 工具性关系	3.212	0.030
F4 现代价值观	2.890	0.060
F5 传统价值观	1.616	0.190
F6 传统教化	0.980	0.405
F7 现代教育	2.352	0.077
F8 公私、群己观念	2.331	0.080

（二）单因素方差多水平分析

1. 单因素方差基本分析

以 V6 居民类型为自变量，F1～F8 为因变量作单因素方差分析，结果如表 2-29 所示。

表 2-29　因子单因素方差分析结果（显著性水平为 0.05）

分类变量　因子名称	接待大户	一般接待户	零星接待户	非接待户	总均值	显著性水平 p
F1 混合性关系	1.8737	3.1333	3.7833	3.6250	3.2396	0.000
F2 情感性关系	3.2368	4.1481	3.6111	3.6875	3.6981	0.004
F3 工具性关系	1.3158	1.7778	2.2778	3.3333	2.2170	0.000
F4 现代价值观	1.4079	1.8981	2.8056	3.1042	2.3915	0.000
F5 传统价值观	2.4737	3.8148	4.0139	3.6250	3.5991	0.000
F6 传统教化	2.4561	2.6914	3.2407	3.0972	2.9277	0.035
F7 现代教育	1.5789	1.5185	1.8333	1.7917	1.6981	0.155
F8 公私、群己观念	2.4737	1.8519	1.9722	3.2083	2.3113	0.009

由表 2-29 可知，除 F7 现代教育因子外，不同类型居民在旅游发展对乡土特征其他因子影响感知上的显著性水平均小于 0.05，说明不同居民类型对乡土特征影响感知造成了显著影响。

2. 单因素方差多重比较检验

接下来对 F1～F6、F8 七个因子分别做多重比较检验，采用 LSD 检验统计量进行分析，以进一步确定 V6 居民类型的不同类别对乡土特征影响感知造成影响的显著程度。本书采用显著性水平 α 为 0.05 的标准，若不同类型居民之间显著性水平大于 0.05，则说明对乡土特征影响感知不存在显著差异，反之，则存在显著感知差异。此外，用 S-N-K 方法将不同类型居民对影响感知相似的划为一组，分析结果如表 2-30、表 2-31 所示。

表 2-30　混合性关系因子多重比较分析结果（显著性水平为 0.05）

因子名称 （LSD 方法）	（I）居民类型	（J）居民类型	均值差异（I-J）	显著性水平 p
F1 混合性关系	接待大户	一般接待户	-1.259 65*	0.000
		零星接待户	-1.909 65*	0.000
		非接待户	-1.751 32*	0.000
	一般接待户	接待大户	1.259 65*	0.000
		零星接待户	-0.650 00*	0.000
		非接待户	-0.491 67*	0.015
	零星接待户	接待大户	1.909 65*	0.000
		一般接待户	0.650 00*	0.000
		非接待户	0.158 33	0.399
	非接待户	接待大户	1.751 32*	0.000
		一般接待户	0.491 67*	0.015
		零星接待户	-0.158 33	0.399

*表示显著性水平在 0.05 的情况下，存在显著性差异，下余同

表 2-31　混合性关系影响感知：居民类型相似子集划分情况

因子名称（S-N-K 法）[a]	相似子集	显著性水平 p（α=0.05）
F1 混合性关系	接待大户	1.000
	一般接待户	1.000
	零星接待户	0.430
	非接待户	

a. 采用调和平均样本大小等于 25.139

由表 2-30 可知：在 F1 混合性关系影响方面，接待大户与其他三类居民的感知有显著差异（概率 p 均为 0.000）；一般接待户与其他三种类型居民户的感知有显著差异（概率 p 分别为 0.000、0.000 和 0.015）；零星接待户与非接待户之间的感知没有显著差异（概率 p 均为 0.399）。依据表 2-31 相似子集划分结果，在情感性关系影响感知上，分为三种情况：接待大户；一般接待户；非接待户和零星接待户。

由表 2-32 可知：在 F2 情感性关系影响方面，一般接待户与接待大户、零星接待户之间的感知有显著差异（概率 p 分别为 0.000 和 0.012）。接待大户与零星接待户、非接待户之间的感知无显著差异（概率 p 分别为 0.114 和 0.080）。依据表 2-33 相似子集划分结果，接待大户、零星接待户、非接待户三者的相似性更大（相似性 0.136>0.061），因此在情感性关系影响感知上分为两种情况：接待大户、零星接待户和非接待户；一般接待户。

表 2-32　情感性关系因子多重比较分析结果（显著性水平为 0.05）

因子名称（LSD 方法）	（I）居民类型	（J）居民类型	均值差异（I-J）	显著性水平 p
F2 情感性关系	接待大户	一般接待户	−0.911 31*	0.000
		零星接待户	−0.374 27	0.114
		非接待户	−0.450 66	0.080
	一般接待户	接待大户	0.911 31*	0.000
		零星接待户	0.537 04*	0.012
		非接待户	0.460 65	0.050
	零星接待户	接待大户	0.374 27	0.114
		一般接待户	−0.537 04*	0.012
		非接待户	−0.076 39	0.727
	非接待户	接待大户	0.450 66	0.080
		一般接待户	−0.460 65	0.050
		零星接待户	0.076 39	0.727

表 2-33　情感性关系影响感知：居民类型相似子集划分情况

因子名称（S-N-K 法）[a]	相似子集	显著性水平 p（α=0.05）
F2 情感性关系	接待大户	0.136
	零星接待户	
	非接待户	
	零星接待户	0.061
	非接待户	
	一般接待户	

a. 采用调和平均样本大小等于 25.139

由表 2-34 可知：在 F3 工具性关系影响方面，非接待户与其他三种类型居民的感知存在显著差异（概率 p 均为 0.000）。接待大户与一般接待户之间不存在显著差异（概率 p 为 0.164）。依据表 2-35 相似子集划分结果，在工具性关系影响感知上，接待大户和一般接待户的相似性更大（相似性 0.139>0.110），因此在工具性关系影响感知上分为三种情况：接待大户和一般接待户；零星接待户；非接待户。

表 2-34　工具性关系因子多重比较分析结果（显著性水平为 0.05）

因子名称（LSD 方法）	（I）居民类型	（J）居民类型	均值差异（I-J）	显著性水平 p
F3 工具性关系	接待大户	一般接待户	−0.461 99	0.164
		零星接待户	−0.961 99*	0.003
		非接待户	−2.017 54*	0.000
	一般接待户	接待大户	0.461 99	0.164
		零星接待户	−0.500 00	0.077
		非接待户	−1.555 56*	0.000
	零星接待户	接待大户	0.961 99*	0.003
		一般接待户	0.500 00	0.077
		非接待户	−1.055 56*	0.000
	非接待户	接待大户	2.017 54*	0.000
		一般接待户	1.555 56*	0.000
		零星接待户	1.055 56*	0.000

表 2-35　工具性关系影响感知：居民类型相似子集划分情况

因子名称（S-N-K 法）[a]	相似子集	显著性水平 p（α=0.05）
F3 工具性关系	接待大户	0.139
	一般接待户	
	一般接待户	0.110
	零星接待户	
	非接待户	1.000

a. 采用调和平均样本大小等于 25.139

　　由表 2-36 可知：在 F4 现代价值观影响方面，接待大户与其他三种类型居民的感知差异存在显著差异（概率 p 分别为 0.007、0.000 和 0.000）。一般接待户与其他三种类型居民的感知差异也存在显著差异（概率 p 分别为 0.007、0.000 和 0.000）。零星接待户和非接待户之间的感知没有显著差异（概率 p 为 0.061）。依据表 2-37 相似子集划分结果，在现代价值观感知上分为三种情况：接待大户；一般接待户；零星接待户和非接待户。

表 2-36　现代价值观因子多重比较分析结果（显著性水平为 0.05）

因子名称（LSD 方法）	（I）居民类型	（J）居民类型	均值差异（I-J）	显著性水平 p
F4 现代价值观	接待大户	一般接待户	−0.490 3*	0.007
		零星接待户	−1.397 7*	0.000
		非接待户	−1.696 3*	0.000
	一般接待户	接待大户	0.490 3*	0.007
		零星接待户	−0.907 4*	0.000
		非接待户	−1.206 0*	0.000
	零星接待户	接待大户	1.397 7*	0.000
		一般接待户	0.907 4*	0.000
		非接待户	−0.298 6	0.061
	非接待户	接待大户	1.696 3*	0.000
		一般接待户	1.206 0*	0.000
		零星接待户	0.298 6	0.061

表 2-37　现代价值观影响感知：居民类型相似子集划分情况

因子名称（S-N-K 法）[a]	相似子集	显著性水平 p（α=0.05）
F4 现代价值观	接待大户	1.000
	一般接待户	1.000
	零星接待户	0.079
	非接待户	

a. 采用调和平均样本大小等于 25.139

由表 2-38 可知：在 F5 传统价值观影响方面，接待大户与其他三种类型居民的感知存在显著差异（概率 p 均为 0.000），其他三种类型居民之间的感知不存在显著差异。依据表 2-39 相似子集划分结果，在传统价值观影响感知上分为两种情况：接待大户；一般接待户、零星接待户和非接待户。

表 2-38　传统价值观因子多重比较分析结果（显著性水平为 0.05）

因子名称（LSD 方法）	（I）居民类型	（J）居民类型	均值差异（I-J）	显著性水平 p
F5 传统价值观	接待大户	一般接待户	−1.341 13[*]	0.000
		零星接待户	−1.540 20[*]	0.000
		非接待户	−1.151 32[*]	0.000
	一般接待户	接待大户	1.341 13[*]	0.000
		零星接待户	−0.199 07	0.345
		非接待户	0.189 81	0.413
	零星接待户	接待大户	1.540 20[*]	0.000
		一般接待户	0.199 07	0.345
		非接待户	0.388 89	0.076
	非接待户	接待大户	1.151 32[*]	0.000
		一般接待户	−0.189 81	0.413
		零星接待户	−0.388 89	0.076

表 2-39　传统价值观影响感知：居民类型相似子集划分情况

因子名称（S-N-K 法）[a]	相似子集	显著性水平 p（α=0.05）
F5 传统价值观	接待大户	1.000
	一般接待户	0.220
	零星接待户	
	非接待户	

a. 采用调和平均样本大小等于 25.139

由表 2-40 可知：在 F6 传统教化影响方面，零星接待户与接待大户、一般接待户之间的感知有显著差异（概率 p 分别为 0.010 和 0.043），与非接待户之间没有显著差异（概率 p 为 0.607）。接待大户与一般接待户之间的感知不存在显著差异（概率 p 为 0.458）。依据表 2-41 相似子集划分结果，在传统教化影响感知上分为两种情况：接待大户和一般接待户；零星接待户和非接待户。

表 2-40　传统教化因子多重比较分析结果（显著性水平为 0.05）

因子名称（LSD 方法）	（I）居民类型	（J）居民类型	均值差异（I-J）	显著性水平 p
F6 传统教化	接待大户	一般接待户	−0.235 22	0.458
		零星接待户	−0.784 60*	0.010
		非接待户	−0.641 08	0.050
	一般接待户	接待大户	0.235 22	0.458
		零星接待户	−0.549 38*	0.043
		非接待户	−0.405 86	0.173
	零星接待户	接待大户	0.784 60*	0.010
		一般接待户	0.549 38*	0.043
		非接待户	0.143 52	0.607
	非接待户	接待大户	0.641 08	0.050
		一般接待户	0.405 86	0.173
		零星接待户	−0.143 52	0.607

表 2-41　传统教化影响感知：居民类型相似子集划分情况

因子名称（S-N-K 法）[a]	相似子集	显著性水平 p（α=0.05）
F6 传统教化	接待大户	0.084
	一般接待户	
	零星接待户	0.160
	非接待户	

a. 采用调和平均样本大小等于 25.139

由表 2-42 可知：在 F7 公私、群己观念影响方面，非接待户与一般接待户、零星接待户之间的感知有显著差异（概率 p 分别为 0.002 和 0.003），与接待大户之间没有显著差异（概率 p 为 0.127）。依据表 2-43 相似子集划分结果，一般接待户、零星接待户和接待大户的相似性更大（相似性 0.336>0.097），因此在公私、群己观念影响感知上分为两种情况：一般接待户、零星接待户和接待大户；非接待户。

表 2-42　公私、群己观念因子多重比较分析结果（显著性水平为 0.05）

因子名称（LSD 方法）	（I）居民类型	（J）居民类型	均值差异（I-J）	显著性水平 p
F8 公私、群己观念	接待大户	一般接待户	0.621 83	0.185
		零星接待户	0.501 46	0.259
		非接待户	−0.734 65	0.127
	一般接待户	接待大户	−0.621 83	0.185
		零星接待户	−0.120 37	0.762
		非接待户	−1.356 48*	0.002
	零星接待户	接待大户	−0.501 46	0.259
		一般接待户	0.120 37	0.762
		非接待户	−1.236 11*	0.003
	非接待户	接待大户	0.734 65	0.127
		一般接待户	1.356 48*	0.002
		零星接待户	1.236 11*	0.003

表 2-43　公私、群己观念影响感知：居民类型相似子集划分情况

因子名称（S-N-K 法）[a]	相似子集	显著性水平 p（α=0.05）
F8 公私、群己观念	一般接待户、零星接待户	0.336
	接待大户	
	接待大户	0.097
	非接待户	

a. 采用调和平均样本大小等于 25.139

经单因素多水平方差分析后，甲居藏寨四种不同类型居民在旅游发展对乡土特征 8 个因子影响上感知相似的被划分为同组，下文将根据实地半结构访谈所得的质性资料对居民的影响感知作具体阐述。

第四节　数据质性解释

一、旅游发展对民族社区社会关系影响分析

由乡土特征之社会关系量表因子分析结果（表2-22）得知，民族社区的各种社会关系大致可以分为情感性关系、工具性关系以及包含两者的混合性关系。黄光国认为，这三种关系都是由情感性成分和工具性成分构成的，其间的差异在于不同关系中两种成分所占比例不同（黄光国，2006），如图2-1所示，左边大长方形中的对角线将代表不同社会人际关系的小长方形分成两部分，阴影部分代表其情感性成分，空白部分代表其工具性成分。大长方形中的一条虚线和一条实线代表划分这三类人际关系之心理界限的可渗透性。居民在判断他人与自己的关系时，"非常讲究社会关系中的'差序格局'，常常用不同的标准来对待和自己关系不同的人"，会从"尊卑有序"和"亲疏远近"两个向度来衡量社会人际关系的"差序性"，越靠近"己"的人关系越亲密，反之关系越疏淡。旅游发展后，以获取经济利益为主要目的的工具性成分不断冲击着原有社会关系中的情感性成分，从而动摇维系原有"差序格局"社会结构的基础因素。

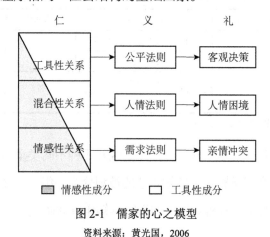

图 2-1　儒家的心之模型

资料来源：黄光国，2006

（一）旅游发展对民族社区情感性关系的影响分析

情感性关系"通常都是一种长久而稳定的社会关系。这种关系可以满足个人在关爱、温情、安全感、归属感等情感方面的需要。像家庭、密友、朋侪团体等原级团体（primary groups）中的人际关系，都属情感性关系之列。当然，除了满足情感方面的需要之外，个人也可以用这种关系为工具，来获取他所需要的物质资源。不过，在这类关系中，情感性的成分仍然大于工具性的成分"。

从不同类型居民对情感性关系影响感知均值（表 2-29）大小来看，其值均大于 3，因此总体而言，居民认为该因子影响较小。其中，接待大户的感知最为强烈（均值为 3.2368），其次是零星接待户（均值为 3.6111）和非接待户（均值为 3.6875），而一般接待户则认为该因子影响最小（均值为 4.1481）。从表 2-33 对 F2 情感性关系影响相似子集划分结果来看，居民感知分为两类：接待大户、零星接待户和非接待户；一般接待户。

从访谈中得知，旅游发展后，接待大户的兄弟姊妹之间虽有可能因客源不均而有利益上的竞争，但彼此仍会以兄弟情感为重，在利益争夺上让步。用居民的原话来说，就是"一般亲兄弟之间，哪家接待多点，少点，不会有什么嫉妒"，"自家条件不好的，会主动放弃竞争，免得伤感情"。在红白喜事方面，接待大户们会依然按照传统要求前去帮忙，当忙于旅游接待抽不出人手时，就会请人代替自己去帮忙。零星接待户、非接待户因旅游接待少，兄弟姊妹之间的来往基本和旅游发展以前一样，但有居民表示收入差距的拉大，可能导致亲戚之间情感关系的疏远。但在红白喜事上，他们仍然会亲自前去帮忙。

而一般接待户因限于自家接待规模有限，住得近的兄弟姊妹一般会共同协作，联合搞旅游接待，这就促进了兄弟姊妹之间的紧密团结，而密切的联系也有助于增强彼此之间的情感交流。

由上述可知，旅游发展后，甲居藏寨亲密的家庭成员之间依旧保持着深厚的情感关系，维系"差序格局"的血缘基础因素仍发挥着重要作用，受旅游发展的影响较小。而当地的某些风俗也有利于促进家庭成员之间的情感互动，如分家方式，甲居藏寨实行的是两位老人分别跟不同的儿女住在一起的方式，这种方式与汉族有较大不同，能促进子女小家庭的往来。

红白喜事的交往虽属于人情往来，但当某个家庭要举办红白喜事时，前去帮忙人数最多的、时间最长的基本是关系亲密的亲戚；其次是周围的邻居，再次是同村居民。同寨子的其他居民户则象征性地派一个或者两个代表参加仪式。这更多地体现了直系亲属之间的互助关爱，其他居民则更多地是出于礼尚往来的情感维系。

（二）旅游发展对民族社区工具性关系的影响分析

"个人在生活中和家庭外与其他人建立工具性关系的目的，主要是为了达到他所希冀的某些物质目标。具体地说，个人和他人维持情感关系时，维持关系本身便是最终目的；可是，个人和他人建立工具性关系时，不过是以这种关系作为达到其他目标的一种手段或一种工具，因此这种关系基本上是短暂且不稳定的。"

从不同类型居民对工具性关系影响感知均值（表 2-29）大小来看，接待大户和一般接待户感知较为一致，他们认为，旅游发展后居民与游客之间商品买卖大幅度增加（均值分别为 1.3158 和 1.7778）；其次是零星接待户，他们认为商品买卖有较大幅增加（均值为 2.2778）；非接待户感知程度最低（均值为 3.3333），认为仅有较小幅增加。从表 2-35 对 F3 工具性关系影响相似子集划分结果来看，居民感知分为三类：接待大户、一般接待户；零星接待户；非接待户。

在实地调研中，我们发现家里有讲解员、汽车、停车场和标准间，或邻近公路等客观因素有利于居民户接触更多的游客，增加商品销售的机会。

接待大户、一般接待户在上述因素中占有绝大部分比例，因而在旅游接待中有明显的客源优势。而零星接待户、非接待户为了争取游客，或为了增加花椒、水果等农副产品的销售，会主动与接待大户拉拢关系，建立工具性关系。访谈中，当地一位接待大户就提到，他周围一些邻居在平日里偶尔会主动给他家赠送少量蔬菜和肉，目的就是希望接待大户处若有住不下的游客时能优先考虑分给他们。由此可见，随着旅游的发展，基于利益因素建立的工具性关系将促使居民之间的交往趋于理性化。

（三）旅游发展对民族社区混合性关系的影响分析

混合性关系是指"交往双方彼此认识而且有一定程度的情感关系，但其情感关系又不像初级团体那样深厚到可以随意表现出真诚的行为。一般而言，这类关系可能包含亲戚、邻居、同学、同事、同乡等不同的角色关系""混合性的人际关系大多不是以血缘关系为基础，它不像情感性关系那样的绵延不断，长久存在。他的延续必须借人与人之间的往来加以维系"（杜瑛，2006）。

从不同类型居民对混合性关系影响感知均值（表2-29）大小来看，接待大户的感知最为强烈（均值为1.8737），他们认为，不同类型居民对混合性关系影响感知发生了很大变化；而一般接待户、零星接待户、非接待户则认为，不同类型居民对混合性关系影响感知发生了较小变化（均值分别为3.1333、3.7833和3.6250）。从表2-31对F1混合性关系影响相似子集划分结果来看，居民感知分为三类：接待大户；一般接待户；零星接待户和非接待户。

一方面接待大户因经济实力的增强，能够惠及亲戚、邻居，使得彼此间的经济联系更加紧密，另一方面也会因收入差距拉大，使居民间的情感关系变得更加疏远。如某接待大户向我们讲述他与亲戚、邻居关系更紧密的变化：

> "我自己搞旅游接待富裕了，把多余的游客分给亲戚、邻居，全部给他们安满，他们都要巴到你的嘛！现在亲戚朋友之间聚会吃饭少了，帮忙的天天来，挣钱的机会多。我家亲戚买车，都是我们出钱给他买的。"

但为了争夺游客，亲戚之间发生争吵、产生矛盾，使亲戚关系疏远的事例也有：

> "虽都是亲戚，但关系还是有好坏。因为为了利益，就有竞争，即使是亲戚也会争，特别是年轻人，经济的引诱力就这么强！"一批游客预订了接待户 A 家，结果到了甲居藏寨后，发现接待户 B 家设施条件、环境卫生也不错，于是临时改变主意，决定住接待户 B 家。但当接待户 A 家知道这个消息后，立马跑到接待户 B 家，硬是把游客要了回去，弄得大家都很不愉快，心里就埋下了结怨。

> 当地一居民还说道："旅游发展后，收入有差距了，钱挣得多的、势力大的较少请求亲戚帮助，会疏远亲戚，没钱的也会看不起有钱的。"

在以往代表人情关系的换工方式上，接待大户的变化最大。因自己忙于搞旅游接待，没时间换工，他们会通过支付工资或雇人代替自己换工等方式来遵循形式上的换工规矩。由此，"货币成了人情交往的媒介，使得'人情'进一步无法像传统社会那样维系人与人之间的关系"……人情关系的货币化倾向改变了原有的"互助"性质。正如当地一老人说的那样："钱没有人情高，换工是平时互相关心、互相帮助的问题，产生了一定感情，是人情关系的维持。"

一般接待户认为，如今的亲戚关系不如以前好了，"有一些亲戚之间会争客，但主要还是发生在讲解员之间，一般不会影响各自家庭之间的关系"，这种情况也不会持续太久，"过了一天或者两天，大家又和气了，毕竟抬头不见低头见"。在帮工方式上，他们认为变化较小，规矩和以前差不多，修房子、掰玉米等依然是"你帮我一天，我帮你一天"，不开工钱。此外，换工可以对劳动力起约束的作用，"虽然给工钱方便多了，现代一点，有钱可以请人，但是不能保证劳动力，别人不挣钱就可以不来"，所以还是认为换工的方式要好些。

零星接待户和非接待户认为，收入差距拉大对亲戚情感一定程度上造成了影响。有些非接待户自嘲自己挣不了钱是因为自家没本事，怨不得谁，其实是表达一种无奈和不满，甚至嫉妒。在帮忙换工方面，他们普遍认为"没有钱的人家，就更愿意换工"。

总体而言，甲居藏寨居民如今的各种社会交往关系更多是掺杂有情感性成分和工具性成分。这一方面基于稳定的血缘关系、地缘关系的维系，使居民之间仍保留有传统社会关系中的情感关怀、互助互惠。另一方面，旅游发展之后，利益因素逐渐凸显，居民之间关系的亲疏越来越取决于他们在生产经营中相互之间合作的有效和互惠的维持。经济上的互利可以使关系更加紧密，经济利益上的矛盾也可以使彼此关系相互疏远（王思斌，1987）。

二、旅游发展对民族社区商品经济交换关系影响分析

如图 2-1 所示，三种人际关系分别对应三种法则来进行社会交易或分配社会资源。"在某些情况下……个人会以不同的交易法则和关系不同、亲密程度不同的人交往"，并"依照双方关系的亲疏选择适当的交换法则，和对方进行社会互动"。需求法则适用于亲密的社会团体中；公平法则适用于陌生者之间；人情法则适用于熟人社会。

旅游发展之前，甲居藏寨居民之间几乎没有商品买卖活动，"自家食物多了，就送；不够吃，就借"，在这个亲密的熟人社会中，居民之间的交易靠人情维持，讲究需求法则和人情法则。旅游发展之后，当地产生了少量的商品买卖关系，当接待大户自家农副产品不够用而需求量较大

时，会在本寨其他居民家中购买，但如果需求量少的话，居民之间也会相互借还，不好意思收钱。如今，寨子里开了 3 家小卖部，卖一些日常用品和副食产品。节假日期间，游客购买量大；平日里主要是本寨居民买些日常必需品，偶尔有居民赊账。可见"人情法则"仍运用于社区居民之间。

居民和游客之间商品买卖属于陌生人之间的交易，适用市场经济理性化的"公平法则"来约定交易规则。"双方都会根据一定的比较水准来衡量：自己可以从对方获得多少酬赏？为了获得这些酬赏，自己必须付出多少代价？"因此居民和游客之间的商品买卖是明码标价的，是可以讨价还价的。在访谈中，我们了解到：

> 甲居藏寨卖给游客的主要有水果（苹果、梨子、柑橘）、核桃、辣椒、花椒、腊肉、工艺品等。旅游发展以前得背到县城去卖，价格低，现在大部分卖给游客，平日里价格和县城一样，节庆期间价格会高一倍左右。以前海椒 5 角一斤，现在 1～1.5 元/斤，悬挂的干海椒 35 元/串；腊肉 25～30 元/斤。核桃平日里卖 7～10 元/斤，节假日卖 12～15 元/斤，质量好些的卖 20 元/斤。苹果、梨子平日里卖 0.5 元/斤，黄金周期间可以卖到 1～2 元/斤。

居民逐渐意识到公平法则带来的一系列好处，如在经济关系上当场清算；不用背负无法用价值衡量的人情债；有利于避免受者回报的不确定性。在自身经济实力较好的情况下，居民会更倾向于用该法则与其他人进行交易。甲居藏寨多家接待大户一般更喜欢到丹巴县城去购买旅游接待所需的物品和实物，换工用支付工资代替等都证实了此观点，同时也表明公平法则对原有需求法则、人情法则的冲击。民族社区商品交换关系的变化本质是交易法则的变化。

三、旅游发展对民族社区居民公私、群己观念影响分析

总体而言，甲居藏寨居民认为"民居风貌、传统文化保护"是个人的事，究其原因，一方面与居民对传统习俗的沿袭有关；另一方面居民从事家庭个体经营后，在对自家利益的关注的同时削弱了对社区利益的贡献。

甲居藏寨藏房外观的统一与当地传统的习俗有很大关系，并不是居民有意为之："没搞旅游以前也要刷房子，祖祖辈辈都染，那个是规矩。房子跟人一起过年，穿新衣服一样""刷房子是我们自己的想法，不是外头说，不是给游客好看，我们以前就这样的习惯。"

居民把房屋的纹饰画得很漂亮，一方面是为了吸引游客，另一方面也提高自己的居住舒适度。"挣点钱就投资到房屋上，画装饰，以便于吸引游客，搞旅游接待""以前的房子没有现在这样漂亮，自己画得像那么回事，不丑就行了。现在为了旅游接待，专门请人画。"但他们没有意识到，正是这些看似仅为了私利的个人行为使甲居藏寨藏房特色突出，给游客留下了深刻的印象。

在房屋内部装修和设施上，居民专门购置了供旅游接待的藏床、藏桌，有条件的人家安装了太阳能热水器，修建了带卫生间的标间，这样做一方面是为了满足游客更舒适方便的需求，提高收费的档次；另一方面也提高了自己的居住条件。而对于某些接待大户为了扩大接待规模，修建宾馆式的接待站，与传统风貌不符的现象，其他居民户尽管对此有议论，但认为自己"管不了"，其关注的仍然是自己的利益。

对于传统文化，居民意识到传统歌舞、口传故事等面临失传的可能性，大家也为之惋惜，但在传统文化应由谁来学习并传承保护的问题上，居民则普遍认为，"这个都是看个人的爱好，你喜欢可以学，不喜欢也没有人强迫你学"，表现得无可奈何。

随着旅游部门、当地政府的大力宣传，对接待示范户的长期培训，以及在与游客交流中思想观念的转变，少部分居民开始意识到"甲居藏寨是大家共有的，旅游发展不能脱离整个甲居藏寨，单家独户成不了气候，再搞得好也是甲居藏寨的一员"。当地的一些人也开始积极行动，为村寨风貌保护、传统文化保护发挥着自己的力量。

例如，当地的一位接待大户向我们讲述了她在保护传统工艺品、传统歌舞方面的一些想法：

"我们这以前织毪衫、腰带、披肩那些，出名得很，但现在老年人都不织了，因为卖不到好价钱。我说县城卖好多钱，你们标个价，放到我这卖，卖不掉的话，我来买，或者我愿意自己出钱，给老年人发工资，组织人做传统工艺品来卖。现在党员活动室一直空着，这个是我们村上的活动室，我们有权利将其无偿利用起来，组织村民在里面制作工艺品，以村委会为代表，以协会为代表，牵动老年人劳动，做一些有特色的刺绣品。做好了，我就带游客看这种文化。"

在传统歌舞保护方面，这位居民也表示接待大户应该带头保护：

"还有一种藏族锅庄舞，说是锅庄舞，其实就是现代锅庄舞。好多老年人根本都不跳了。年轻人以前也学过，但现在不会了，都不想学了，当个讲解员，接待客人挣得到钱了，就不重视这个东西了。但旅游想可持续发展的话，这些东西必须保留下来。这个不是政府管制，而是我们这些接待户应带头，这个村子应该把这个保存下来，村上领导带头，我们这些党员应该带头，这个对我们的好处大得很！"

当地的文化名人曾老师认为，如今"没文化的人、部分年轻人不一定重视集体保护"，但"有思维、有一定远见的人开始有集体保护的意识了""游客不稀奇甲居藏寨的吃住，吸引游客的是当地的民族文化，甲居藏寨只有满足游客这方面的需求，游客才能满意。旅游发展带来收入，获得收益，但破坏掉的民风民俗这种损失就无法弥补"。在传统文化保护的实际行动中，他更是倾注了大量心血：2000 年左右，曾老师筹建了墨尔多民间艺术团，搞得相当红火，筹建艺术团的费用（电费、工资、酒水费、茶费等）全部自己出，甲居藏寨的知名度也基本靠这一支队伍宣传，但得不到相关部门的支持，因为聂呷乡领导认为这是曾老师自己的事情，因此墨尔多民间艺术团没能继续发展下去，很遗憾。2001 年起，曾老师组织锅庄队全部义务演出，没有得到相关部门的补助，而现在锅庄全部变成经济商品了，对文化冲击也比较大。老年人跳舞不收钱，而年轻人要求经济回报挣钱多，因此老年人心里不安逸，就产生矛盾了，跳舞也不积极了。此外，曾老师还打算出版"魅力展现系列"，并将其制作成 30 多集的光碟，宣传丹巴等甘孜州的旅游、民俗风情、宗教文化等，以此来动态地展示藏区的文化。这是一个巨大的工程，曾老师说自己冒着生命危险，拍摄到了许多专业摄影师不能到达的地方的特殊美景，再加上他自己的音乐、录像，制作出来的光碟可以放给游客看，也可以出售。

除了上述接待大户在旅游活动方面的积极努力外，一般接待户、零星接待户也表示愿意积极配合政府对房屋风貌方面的统一要求，如甲居一村的万大姐就向我们讲述了她家小卖部的材料、装饰就是按照政府的要求来修建的，尽管多花了一些费用，但她表示理解：

> "2010 年，我们家修小卖部时，原本打算用砖砌，但乡上说甲居藏寨是旅游区，不能用砖修，否则强行拆除。还有小卖部的门，我们原本打算安装卷帘门，但乡上知道后，又来打招呼，说要弄成有藏族特色的门。虽然前前后后花了些冤枉工夫，但我觉得政府这样要求还是合理的，如果自家修砖房，就不好看了。"

　　非接待户由于从旅游活动中获益很少，对民居风貌保护、传统文化保护总体表现出漠不关心的态度。尤其是预期自己将来也没有能力搞旅游接待的居民户则不愿多在房屋上投资，不打算今后怎么装修了。表 2-42 也证实了这一点，非接待户与接待户们对公私、群己观念影响的感知存在较大不同。

　　上述研究表明，旅游发展后，大部分居民只关注如何提高自家的经营收益，没有意识到家庭利益与社区整体利益的协调发展。这与居民"私、己"观念有关，是一种"小我"，或称之为"身体我"，个人利益、家庭利益的凸显削弱了集体利益的地位，不再奉行"集体利益高于一切"的宗旨。而从事旅游业后，由于改变了居民对土地的依赖关系，传统的"集体意识"发生了改变。

　　此外，"在'差序格局'严谨的封闭社会里，其主要的经济及社会资源是由少数权威者控制并任意分配。在这些情境下，无可避免地，个人会对自己的社会地位以及因长期交往造成的义务关系而能获得或失去的资源特别敏感"。因此，当居民意识到游客来甲居藏寨最喜欢看当地藏房时，而且是以家庭为单位进行自主经营与管理，这无疑强化了他们的"私、己"观念。

四、旅游发展对民族社区居民价值观影响分析

　　由表 2-23 可知，经因子分析后，F5 传统价值观因子包含"讲团结""讲容忍、宽容"两个指标，这体现居民如今依然十分重视村寨的团结、和谐。而"长幼有序""讲诚信、诚恳"这两个传统观念被归为 F4 现代价值观因子下，说明居民对其的认知已发生了变化，更具有现代价值观的特征。

（一）旅游发展对民族社区居民传统价值观影响分析

　　在旅游发展对民族社区居民传统价值观影响的感知方面，居民认知分

为两类（表 2-39）。接待大户的影响感知最为强烈（均值为 2.4737），他们认为，旅游发展对民族社区居民传统价值观影响的感知发生了较大变化。在"团结"方面，"以前重视集体，大家都要得好。吃大锅饭，吃转转饭，没有把彼此分得那么清。现在却很重视个人利益，先自己好，再家庭好，亲戚好，邻居好"。在"宽容"方面，居民对游客乱摘、乱踩庄稼等不良行为一开始还是会原谅，比较大度，不会非让游客赔偿不可。但当游客行为过度时，容易导致接待这些游客的居民户与受损失居民户之间矛盾的出现。

一般接待户、零星接待户、非接待户在传统价值观影响感知上则趋于一致，他们认为，旅游发展对民族社区居民传统价值观影响的感知仅发生了较小的变化（均值分别为 3.8148、4.0139 和 3.6250）。在"团结"方面，还是和以前一样，"如果你有困难了，大家都会来帮忙，不用担心"。不同的只是集体活动比以前减少了。在"宽容"方面，居民显得大度和忍让。比如，"接待户晚上的歌舞表演，本来规定 10 点以后就不能放歌了，但即使超时一会儿，邻居也不会说什么"。

一位零星接待户举了一个事例来说明居民之间的忍让：

> "如果我的牛跑到邻居的田里去了，踩坏了地，吃了庄稼，主人家不会说赔钱，只是来打声招呼，今天你的牛到我田里了，明天管好哦。如果他的牛到我田里了，我就给他赶到门口拴好就行了。"

总体而言，甲居藏寨仍然非常重视传统观念中的团结与和谐，旅游发展带来的利益冲突并没有冲破团结这张网。这"与传统的农业生态环境有十分密切的联系：人们世代生活在固定的土地之上，其人口流动率十分低，以农业为主的生产方式又仅能让大多数家庭获得有限的资源。为了将有限的资源在家庭中做最有利的分配，必须强调和谐的价值。这样的价值观成形之后，便具有相当的韧性，很难改变"。

（二）旅游发展对民族社区居民现代价值观影响分析

在旅游发展对民族社区居民现代价值观影响的感知方面，居民认知分为三类（表 2-37）。接待大户认为，旅游发展对民族社区居民现代价值观影响最大（均值为 1.4079），在"长幼有序"的观念上，"以前是老年人说了算，现在是年轻人说了算"。此外，年轻人在"诚信"方面的变化较为明显，对经济利益较为看重，但是"居民在旅游接待时，还是诚信经营，没有欺宰游客的现象。游客遗忘的东西也会替游客收好，停放在甲居藏寨的车辆也从未发生被盗的现象"。

一般接待户的感知虽不如接待大户那样强烈（均值为 1.8981），但他们的看法基本一致，都认为"老年人管得少了，年轻人也不太会听了""以前的人要诚实一点，现在的人要精灵一点"。

零星接待户和非接待户的看法趋于一致（均值分别为 2.8056 和 3.1042），他们认为居民价值观变化不大：现在小孩敢顶嘴了，但老的和小的也都是互相尊重。在诚信方面，没有欺诈游客的现象，也不会故意抬高价格。

"长幼有序"的传统观念已发生了很大变化，在讲究"尊尊原则"的"差序格局"社会中，晚辈的意愿须得到长辈的同意，按照长辈的要求去执行。如今，"尊尊原则"的约束力减弱，旅游发展后，进一步促进了年轻人自我个性的解放，加之老一辈出于对晚辈的疼爱甚至溺爱，也会纵容他们按自己的想法行事。而原有的"诚信"观念如今更多地被用于评价一个人在经营中是否诚实。

在功利价值观上，旅游发展促进了居民对财富、权力的看法的变化："以前实行分地，大家更看重土地，不怎么重视钱的作用。把情义放在第一位，把金钱放在第二位。"但现在，"都晓得钱的重要性，没有钱寸步难行，掌握权力的目的也是为了钱""就连亲戚当中为了挣钱，也会争客打架"。这在一定程度上影响了当地居民之间的和谐关系，对传统价值观产生了冲击。

五、旅游发展对民族社区传统礼治秩序影响分析

费孝通指出"礼是社会公认合式的行为规范""是经过教化过程而成为主动性的服膺与传统的习惯""礼治的可能必须以传统可以有效地应付生活问题为前提……但不管一种生活的方法在过去是怎样有效，如果环境一改变，谁也不能再依着旧法子去应付新的问题了"，就需要对传统习惯进行改革，以适应新的社会秩序。

（一）旅游发展对居民节庆过法的影响

在节庆方面，当地比较重大的传统节庆有春节（正月初四）、转山会（农历七月大转，每月有小转）、跑马节（农历四月十五）等。2001年起，丹巴县政府开始组织"丹巴嘉绒藏族风情节"，如今已成为当地固定的节日，影响广泛。

旅游发展后，居民过节的方式发生了一些变化。因要接待游客，居民有时候就不会去参加节庆活动了，如果游客愿意去，居民则带上他们一起去参加。一些居民在参加节庆的同时，还附带做点买卖，如一家小卖部的店主说："如果过节时又想做生意，我就把东西用拖拉机拉到过节现场去卖，现在都这样，节日也过了，生意也做了。"此外，部分居民也不会严格遵守节庆期间的一些禁忌了，如某些讲解员在腊月三十，正月初一仍然会去接待游客。而在以前，这两天是休息日，不劳动，否则预示着会辛苦一整年。但也有许多居民认为过节的一些规矩、程序还是没有发生什么变化。

（二）旅游发展后，居民对传统行为规范要求改变的主要表现

旅游发展后，进一步促使居民要求改变传统行为规范，主要表现在以下几个方面。

一是婚姻观念。据当地居民口述："甲居藏寨以前多实行包办婚姻，老人说了算，女子不能嫁出去，只能嫁给本村人。而现在实行自由恋爱，嫁出去的讲解员很多。"一位美籍华人和一位当地居民的婚姻就是其中一例：

> 2004年，曹勇因活佛的庆典仪式来到丹巴，身为艺术家的曹勇自然不会放过探访美丽甲居的机会。当时，更登拉姆正在寨子里的曾国华老师家里学习舞蹈，与曹勇相识，两人一见钟情。分别后，曹勇对更登拉姆念念不忘。第二天一大早，他从县城再次回到甲居与爱人相见，倾诉衷情。当时，更登拉姆已经有了娃娃亲。但这一场跨越国籍、跨越文化、跨越宗教的感情终究战胜了传统习俗。几天后，爱情的力量使二人不顾一切私奔，更登拉姆更向父母许下了如果处理不好娃娃亲一事，就永远不回甲居的誓言。好在两人的爱情得到众亲的支持，2005年5月，两人在甲居举办了简单的婚礼，结下连理。①

二是房屋改造。2003年，甲居藏寨进行了新村改造，修建了灶台，改变了当地居民在锅庄上做饭的习惯，这也给餐饮服务带来了便利。少数居民户修了带卫生间的标间，在提高服务档次的同时也改变了自身的卫生习惯，但部分老年人不能接受房间里面有厕所，他们认为那是脏、臭，因而阻拦子女对房屋进行改造。

三是杀生禁忌。甲居藏寨居民以自然崇拜为主，为了人与自然和谐，不鼓励杀生。旅游发展后，居民举行篝火晚会、跳锅庄时，往往会做烤全羊以增加娱乐性，同时也能获得收益。因此对杀生的禁忌也放宽了要求。

（三）旅游发展后，年轻人对传统锅庄舞表演的改良

在访谈过程中我们了解到，甲居藏寨当地将锅庄舞分为传统锅庄舞和

---

① 育龙网：《情牵"美人谷"美籍华人画家乐当旅游宣传人士》http://www.china-b.com/lxym/lxzx/20090424/1529539_1.html，2009-4-24.

现代锅庄舞两种。传统锅庄舞要求跳舞者既唱又跳，而且唱词难懂难学，很花费时间，加之其节奏相当缓慢，一曲舞蹈的时间很长，动辄一两个小时，因而年轻人学习的积极性不高。与之相对的现代锅庄舞，表演时播放影碟，舞者只需随着音乐舞蹈，简单易学，而且节奏轻快，能很好地带动其他人参与进来。相比而言，现代锅庄舞更符合游客的欣赏性和参与性需求，因此年轻人更倾向于学习现代锅庄舞蹈。表演时，他们还会加入吉祥舞、印度舞、自由舞等舞蹈，以丰富表演的内容。

至于年轻人学不学习锅庄舞，依他们自己的兴趣爱好而定，长辈们不会也没有权力强迫他们学习。但由于向游客表演可以获得一定的收入，这也在一定程度上激发了年轻人对现代锅庄舞学习的积极性。

（四）旅游发展对居民文化教育观念的影响

居民在 F7 现代教育因子上的影响感知没有差异（概率 p 为 0.155），甲居藏寨居民普遍认为家长较为重视子女的文化教育，这与我国推行九年制义务教育，在藏区实行"9+3"义务教育政策有很大关系，它使更多的贫困家庭子女有机会继续读书。正如当地居民讲述："以前读书的少，读个小学就完了。现在搞'9+3'，基本是初中毕业。我们丹巴这的人去读书的多，关外那些人读书就读得少。"旅游发展后，居民意识到有知识、有文化的人参与旅游发展的机会相对更多，能更好地掌握语言、电脑等技能，能与游客更好地沟通，获得更大的收益。部分游客也积极资助当地的孩子读书，这又进一步促进了居民对文化教育的重视。

但与此同时，许多居民也表示，由于旅游接待工作的不稳定性，父母更期望子女学成后，能找到一份固定的好工作。讲解员尽管能从旅游活动中获得较高收入，但他们对旅游局组织的培训并不重视。一位 25 岁的讲解员讲述道："我曾在四川省旅游学校参加培训，一共 24 天，主要内容是礼仪方面，作用还是大。但许多讲解员都不愿意去参加培训，觉得浪费时间。

即使看到参加过培训的讲解员能力有所提高，仍然不会改变他们的想法。"

由此可见，随着居民获得知识的途径和教育机会的增多，教育不再是被动地去习得传统知识，也包含居民对自我兴趣的培养以及掌握更有利于将来发展的各种技能。

本 章 小 结

本章的研究是基于"差序格局"理论，采用微观社会学的社区研究方法和人类学的田野调查法，以甲居藏寨为案例地，就旅游发展对民族社区乡土特征影响进行实证研究和分析，得出以下几点结论。

第一，旅游发展后，因经济利益因素的凸显，对原有以情感为基础的社会关系产生了冲击，动摇了维系民族社区传统社会结构的基础因素。与此同时，商品经济交换法则也由"人情法则"向"公平法则"转变。

旅游发展后，民族社区居民之间经济利益往来增多，各种社会关系中的"工具性成分"日益扩大，并不断冲击着"情感性成分"。其中，对亲属关系产生的冲击较小，但对地缘关系、人情关系、邻里关系产生的冲击较大，人与人之间的尊卑等级和亲疏远近发生了变化，从而动摇了维系原有"差序格局"社会结构的血缘关系、地缘关系等基础因素。

此外，不同的社会关系适用的交易规则不同。甲居藏寨在旅游发展之前，主要以"需求法则""人情法则"进行商品的互通有无；旅游发展后，"公平法则"逐步从居民与游客之间渗透到居民与居民之间，促使居民的经济行为趋于市场化和理性化。民族社区商品交换关系的变化本质是交易法则的变化。

第二，民族社区的家庭个体经营方式，使居民多关注自家利益，"私、己"观念进一步增强，削弱了保护"公共资源"的集体意识，不利于旅游的持续发展。

民族社区的"私、己"是一种"小我"的概念,只关注私人利益,对集体利益不太关心。旅游发展后,以家庭为单位进行经济计量,甲居藏寨大部分居民只关注如何提高自家的经营收益,没有意识到家庭利益与社区整体利益的协调发展,没有意识到吸引游客的民居建筑、传统文化和民风民俗等资源是需要居民共同维护的"公共资源"。但当地的一些社会精英和有识之士已开始意识到保护这些资源的重要性,并开始着手对传统文化进行保护和传承,当地相关部门应给予他们积极支持和广泛宣传,使更多的居民参与到旅游资源保护中来。

第三,尽管旅游发展对居民传统价值观产生了较大影响,但并未动摇其核心观念,传统价值观和现代价值观新旧并存,共同指导着居民的行为。

由于"尊尊原则"的约束力减弱,旅游发展后,进一步促进了年轻人自我个性的解放,"长幼有序"的传统观念已发生了很大变化,年轻人对老人的尊重程度降低。原有的"诚信"观念如今更多地被用于评价一个人在经营中是否诚实,其被赋予了更多的现代含义。居民对"财富""权力"等功利价值观的重视也会对其传统价值观产生冲击。

尽管如此,甲居藏寨仍然非常重视传统观念中的"团结"与"宽容",讲究社区的和谐安宁,旅游发展带来的利益冲突并没有冲破团结这张网。

第四,旅游发展促使民族社区居民根据自我意愿对某些传统礼治秩序进行改革,使传统礼俗的约束力降低。

民族社区礼治秩序的维护有赖于居民对传统礼俗的服从,其服从与否得看这些传统礼俗是否有助于他们解决生活中的各种问题、能否更好地让他们适应当下的社会环境。旅游发展后,甲居藏寨居民在节庆过法、传统行为规范的遵守、传统歌舞的学习等方面都发生了一定变化,他们不再严格按照"礼治"的约束被动地接受并服膺于长辈的"教化"。

随着获得知识的途径和教育机会的增多,居民依据自己的兴趣爱好和有利于自己前途发展的方式对传统礼俗进行"扬、弃"或"改革"，传统的礼治秩序发生了变化。

第五，"差序格局"理论对我国民族社区旅游社会文化影响问题有较强的解释力。

"差序格局"理论是基于中国乡土社会结构特征而提炼出的本土化概念理论，用以说明中国传统社会的社会结构和人际关系特点，而不同的社会结构对应着不同的行为表现。随着旅游的发展，维系民族社区原有"差序格局"结构的基础因素受到冲击，具有"差""序"性质的社会关系、思想观念、社会秩序等发生了悄无声息的变化。因此，从乡土社会结构要素入手，根据结构对行动的制约来解释人们的行为，有助于深入理解乡土特征变化的内在机理。

第三章
旅游发展与民族社区
非物质文化遗产保护

第一节 非物质文化遗产概念界定与研究现状

一、基本概念界定

（一）非物质文化遗产

2003 年，联合国教育、科学及文化组织（简称联合国教科文组织）在《保护非物质文化遗产公约》中指出："非物质文化遗产是指各群体、团体，有时为个人视为其文化遗产的各种实践、表演、表现形式、知识体系和技能及其有关的工具、实物、工艺品和文化场所。各个群体和团体随着其所处环境、与自然界的相互关系和历史条件不断使这种代代相传的非物质文化遗产得到创新，同时使他们自己具有一种认同感和历史感，从而促进文化多样性和人类创造力。在本公约中，只考虑符合现有的国际人权文件，各群体团体和个人之间相互尊重的需要和可持续发展的非物质文化遗产。"[1]具体包括以下几方面内容：①口头传说和表述，包括作为非物质文化遗产媒介的语言；②表演艺术；③社会风俗、礼仪、节庆；④有关自然界和宇宙的知识和实践；⑤传统的手工艺技能。

2005 年，国务院在《国务院关于加强文化遗产保护的通知》中对"非物质文化遗产"定义为："指各种以非物质形态存在的与群众生活密切相关、世代相承的传统文化表现形式，包括口头传统、传统表演艺术、民俗活动和礼仪与节庆、有关自然界和宇宙的民间传统知识和实践、传统手工艺技能等以及上述传统文化表现形式相关的文化空间。"[2]本书采用联合国教科文组织关于"非物质文化遗产"概念的定义。

---

① 非遗：因文化而充满温情与理性的力量. 2017. http：//www.sohu.com/a/200467073_558429.

② 国务院关于加强文化遗产保护的通知. 2005. http：//www.gov.cn/gongbao/content/2006/content_185117.htm.

（二）人力资本

人力资本这个概念最早由美国著名经济学家、诺贝尔经济学奖获得者西奥多·W. 舒尔茨提出，他在 1960 年美国经济学会年会上发表了一篇很有创见的、题为"人力资本的投资"的演讲。他认为，人的知识、能力、健康等人力资本的提高对经济增长的贡献远比物质资本、劳动力数量的增加重要得多。按照舒尔茨的表述，我们可以将人力资本理解为劳动者的知识、技能、体力等构成了人力资本。换言之，体现在劳动者身上的以其数量和质量形式表示的资本就是人力资本，这种资本对经济增长起着十分重要的作用，促使国民收入明显增加。人力资本是通过人力资本投资形成的资本。

兰玉杰和陈晓剑（2003）认为，人力资本是指凝结在人体之中，投入生产中的知识、技术、能力、健康和努力程度等因素的价值总和。它以劳动者的异质性为前提，反映了人的观念、知识、技术、能力和健康等质量要素的稀缺性以及相应的市场供求关系。

2001 年国际经济合作与发展组织（OECD）对人力资本的最新定义为"人力资本是个人拥有的能够创造个人、社会和经济福祉的知识、技能、能力和素质"。根据人力资本理论，除了自然资源和物质资本外，人力资本是社会财富的重要组成部分（李海峥等，2010）。

综合以上观点，本书认为，人力资本是指凝结在人体之中的知识、技能、观念、能力和健康。这些知识、技能、观念、能力和健康通过市场交易，在生产领域能为个人、社会创造经济福祉。人力资本可能是人力资本所有者主动投资的结果，也可能是"天然习得"的。

二、国外非物质文化遗产保护研究

国外对文化遗产的保护经历了从物质文化遗产到非物质文化遗产不断

深入的研究过程（Vecco，2010）。其中研究较早、成果显著的主要是日本、韩国、法国、意大利等发达国家。这些发达国家分别从立法、保护机构设置、保护手段等几个方面来加强非物质文化遗产的保护，其中一些国家已经形成了符合本国文化特色的保护模式。

（一）立法保护方面

日本于 1950 年颁布《文化财保护法》，首先启用了"无形文化财"一词，并率先提出非物质文化遗产实施活态保护。该法又于 1954 年、1968 年、1975 年、1996 年、2004 年经过五次大的修订，逐步完善，对日本的"无形文化财"保护起到了重要的法律保障作用（廖明君等，2007）。韩国在 1962 年推出了《文化财保护法》，也开始关注无形文化财。尽管法国没有明确地提出非物质文化遗产保护，但是它是世界上第一个制定历史文化遗产保护法的国家。法国于 1840 年颁布了《历史性建筑法案》，这是世界上第一部关于文物保护的法律。1913 年法国颁布了世界上第一部保护文化遗产的现代法律——《保护历史古迹法》，该法将具有历史价值和艺术价值的动产和不动产的历史文化遗产作为保护目的，对历史文化遗产进行登记造册，重要的历史文化遗产被列入保护名录。之后，法国又于 1962 年和 1973 年分两次颁布了《马尔罗法》（又称《历史街区保护法》）和《城市规划法》。这两部法律的颁布，有力地促进了法国文化遗产的整体性保护（飞龙，2005）。

在《民俗保护法》和《知识产权法》保护非物质文化遗产方面，针对第三世界和非主流国家文化形式被秘密地商业化输出而文化所有国没有获得任何收益的现状，多民族玻利维亚国（简称玻利维亚）于 1973 年向联合国教科文组织提出了议案，发起民俗保护问题的倡议，旨在保护本民族文化的完整和相关权利。意大利是世界上第一个使用国内知识产权法保护民间文化的国家，针对非物质文化遗产制定的保护制度，该法的主要特点是民间文学作品的著作权享受无限期。如果以盈利为目的而使用民间文化，不仅要征得文化行政部门的许可，还要缴纳一定的使用费，把收来的使用费以基金的形式进行管理。尽管意大利利用国内知识产权法保护民间文化，但是将知识产权法应用于非物质文化遗产保护是否完全适用有待进一步商榷。正如美国密歇根州立大学 Yu 教授分析的那样，"由于非物质文化遗产具有主体的不明确性和群体性、保护时间上的无限期性、延续性、保护客体的不确定性等特征，因此很难直接套用知识产权制度的法律关系模型"（梅术文，2007）。

（二）保护机构设置方面

非物质文化遗产保护处于领先地位的国家，都设立了专门负责文化遗产的中央机构。其中，日本于 1950 年在文部省（现文部科学省）内组建"文化财保护委员会"，1954 年又明确规定地方必须组建"地方公共团体之教育委员会"；1968 年日本废除了"文化财保护委员会"，改在国家文化厅内设置"文化财保护审议会"。韩国于 1962 年成立了"文化财委员会"，其职能是落实文化遗产的法律保护工作。法国文化部下设文化遗产局，地方上也有相应机构，负责调查和监督文化遗产的现状和维护情况。意大利政府专门设有文化遗产部，并在保护和管理文物古迹方面摸索出"意大利模式"，政府负责保护，私人或企业进行管理和经营。美国政府文化遗产保护的最高权力机构是史迹保护联邦理事会和国家公园司。美国下属各州也都相应地设立了史迹保护办公室，地方县市也设有专门负责文化遗产保护的历史街区委员会，实现了各级政府的全面保护。

在保护与科研机构设置方面，为了有效地促进非物质文化遗产保护，部分国家成立了研究机构，鼓励学者通过理论研究为本国非物质文化遗产保护提供智力支持。其中，日本成立了东京国立文化财研究所和奈良文化财研究所，均内设无形文化财研究室，专司资料调查和分析工作。还有许多民间研究机构分布在日本的大学和图书馆，比较有名的如早稻田大学演剧博物馆、松竹大学图书馆等。韩国设立专门的研究机构——韩国国立文化财研究所。法国也有自己的文化遗产教学机构——文化遗产保护学院。

除了政府组织设立的保护机构之外，部分国家还自觉成立了许多相关民间社团组织。如韩国各地成立的相关社团组织多由民间艺人、工匠和热心人士组成。他们在一起既可以切磋技艺，亦可将自己的精湛技艺传承给更多的人（苑利和顾军，2009）。

（三）保护手段方面

欧美与日本等国均采用了登录制度的保护方式，即将文化遗产和非物质文化遗产进行注册、登记，通过登录认定文化遗产和非物质文化遗产的资格予以保护。除此之外，日本想方设法地将文化遗产公开给全体国民，让它们能够持续被利用，包括应用到国际交流事业。韩国则利用非物质文化遗产促进旅游业的发展以达到保护非物质文化遗产的目的，正如 Jafari（1996）所说"外人的兴趣为原住民社区重新发现自己的文化提供了动机和经济合理化证明"。日本与韩国同时采用的"人间国宝"认定制度也是保护本国非物质文化遗产的重要措施之一。法国则通过设立"文化遗产日"，让历史文化遗产保护区敞开大门，使之成为人们了解民族历史与文化的窗口的方式来保护文化遗产。

联合国教科文组织无形遗产部主任爱川纪子在《非物质文化遗产：新的保护措施》一文中提出了非物质文化遗产保护的两种方法，一是将非物质文化遗产转变为有形的形式加以保护；二是在它产生的原始氛围中保持它的活力（Aikawa，2004）。也有学者指出，非物质文化遗产保护的主要途径是识别、资产清查、保存、维护、传播、保护和国际合作（McKercher and Cros，2002）。

（四）保护模式方面

目前，开展非物质文化遗产保护工作较早的国家，已经形成了符合本国文化环境的保护模式。日本形成了以立法作为保护非物质文化遗产的基础的模式。日本不仅是最早开始保护非物质文化遗产的国家，同时也是最早制定并颁布法律来保护非物质文化遗产的国家，日本的法律规定中对于"人间国宝"的认定、绝技的记录以及对"人间国宝"的补助金制度都有详细的规定。

韩国形成了全民参与非物质文化遗产保护活动的模式。随着第二次世界大战后韩国经济的复苏，韩国传统文化受到西方文化的强烈冲击，一批韩国民俗文化学者积极倡导非物质文化遗产的保护，并在 1962 年《文化财保护法》出台后，知识分子和大学生发起了一场复兴韩国民族文化的运动，这次大规模的文化复兴运动迅速深入广大人民大众之中。当今社会，韩国众多的民俗博物馆以及民众自发组织的大规模的节庆活动均对韩国非物质文化遗产的保护起到了重要的促进作用。

法国采用制定保护非物质文化遗产的整套评价标准和管理办法的保护模式。法国在进行有形文化遗产保护的过程中也开始保护非物质文化遗产，法国于 1964 年进行了文化遗产的大普查工作，并对此次普查的遗产进行登记造册。同时，"法国在保护文化遗产包括非物质文化遗产方面从国家向街区、村镇延伸，政府开始制定免税政策或用津贴和奖励的办法鼓励私人保护和合理使用非物质文化遗产。法国开始形成并制定自己独特的、有体系性的一整套保护文化遗产包括非物质文化遗产的评价标准和管理办法"（王文章，2008）。

意大利则提出"反发展"的整体性保护新概念的模式。意大利作为文明古国，历史文化遗产非常丰富，20 世纪 60 年代意大利经济快速发展时期，在市场经济法则将房子和土地都要变成商品的大背景下，一些有识之士则提出，历史文化中心区代表着城市的历史记忆，历史文化遗产是整个城市的个性特征，具有象征性的意义。当时的意大利当局提出了"把人和房子一起保护"的口号。这个保护的新理念不仅要保护城市的历史文化遗产，还要保护居住其中的市民，在这种"反发展"、整体性保护的全新观念引导下，意大利改变了对原有历史文化旧城区的更新改造规模，保存了大量珍贵的文化遗产。

（五）研究述评

如上所述，国外对非物质文化遗产保护关注较早，研究时间长，特别是以日本、韩国、法国、意大利为代表的发达国家积累了较为丰富的保护经验。从保护主体方面来看，国外已经形成了由政府、民间社团、私人组织和知识分子等保护主体组成的，个人及全民广泛参与的保护环境。其中，政府主要采用立法、设立保护机构以及制定制度政策的方式对非物质文化遗产保护进行规范和引导；私人组织则在政府的引导下对非物质文化遗产进行合理利用；知识分子作为文化复兴的先觉者，唤醒整个社会的文化遗产保护意识；民间社团则利用生存于民间的传统优势吸引更多的民间艺人及年轻人参与，以促进非物质文化遗产的传承。从保护手段来看，政策手段主要采用登录制度、认定"人间国宝"以及设立民俗博物馆等政策；经济手段主要是为"人间国宝"提供经济补助，为私人合理利用开发非物质文化遗产提供免税以及补贴等，为有志于学习非物质文化遗产的年轻人特别设立奖学金等制度；社会性支持手段主要是为传承人提供参与各种社会活动的机会，展示其技艺及知识，提高其社会地位，如日本规定"小学生在学期间必须观看一次能剧①等措施"。这些保护手段无疑对我国非物质文

---

① 能剧是日本中世纪时期从中国传入日本的舞乐和日本的传统舞蹈融汇，它是从镰仓时代后期到室町时代初期之间创作完成的日本最主要的传统戏剧。这类剧主要以日本传统文学作品为脚本，在表演形式上辅以面具、服装、道具和舞蹈组成，能剧在日本作为代表性的传统艺术，与歌舞伎一同在国际上享有高知名度。

化遗产保护具有重要的参考价值和借鉴意义。

三、国内非物质文化遗产保护研究

我国对于非物质文化遗产保护的研究，经历了三个阶段，分别是：2001～2003 年的启动阶段；2004～2005 年的启蒙阶段；2006 年至今的深入阶段。各个阶段都对非物质文化遗产的保护有不同程度的探索，其中尤以第三阶段的成果最为突出。纵观国内学者的研究成果，目前对非物质文化遗产保护研究主要从民俗学、法学、旅游学、经济学、社会学、人类学等学科领域展开。

（一）民俗学的研究视角

对非物质文化遗产保护的研究成果最为显著的是民俗学，这与民俗学者早期介入 "非物质文化遗产" 研究有较大的关系。自 "舶来" 非物质文化遗产概念之初，民俗学者们针对非物质文化遗产的概念、特征、价值等方面进行了深入的探讨；后来，随着非物质文化遗产保护研究的深入，民俗学者们加大了对非物质文化遗产保护原则、方式、方法等方面的研究。具体来讲，主要体现在以下几个方面。

第一，非物质文化遗产概念的界定方面。巴莫曲布嫫（2008）通过回顾《保护非物质文化遗产公约》的简要历程，指出了最早从 "无形文化财" 的提出，到 "无形文化遗产" "民间创作" "人类口头与非物质遗产"，最后达成 "非物质文化遗产" 概念共识的研究历程。其他学者对非物质文化遗产内涵、概念的界定进行了深入的探讨（高丙中，2007；张春丽和李星明，2007；宋俊华，2006），理清了非物质文化遗产的内涵及外延。

第二，非物质文化遗产的特征、价值研究方面。贺学君（2005）认为，非物质文化遗产具有活态性、民间性、生活性、生态性等特征；宋俊华（2006）认为，非物质文化遗产有传承性、社会性、多元性、无形性等特征；

苑利和顾军（2009）认为，非物质文化遗产具有历史传承价值、科学认识价值、审美艺术价值和经济开发价值。

第三，非物质文化遗产保护方面。

（1）在保护原则方面。刘魁立（2004）提出了整体性原则；李淑敏和李荣启（2005）提出了原真性、可持续性、可解读性原则；贺学君（2005）提出了生命原则、创新原则、整体原则、教育原则和人本原则。

（2）在具体保护方式、方法方面。首先，部分学者提出了生产性保护理念，他们认为应该坚持马克思艺术生产理论，同时按文化规律、经济规律、价值规律办事，从生产、流通、消费等艺术生产的多个环节着手，开展非物质文化遗产保护与利用工作（乌丙安，2009；刘伟，2010），陈华文（2010）研究更为深入，他认为在进行生产性保护时，要避免过度开发，避免出现非物质文化遗产保护的商业化、产业化，并要坚持生产性保护的原生态原则、就地保护原则、政府扶持原则、技能传承原则。

其次，有的学者建议发挥非物质文化遗产保护主体的保护功能，苑利和顾军（2009）认为，目前非物质文化遗产保护主体由政府、学界、商界以及新闻媒体等共同构成，但必须注意保护主体与传承主体在功能上的差异性。传承主体负责传承，保护主体负责非物质文化遗产的宣传、推动、弘扬等外围工作。如果弄乱了保护主体与传承主体职能上的区别，作为保护主体的政府放着自己的本职工作不做，亲自参与到非物质文化遗产传承中来，就很容易将自己所熟知的官方文化、当代文化等外来文化添加进来，改变非物质文化遗产的原有基因，使"民俗"变成"官俗"，使"真遗产"变成"伪遗产"。也有学者认为，非物质文化遗产保护要调动社区民众的积极性，还俗于民，重塑普通民众之于非物质文化遗产的主体地位（吕俊彪，2009；李荣启，2009）。

最后，在非物质文化遗产整体性保护方面，刘魁立（2004）认为应该既要保护文化事象本身，也要保护它的生命之源；既要重视文化的"过去时"形态，也要关注它的"现在时"形态和发展；既要重视文化的价值观及其产生的背景和环境，又要整合和协调各方面的关系和利益诉求，还要尊重文化共享者的价值认同和文化认同等。

（3）在传承保护和传承人研究方面。祁庆富（2006）、周安平和龙冠中（2010）认为，"传承"是非物质遗产保护的核心和灵魂，传承人是非物质文化遗产保护的重点；刘锡诚（2006）认为，非物质文化遗产的进化是靠传承而延续，杰出传承人的调查和认定、传承人的权益和管理，是21世纪初正在进行的全国非物质文化遗产普查中遇到的亟待解决的问题。个别学者的研究更为深入，他们认为，应该根据非物质文化遗产的单一属性和综合属性确定传承人，在确定传承人的基础上，不仅应该关注非物质文化遗产传承人的经济收入、社会生活保障，还需要对其进行精神关怀（萧放，2008）。一些学者在关注传承人的同时，也开始关注非物质文化遗产保护的制度建设及传习人培养，苏晓红和胡晓东（2010）通过对苗族民间文学项目国家级代表性传承人的田野调查发现，代表性传承人的保护与传习人的培养要以制度的构建为前提，只有实现传承人的激励与保护机制、"传习人"的培养机制、传承人的权利保障有机结合，才能最终实现非物质文化遗产的全面、持续保护。

（二）法学的研究视角

非物质文化遗产既具有社会共有的一面，也具有个人、团体私有的一面，同时兼具公有属性和私有属性的双重特征，学者们对此主要从公有产权和知识产权方面进行保护。

第一，在非物质文化遗产属于国家、集体所有和保护所有者权益方面。学者们建议非物质文化遗产保护应该坚持公法和私法相结合的综合法律保障体系（陈庆云，2006；杨艳和肖京雨，2007；李墨丝，2011），也有学者提出采用综合性法律手段加强非物质文化遗产的保护（姜言文和滕晓慧，

2007；张杰和陈剑光，2009）。

第二，针对目前非物质文化遗产被用作商业用途，而所有者未获得回报的现状，学者们认为《知识产权法》是保护非物质文化遗产的主要法律依据（冯晓青，2010；张耕，2010）；王莉霞等（2009）通过对非物质文化遗产知识产权保护的正当性，非物质文化遗产知识产权的权利主体、保护客体以及非物质文化遗产知识产权保护模式等方面进行归纳与总结，提出了在非物质文化遗产可以采用或借鉴知识产权保护模式进行保护的前提下，将非物质文化遗产划入现行《知识产权法》的保护范围，在现有法律框架基础上确立社区或族群作为知识产权主体的权利，以及采取"适度原则"，在现行知识产权框架内创设一种"传统资源权"等观点。

（三）经济学的研究视角

针对目前非物质文化资源被滥用和文化资源的实际拥有者被排除在旅游发展受益主体之外的现状，学者们建议通过明晰非物质文化资源的产权，保证文化资源所有者真正获益，进而调动文化所有者积极、主动地保护非物质文化资源。

第一，产权角度方面。单纬东（2004，2007）、单纬东和许秋红（2008）认为，少数民族非物质文化的拥有者是当地的少数民族，他们拥有这种非物质文化资源的产权。非物质文化资源产权特性是个体拥有，这种资源天然属于拥有者，他们能够根据获得的相关利益来决定自己资源的使用、保护和放弃。因此，这种非物质文化资源不能强制，只能激发，只可激励而无法压榨。在少数民族非物质文化资源的开发和保护上，要保证非物质文化资源拥有者的剩余索取权。部分学者针对非物质文化遗产资源的特殊性质，认为社区民俗资源的价值的评估存在技术上的难题，产权不能体现在资源产权构成中，这使得作为社区活态文化载体的社区居民不能因此而受益，民族文化因丧失传承的动力而退化或消失，人力资本价值自动贬值，从而产生旅游发展难题（唐晓云和赵黎明，2005）。

第二，具体理论与产权相结合方面。刘旺和王汝辉（2008）从文化权视角，认为文化权的主体是拥有、认同该文化的少数民族全体，主要包括文化自决权、文化发展权和文化使用权。应该让居民成为社区旅游发展的真正受益者，从而让社区居民产生积极、主动保护民族文化的内在激励动机，进而实现传统文化资源的可持续利用。王汝辉和刘旺（2009）、王汝辉（2010b）则从人力资本产权的视角，认为民族村寨中民族风俗习惯等非物质文化资源内在化于居民"活化"载体上，根植于居民的思想态度和言行举止中，其产权天然属于当地居民个人，是典型意义上的人力资本，并系统地分析了民族村寨居民人力资本产权特性，进而指出民族村寨旅游社区居民参与是其人力资本产权特殊性的内在要求。

第三，构建新的产权制度进行非物质文化资源的保护方面。学者们认为，产权是所有制的核心和主要内容，是民族文化旅游资源开发的关键。民族文化旅游资源的产权制度会直接影响旅游开发利益分配的公平性和旅游资源开发的可持续性（文红和唐德彪，2007）。有学者认为，现有的民族文化旅游资源产权制度安排在某种程度上，已束缚民族旅游地的可持续发展并妨碍文化旅游资源的可持续利用，而所有者缺位已成了其中最大的障碍，并直接导致了民族文化旅游资源的产权困境（范莉娜，2009）。

（四）社会学与人类学

黄胜进（2006）从分析非物质文化遗产的内涵及其价值入手，认为非物质文化遗产表现为布迪厄所说的"文化资本"的客观形态，并提出在抢救、保护非物质文化遗产的同时，使"文化遗产"向"文化资本"转化，最终走向"以文养文、以文兴文"的非物质文化遗产保护的良性循环道路。

从人类学角度研究非物质文化遗产保护方面，刘志军（2009）综合运用人类学的文化功能论、文化变迁、宗教人类学、主客位、文化整体论、文化相对论等理论，从理论和实践研究对非物质文化遗产保护提供了理论支持。也有学者认为人是文化的动物，文化都存在着差异，各个地方的文化都不一样，各个地方的人都存在着差异。所以，人类应拥有自己选择文化方式的权力，这样才有自己的特色（徐杰舜和陈华文，2007）。

（五）研究述评

综上所述，国内学者从自身学科的理论及方法出发，对非物质文化遗产保护进行了深入研究并取得了丰硕成果，形成了较为丰富的非物质文化遗产保护理论体系。其中，学者们关于旅游开发对非物质文化遗产保护的积极作用达成的共识尤为关键。但美中不足的是，大多数学者未认识到旅游开发之后，非物质文化遗产已由"地方性知识"转变为"人力资本"，非物质文化遗产传承保护也转变为人力资本的释放与投资过程。目前，我国关于非物质文化遗产保护的研究主要存在以下几个方面的不足。

第一，现有研究成果多从单一学科的视角进行非物质文化遗产保护研究，跨学科、交叉学科的研究成果较少。

第二，在现有研究成果中，仅有民俗学者从"传承"的角度对非物质文化遗产保护进行了研究，其他学科的学者对于"传承"非物质文化遗产保护的核心和重点则研究较少。从现有民俗学的研究成果来看，"人"作为非物质文化遗产传承的施动者，受到了学者们的关注，很多学者认为非物质文化遗产保护的关键是保护传承人，传承人是非物质文化遗产保护的"核心"，但他们多数忽视了传承机制的另一方面——对传习人的研究不足，如果仅有传承人的"传授"而缺乏传习人的"继承"，那么非物质文化遗产的永续延续将是一句空话。

第三，在现有研究成果中，很多学者未注意到作为"地方性知识"的非物质文化遗产的身份已经发生了改变，原有的理论体系已经不能或者不足以为非物质文化遗产保护提供理论指导，究其原因是曾经的研究与现实生活相比较已经发生了较大变化。随着现代社会经济资本的强势崛起以及符号消费的兴起，非物质文化遗产持有者开始意识到自身拥有的知识、技能变成了能为自己带来经济收入的人力资本（或者文化资本）。尽管个别学者（单纬东和许秋红，2008；王汝辉和刘旺，2009；王汝辉，2010a）已经认识到民族旅游村寨非物质文化资源转变为人力资本的事实，并从人力资本产权的视角对非物质文化资源保护进行了研究，但是这些研究仅从保护旅游社区居民收益权、知情权和决策权的角度入手，没有从非物质文化遗产"传承"的角度予以研究，没有从人力资本产权、人力资本激励的视角对非物质文化遗产的"传授"与"继承"进行研究，也没有将年轻人学习非物质文化遗产的过程当作人力资本的投资过程。

第二节　从"地方性知识"到"人力资本"
——非物质文化遗产身份的转变

一、地方性知识的提出

"地方性知识"一词最早由美国著名文化人类学家克利福德·吉尔兹提出，他认为，文化研究是一种寻求意义的阐释学科，从文本中寻找出来的意义构成的知识不具备"放之四海而皆准"的性质，那些具有文化特质的地域性知识被称为"地方性知识"。

盛晓明（2000）认为，所谓的"地方性知识"不是指任何特定的、具有地方特征的知识，而是指一种新型的知识观念。而且"地方性"（local）或者说"局域性"也不仅是在特定的地域意义上说的，它还涉及在知识的生成与辩护中所形成的特定的情境（context），包括由特定的历史条件所形成的文化与亚文化群体的价值观，由特定的利益关系所决定的立场和视域等。知识总是在特定的情境中生成并得到辩护的，因此，在我们对知识的考察中，与其关注普遍的准则，不如着眼于如何形成知识的具体情境条件。按照地方性知识的观念，知识究竟在多大程度和范围内有效，这正是有待于我们考察的东西，而不是根据某种先天（apriori）原则被预先决定了的。

地方性知识作为一种知识观念的提出，无疑对传统的"一元化"知识观和科学观具有潜在的解构和颠覆作用，势必会打破普遍主义者试图发现的普遍规律和一般性理论的理想化设想，更重要的是，它打破了过去被奉为圭臬①的西方知识系统。地方性知识的提出为国家之间、民族之间、族群之间的文化对话提供了可能，为文化对话中处于弱势地位的少数民族提供了更多的发声空间和对话的渠道。

二、地方性知识与非物质文化遗产的关系

根据吉尔兹的观点，地方性知识必须具备以下三个方面的特征：①地方性知识总是与西方知识形成对照。虽然这里并没有直接说明西方知识就是普遍的，但是这种分类就是把西方以外的知识与西方知识作为知识的两极，一端是西方的知识，另一端是西方以外的其他地方性知识。②地方性知识指代与现代性知识相对照的、与现代知识互为镜像的非现代知识。③地方性知识一定是与当地知识掌握者密切相关的知识，是不可脱离 who、where 和 context 的知识（吴彤，2007）。因此，判断一种知识是否属于地方性知识，需要满足以上三个特征。

非物质文化遗产是在特定的历史、自然条件下产生的，为了满足个体或群体生产、生活的实践需要而创造出来的知识与技能。这些知识和技能以口传心授，或者以个人默会知识方式在代际传承，并不断创新，进行着文化的再生产。从非物质文化遗产的内涵、功能看，若满足地方性知识的三个条件，非物质文化遗产也是一种地方性知识。

---

① 圭臬比喻标准、准则和法度，可以据此做出决定或判断的根据。

三、现代化语境下地方性知识（非物质文化遗产）的失语症

（一）地方性知识被视为非科学知识，未能纳入现代学校教育，导致地方性知识被忽视

英国和美国的科学概念认为，科学必须同时满足两个条件：其一，具有尽可能严密的逻辑性，最好是能公理化；其二，能运用数学模型，至少也要有一个能自圆其说的理论体系，能够直接接受观察和实验的检验。按照这样的定义，科学是系统、抽象、带有普遍性的知识体系（蒙本曼，2011），而地方性知识只是缘于自身经验而得来的一套处理它们自己所面临问题的特有知识和技能，是一种零散的、区域性的生活经验的总结，是一种非科学的知识。根据西方的科学评判标准，少数民族地区的"乡土应用性"知识不能被认定为科学。这种漠视特定情景，根据某种先天原则被预先决定的科学原则，是人们长期对主流文化占主导地位的一种认可。伴随着主流文化的强势话语，现代学校教育被认为是获取科学知识的唯一来源。在一些人的头脑里，我国一些社会、经济相对发展比较慢的少数民族在过去是没有教育的，在这些地区发展教育，完全是从"一张白纸"做起（马戎，2001）。持有这种观点的人，很可能就会忽视这些少数民族原有的民间教育内容与方式，进而忽视这些从实践中总结出来的、具有"乡土应用性"的地方性知识。

（二）现代化、全球化压缩了地方性知识的发声空间

随着现代化、全球化进程的加快，西方国家试图利用自己的经济行动策略来实现新的文化整合，最终完成对世界文化前景的普遍化建构。中国少数民族传统文化受到西方文化和中国主流文化的双重夹击，许多优秀的

民族文化逐步弱化、变异，甚至面临消亡的危险。在现代化进程中，由于社会的转型，民族传统文化的生境发生了巨大的改变，依附于世代相传的农耕文明之上的地方性知识由于生存土壤的变迁而日渐式微。现代生活中的互联网、电视、广播等媒体走进了广大民族地区，这些现代化的产物在极大地丰富人们日常休闲活动的同时，却给原本作为劳动之余休闲方式的口传故事、说唱艺术、文艺表演带来了强烈冲击。对地方性知识而言，"时过境迁，一种知识不见得是错了但是却没用了，因为用法变了"（盛晓明，2000）。面对这种局面，感伤没有任何意义。当生活方式转变了，原有知识体系丧失了其作用，再怎么留恋也无济于事。地方性知识只有勇于面对现状，积极进行自身调整，寻求新的发展出路，才有可能获得重新发挥作用的机会。

（三）现代社会以追求经济增长为最终目标，使不能资本化的地方性知识处于失声状态

对缘于自身经验而得来的一套处理他们自己所面临问题的特有知识和技能，也即一种零散的、源自区域性的生活经验而总结的地方性知识而言，其主要功能是处理自身特定情境下的问题及困难，具有"乡土应用性"特征。判断地方性知识究竟在多大程度和范围内有效，需要在其产生的情境下判定，而不是根据情境之外的标准来评判。但在发展主义语境下，地方性知识与现代社会需要显得格格不入。民族社区居民并不是没有知识，"问题只在于他们的知识和技能与主流社会所需要的知识技能不相符而被忽略不计了，他们的知识只有在自己文化系统中才能实现其价值"（马翀炜和陈庆德，2004）。也就是说，那些分布于不同环境、不同条件下的众多民族为了生产、生活需要所创造的绚丽多姿的地方性知识在以追求经济增长为最终目标的强势话语中丧失了发言权。

四、非物质文化遗产经济价值的凸显

（一）现代社会与地方性知识的吸引力

近年来，经济全球化加速了商品与资本的流动，同时也带动了技术、信息、人员的空间流动，推动了交通、通信的发展，世界之间的联系比以往历史上任何一个时期都更加紧密。在经济全球化的同时，社会文化也出现了空前的流动，全球化文化潮流正在影响世界的各个角落，出现了一种全球标准化的趋势，文化的多元性、差异性和地方性受到威胁。与此同时，现代社会的旅游者对传统民族文化的需求与日俱增，游客普遍追求的是文化的差异性和地方性，对民族传统文化表现出强烈的体验欲望，在理念上与全球化正好相反，即表现出反标准化的一面。西部地区是我国少数民族集聚的地区，其独特的民族传统文化对于追求异域风情和体验民族传统文化的国内外旅游者具有强大的吸引力。

地处偏远地区的民族社区，由于其拥有原始的自然生态、具有独特价值的非物质文化遗产、具有较为完整的异文化形态，形成了一幅幅"理想的风景画"（Urry，2002）。首先，民族社区以保存完好的自然生态，依山而建、色彩艳丽、错落有致的民居建筑构成了一幅幅"优美的风景画"，使游客置身其中产生心旷神怡的感受，达到休闲、放松的目的。其次，民族社区保留有基于农耕文明之上的农村传统的民俗，包括生产、生活、仪式、节庆等习俗构成一幅幅"别致的民俗风情画"，这些在特定情境下形成的非物质文化遗产使游客从中感受到浓郁的、独特的风俗习惯。最后，民族社区保留有自身民族鲜明特色的文化体系，如仪式、宗教、巫术、语言、文字、歌舞、饮食、服饰、民居、器物等构成一幅幅"异族的风情画"，使游客有机会观察和体验不同于自身的异文化形态。总之，民族社区作为地方性知识与旅游产业的结合点，作为展现原始文化、原始生态的重要地理单元，是地方文化展演的中心。民族社区集"优美的风景画、别致的民俗风情画、异族的风情画"于一身的"理想的风景画"正是其吸引力之所在。

（二）符号消费与非物质文化遗产的价值凸显

现代社会明显表现出符号消费的特征，人们消费观念由传统的物质消费转化为后现代的服务、信息、文化产品消费，这无疑为非物质文化遗产的开发利用提供了巨大的市场空间。在市场经济条件下，只要存在市场需求，一切文化资源都可以转化为文化产品，将非物质文化遗产打造为文化产品正是为了满足当代社会消费需求的需要。近年来，我国文化旅游市场的不断发展，为非物质文化遗产向旅游产品转化提供了难得的契机和市场空间，这种转化不仅有利于促进旅游产品的多元化，丰富旅游产品类型，提升旅游产品文化内涵，同时也促进了非物质文化遗产的传承和保护。

民族社区进行旅游开发对非物质文化遗产保护的积极影响较多，但其中最核心的是旅游开发激活了非物质文化遗产，使其经济价值得以凸显，这也是人们自觉保护、恢复、发展传统文化的前提和动力。因为"如果没有潜在回报的激励，行为主体将会发现花费过多的努力和创造力是不值得的"（马翀炜和陈庆德，2004）。非物质文化遗产经济价值的凸显，不仅为非物质文化遗产的保护和传承提供了资金支持，更重要的是改变了民族社区居民对非物质文化遗产价值的传统认识，非物质文化遗产开发产生的经济效益因符合社区居民追求自身发展的利益诉求而受到广大社区居民的重视。目前，随着非物质文化遗产作为旅游项目被开发，当地民众认识到自己日常生活中的民间技艺和习俗等都是可以带来经济效益的旅游资源，对文化遗产的保护与传承的积极性大大提高，这无疑对本地文化传承人队伍的稳定和扩大有着积极意义。同时，随着文化遗产旅游的发展，传承人凭借自己的技能、知识获得了更多的经济收入，过上了富足生活，这势必对年轻人产生积极的示范作用，年轻人便会积极、主动地学习非物质文化遗产，这就实现了旅游开发与非物质文化遗产保护的良性互动。社区居民在追求经济利益的过程中，从最初的单纯追求"工具理性"到后来的"工具理性"与"价值理性"的有机统一，实现了对民族传统文化的传承、保护和文化自觉。

五、非物质文化遗产：从地方性知识向人力资本的转变

当代社会明显表现出经济支配社会的特征。作为一种社会力量的资本，在经济体系中占有了主导地位，便把它的"生存条件当作支配一切的规律强加于社会"。原本嵌合于社会的经济体系中，由于在现代社会中具有如此巨大的权利，社会的各个场域都明显地受制于它的逻辑，都受到经济资本权利的影响，任何场域要行使自己的权利都要转变为经济权利的形式（陈庆德，2001）。作为一种生活方式的文化，经济原则对整个社会的支配性作用使得文化也要按照这一原则行事。

民族地区非物质文化遗产也要遵循资本的逻辑，需要将自己在文化场域中的权利转变为经济权利的形式来发挥作用。一旦非物质文化遗产持有者利用自己所掌握的知识在一定社会条件下成为谋取利益的工具时，这种知识就变成了资本。正是在资本的强势逻辑的推力和符号消费拉力的双重背景下，非物质文化遗产实现了从地方性知识向人力资本的华丽转身。

第三节　人力资本视野下非物质文化遗产
保护的理论基础

在经济全球化的大背景之下，随着资本、权力的不断渗透，资本作为一种社会力量，把它的"生存条件当作支配一切的规律强加于社会"。作为地方性知识的非物质文化遗产只是缘于自身经验而得来的一套处理它们自己所面临的生产和生活问题的知识和技能，是一种零散的、区域性的生活经验的总结。原本只具有"乡土应用性"的实用价值，并不满足资本的逻

辑，但随着民族社区的旅游开发，原本属于生活意义形态的生产生活技能等地方性知识，逐渐成为吸引游客前来观光游览的吸引物，能够产生经济价值，并开始向具有生产功能的资本形态转变。

一、人力资本产权：非物质文化遗产保护的原动力

一旦非物质文化遗产从地方性知识转化为资本，并能为文化持有者带来经济利益时，文化持有者对非物质文化遗产权利归属的诉求就开始变得强烈。正如德姆塞茨所言，"当一种公共资源的经济价值上升时，公众倾向于把这种资源的产权界定地更加清楚"（德姆塞茨，1994）。随着非物质文化遗产经济价值的凸显，没有明确的产权主体的财产或资源将遭到各种社会权利的攫取，公共领域的财产或资源被攫取界限是直到它们的边际价值等于零，甚至为负数，最终将出现公地悲剧，这势必对非物质文化遗产产生巨大的破坏作用。因此，为了避免非物质文化遗产被社会各种权利无限度攫取，避免公地悲剧的发生，本书从产权经济学的角度探讨非物质文化遗产保护相关问题。

（一）产权（property right）

什么是产权？不同学者有不同的定义，著名产权经济学家德姆塞茨认为，"产权包括一个人或者其他人受益或受损的权利"。菲吕博腾和配杰威齐（2004）认为，"'产权'会影响激励和行为。产权不是指人与物之间的关系，而是指由物的存在以及关于他们的适用所引起的人们之间相互认可的行为关系。产权安排确定了每个人相应于物时的行为规范，每个人都必须遵守他与其他人之间合理的相互关系，否则便要承担不遵守这种关系的成本。因此，对于共同体中通行的产权制度可以描述为，它是一系列用来确定每个人相对于稀缺资源使用时的地位的经济和社会关系"。尽管学者们对产权概念的认识没有完全统一，但他们大体上都认可它是一种社会关系

或本质上是人与人之间的关系。产权具有排他性、可分割性、可转让性等特征。"产权在经济发展中起着降低交易成本、有效配置稀缺资源、减少公地悲剧的发生、消除外部性和提供激励机制的基本作用。"（朱琴芬，2006）

德姆塞茨（2004）认为，"产权是一种社会工具，其重要性就在于事实上他们能帮助一个人形成他与其他人进行交易时的合理预期。这些预期通过社会的法律、习俗、道德得到表达。产权的一个主要功能是导引人们实现将外部性较大地内在化的激励"。菲吕博腾和配杰威齐（2004）也认为，"产权会影响激励和行为"，这是产权的一个基本功能，产权明晰就是为了建立所有权、激励和经济行为的内在联系。依照以上论述，在对非物质文化遗产保护研究的过程中，可以得出这样的结论，如果少数民族社区非物质文化遗产利益的权利分配公平并尊重参与主体，就能让非物质文化遗产持有者预期到他们的权利和利益且能实现并得到保护。实现外部性较大地内在化的激励，即只有拥有非物质文化遗产产权的人——社区居民，在他们得到公平的利益和充分尊重的前提下，才能够充分发挥其使用和保护非物质文化遗产的积极性和主动性，才能够让非物质文化遗产合理有效地被使用、保护与传承。

菲吕博腾和配杰威齐的"'产权'会影响激励和行为"的观点被一些学者引用到民族文化旅游资源保护中。单纬东和许秋红（2008）认为，由于社区居民拥有非物质文化遗产的产权，地方政府在分配非物质文化资源带来的利益时应该让资源拥有者成为文化资源开发后经济收益的较大获取者，只有这样才能保证他们能够保留和传承他们的非物质文化资源；少数民族非物质文化资源才能够得以持续利用，才能不断地产生租金，才能使少数民族非物质文化拥有者、政府和开发商在开发非物质文化资源中实现共赢。唐德彪和方磊（2009）、范莉娜（2009）认为，少数民族文化旅游资源处于所有者缺位的状态，其真正拥有者（社区居民）处在旅游经济收益分配的边缘地带。若将少数民族文化旅游资源界定为社区居民所有，将有助于社区居民增加收益和调动其保护民族文化旅游资源的积极性。综上可以发现，上述学者均认识到产权、激励与经济行为的内在联系，但是唐德彪、范莉娜提出的界定少数民族文化旅游资源产权归社区居民所有的制度设计并没有发生，在国家最新出台的《中华人民共和国非物质文化遗产法》中对非物质文化遗产的产权归属没有做出明确的规定，只在最后一章第四十四条规定："使用非物质文化遗产涉及知识产权的，适用有关法律、行政法规的规定。"可见，涉及民族地区非物质文化资源产权的相关问题依旧遵循《知识产权法》做出解释。将作为人类共同财产的非物质文化资源界定为社区居民所有肯定会提高财产的价值吗？对此，目前没有明确的答案。正如巴泽尔（1997）所言，"先验的推理不能表明私人所有一定会比政府所有更具有效率"。事实上，将非物质文化遗产界定为私产引起排他不可能或排他不经济时，非物质文化遗产仍旧会保持公共财产的状态。非物质文化遗产不能界定为私产，并不代表产权理论不能为非物质文化遗产保护提供理论指导，而是要从非物质文化遗产自身的特殊性入手，即从非物质文化遗产的承载者——社区居民的视角予以分析研究。

（二）人力资本产权

人力资本是指凝结在人体之中的知识、技能、观念、能力和健康。这些知识、技能、观念、能力和健康通过市场交易，在生产领域能为个人、社会创造经济福祉。人力资本可能是人力资本所有者主动投资的结果，也可能是"天然习得"。当非物质文化遗产在符号消费的大背景下转变为能为个人带来经济收益的资产时，内化于居民"活态"载体上的知识和技能，植根于居民头脑中的思想态度、价值观念和言行举止等，自然而然地就转化为当地居民的人力资本。巴泽尔（1997）认为"产权分析方法适用于一切人类行为和人类制度"，因此，运用产权分析方法，以"'产权'会影响激励和行为"的视角研究民族社区居民人力资本对非物质文化遗产的传承和保护具有重要意义。

1. 人力资本产权的概念

人力资本产权的概念与产权的概念一样,学者们均提出了不同的见解。李建民(1999)指出:"人力资本产权就是人力资本的所有关系,占有关系,支配关系,利得关系及处置关系,即存在于人体之内、具有经济价值的知识、技能乃至健康水平等的所有权。"部分学者从企业所有权角度来研究人力资本产权,他们认为,人力资本产权问题是人力资本所有者与企业所有权的关系,即人力资本所有者是否拥有企业控制权和剩余索取权。黄乾(2000)指出,李建民的定义强调了人力资本产权的所有权,从企业所有权角度探讨人力资本产权定义的学者只关注人力资本产权的收益权,没有从更为全面的角度对人力资本产权进行定义。他认为,"人力资本产权是市场交易过程中人力资本的所有权及其派生的使用权、支配权和收益权等一系列权利的总称,是制约人们行使这些权利的规则,本质上是人们社会经济关系的反应"。年志远(2002)认为,"人力资本产权则是指人们围绕或通过人力资本而形成的经济权利关系,具体包括两种经济关系:一是人力资本产权所有者与其人力资本的关系;二是不同人力资本产权所有者之间的关系"。周其仁(1996)认为,"人力资本产权是市场交易过程中人力资本所有权及其派生的使用权、支配权和收益权等一系列权利的总称,其本质是人们社会经济关系的反映"。本书在研究过程中,采用周其仁对人力资本产权的定义。

2. 人力资本产权特征

1)人力资本与其所有者天然融为一体,是一种个人私产

经济学家定义的人力资本,包括人的知识、技能、健康、体力等,天然归属于其载体,人力资本的每一个要素,都无法独立于其载体。劳动经济学家 Rosen(1985)指出,在自由社会里,人力资本的"所有权限于体现它的人"。事实上,人力资本是一种"主动财产",其载体作为活生生的

人，不但会跑，而且完全控制着自己劳动努力的供给。奴隶主固然有权强制奴隶劳动，但由于奴隶控制自身"主动财产"特点，奴隶主强制调度奴隶劳动需要承担极高的监督和管制的成本。可行的办法是，允许奴隶将劳动超额部分归自己所有。所以，人力资本作为一种"主动财产"，是一种天然的个人私产。即使在市场经济社会中，按照"谁投资，谁拥有，谁受益"的投资原则，人力资本载体的个人也是天然的投资者和所有者，其具有个人私产的特性。它不仅在人力资本形成的过程中付出了大量的体力、智能、时间，也实际上占有着人力资本的所有权。

2）人力资本产权"残缺"的自贬性

人力资本产权是一束权利的集合，当市场交易规则或者制度安排限制了一项或几项权利时，就出现了产权残缺。人力资本产权一旦残缺，将表现出完全不同于非人力资本产权残缺的回应方式。"人力资本是巴泽尔所说的'主动资产'，它的所有者——个人——完全控制着资产的开发与利用。因此，当人力资本产权束的一部分被限制或删除时，产权的主人可以将相应的人力资本'关闭'起来，以至于这种资产从来就不存在。更特别的是，这部分被限制和删除的人力资本产权，根本无法集中到其他主体的手里而作同样的开发利用，一块被没收的土地，可以立即转移到新主人手里而保持同样的面积和土地肥力；但是一个被'没收'的人，即便交到奴隶主手里，他还可能不听使唤、'又懒又笨'，甚至宁死不从。简言之，人力资本产权的残缺可以使这种资产的经济利用价值顿时一落千丈。"（周其仁，1996）

3）人力资本非激励不能调动

人力资本产权特性表明，"一方面，人力资本天然属于个人，是一种个人的'主动性私产'；另一方面，人力资本产权一旦受损便立刻贬值或荡然无存"（周其仁，1996）。可见，人力资本的"开启"与"关闭"完全取决于个人的主观意愿。人力资本的运用只可"激励"而无法"挤榨"，人力资本非激励不能调动。因此，人力资本的"激励"是保证人力资本有效供给的重要前提。在使用人力资本的过程中，一般需要建立相应的激励机制，以保持人力资本的"释放"和增加人力资本增值的"努力程度"。"激励机制的效率，主要取决于人力资本的市场价值和产权明晰两种因素。激励中，有必要向人力资本所有者（同时也是使用者）传递人力资本开发利用的现期和预期市场价值信号，使所有者有比较充分的信息，做出以什么样的方式、程度和强度利用自己的知识和技能的决策。"（王建民，2001）

（三）民族社区人力资本产权

1. 社区居民人力资本投资主体和载体合二为一、不可分离

所有的非物质文化遗产不可能脱离居民而独立存在，社区居民与附着于自身的人力资本具有天然依存关系。民族社区居民人力资本的形成过程其实就是文化濡化的过程，其投资主体是当地居民且仅限于个人，此处个人既是人力资本的投资主体，也是人力资本的载体。社区居民人力资本投资主体与载体合二为一、不可分离。

2. 民族社区居民人力资本是一种"天然习得"，而非"有意投资而为之"

舒尔茨和贝克尔认为，人力资本的获得是人力资本所有者主动投资的结果，是基于投资收益率的理性选择，并指出，这种投资主要是接受正规教育或者参加在职培训，而民族社区居民拥有的人力资本多是在特定情境下无意识、潜移默化地"天然习得"和文化濡化而获得的，而非"有意投资而为之"。

3. 社区居民自行控制着自身人力资本的"关闭"

人力资本与其所有者天然融为一体，是一种天然的"个人私产"，因此，社区居民拥有其人力资本的所有权，完全控制自身人力资本的"释放"与"关闭"。在民族社区旅游发展过程中，最吸引游客的"淳朴的民风民俗、和谐的社区氛围、宁静的乡村意境"是全社区所有居民共同参与和努力供给的结果。如果居民感知到自己在旅游发展中处于有利地位，其预期收益

能够获得公平的实现，那么他们就会支持社区旅游业发展，进而选择保护和继承非物质文化遗产；否则，当他们意识到自身人力资本产权——特别是收益权被限制和删除时，他们将可能选择"关闭"人力资本，放弃传承本民族传统文化，放弃的表现主要为不穿民族服饰、改变其原有的生活和生产方式、放弃其传统价值观等，这些表现和行为均不利于民族传统文化的传承保护。事实上，对非物质文化遗产保护影响更为深远的是，一旦某个个体做出违背整体民族风俗的行为，就会引起更多的居民效仿，造成社区文化认同的弱化，最终导致当地社区民风民俗、价值观念、思想道德体系发生改变，这些变化不仅破坏了民族社区旅游氛围，更严重地是造成了非物质文化遗产传承的中断。

4. 社区居民人力资本的资产专用性使社区居民在民族社区文化产品开发中具有"人质"特性

张维迎（1996）认为，"非人力资本与其所有者的可分离性意味着非人力资本具有抵押功能，可能被其他成员作为'人质'，而人力资本与其所有者的不可分离性意味着人力资本具有不可抵押功能，不能被其他成员当'人质'"。民族社区进行旅游开发以后，当地人身上具有鲜明民族特征的生产生活技能及知识、价值观念等地方性知识就转化为当地居民的人力资本。但是一旦民族社区不开发旅游，社区居民的人力资本价值便会大打折扣，这也充分说明，民族社区居民"天然习得"的、凝聚在个体身上的非物质文化遗产具有极强的资产专用性。

人力资本在自然形态上与其所有者不可分离，在社会形态上具有资产专用性特征。当人力资本所有者将自己拥有的资本投入某一特定的职业和行业后，往往成为一种抵押品，带有人质的特性。也就是说，社区居民人力资本在自然形态上与其载体不可分离，在社会形态上具有专用性特征。正是人力资本的这种专用性，决定了单个人的人力资本的应用范围是非常有限的，一旦其决定留在社区从事旅游开发，其自身人力资本就留在了本地，自然成为一种抵押品，带有人质特性；而当民族社区居民离开此地，到本民族集聚地以外的区域，尤其是城市社区，其拥有的人力资本的价值就会大打折扣。

二、人力资本激励：非物质文化遗产保护的催化剂

关于民族社区非物质文化遗产持有者的激励问题，目前已产生了一些研究成果。刘旺和杨敏（2005）认为，要提高居民保护旅游资源的积极性，最重要的是建立合理的利益分配机制，让景区内的居民从景区的开发中获得相应的经济收入，切实改善当地居民的生活福利状况，居民才会主动保护当地的旅游资源。单纬东（2007）、单纬东和许秋红（2008）、单纬东（2009）认为，社区居民是本民族非物质文化的拥有者，在非物质文化资源的利益分配上，当地政府必须充分考虑少数民族非物质文化资源的特征、产权特性，要确定合理的利益安排，充分考虑少数民族非物质文化拥有者（当地群众）的利益，保证社区居民的剩余索取权，让他们能够公平地得到应有的权利，成为传统文化资源开发后经济收益的较大获利者。

萧放（2008）认为，"非物质文化遗产传承人一旦认定，就应该有系统周全的措施保护传承人，让传承人有传承非物质文化遗产的物质保障和精神动力。具体激励措施为：经济生活保障激励、社会声望评价与社会福利保障、精神关怀与鼓励"。

李晟（2008）则从管理学的视角进行研究，根据非物质文化遗产传承人的实际需要，"将传承人获得驱动力的根源分为内在、外在两类激励因子；根据激励条件产生的不同效果又将激励因子分为正面、负面两类激励因子。将上述两种分法的激励因子进行复合得出新的四种激励因子，分别是内在正面激励因子（钟情度、责任感、价值认同感、自我挑战）、内在负面激励因子（惰性、贪欲）、外在正面激励因子（经济收益、文化交流、社会尊重、传艺机会）和外在负面激励因子（文化迁移、不正当竞争）"。四种复合式

激励因子两两作用，激发出非物质文化遗产传承人不同性质的行为。正面行为结合传承人的个人目标和组织目标取得内在、外在奖酬，以获得满意感；负面行为要靠相关组织、管理机构的引导和规制将其向正面行为扭转。激励的最终效果是使传承人的需求得到满足，增强旅游激励的积极效应，实现非物质文化遗产健康自发地传承。

以上学者的观点中，刘旺、单纬东从非物质文化遗产持有者的"经济人"假设出发，着重强调对非物质文化遗产持有者进行经济激励，保障其在社区旅游发展中的经济收益是非物质文化遗产传承的关键；萧放的认识则更为全面，他从"社会人"的假设出发，指出非物质文化遗产传承人的激励不仅需要经济激励，还要保障其社会声望与社会福利地位的提高，以及对传承人进行精神关怀与鼓励；李晟的研究更为细致，从内、外两种激励因子进行分析，并建立了"激励模型"，但依赖科层制中的企业管理理论建立的模型对于民族社区非物质文化遗产持有者是否完全适用，还有待进一步验证。本书从人力资本激励的视角，在参考萧放提出的更为全面的激励机制的基础上，将方竹兰（2002）提出的"制度激励"机制纳入激励机制的指标体系，进而构建激励非物质文化遗产持有者的评价指标，其指标体系具体如表 3-1 所示。

表 3-1　非物质文化遗产持有者人力资本激励题项索引

变量	题项索引
非物质文化遗产持有者人力资本激励	经济收入
	社会声望与地位
	精神关怀与鼓励
	制度安排

三、人力资本投资：非物质文化遗产延续的基石

（一）人力资本投资的形式

舒尔茨和贝克尔均认为，人力资本是通过人力投资而获得的，那么人

力资本投资的形式有哪些呢？舒尔茨（1990）认为，"人力资本的投资主要有五个方面：一是医疗和保健，它包括影响一个人的寿命、力量强度、耐久力、精力的所有费用；二是正式建立起来的初等、中等、职业和高等教育；三是在职人员培训，包括企业所采用的旧式学徒制；四是个人和家庭适应于变换就业机会的迁移；五是由企业组织的那种为成年人举办的学习项目，包括那种多见于农业的技术推广项目"。贝克尔（1987）认为，"人力资本投资包括正规学校教育、医疗保健、迁移、在职培训，以及收集收入和价格的信息等多种形式"。

刘润秋和赵雁名（2011）指出，人力资本的投资形式有四种，分别为教育投资、培训投资、流动投资、卫生保健投资。朱必祥（2005）认为，人力资本投资形式有五种，具体为：①教育人力资本投资；②在职职业与技术培训人力资本投资；③健康人力资本投资；④迁移与职业流动人力资本投资；⑤信息搜寻，特别是与职业、就业机会等有关的信息搜寻人力资本投资。

综合以上学者关于人力资本投资形式的观点，传习人学习非物质文化遗产属于教育人力资本投资，即传习人通过花费一定的时间、货币等资源（同时放弃一部分收入）通过"干中学"、师傅口传心授等形式向人投入的、能够提高人的素养并增加人的生产效率和收入能力的一切活动。但此处的教育人力资本投资与常规的通过学校教育获取人力资本的形式不同，它作为地方性知识的非物质文化遗产被当作一种"非科学"的知识，没有纳入现代学校教育。因此，传习人学习非物质文化遗产依然采用传统传承方式进行的，即以往的"师傅带徒弟"、口传心授、"干中学"的形式进行。

（二）影响非物质文化遗产投资的因素

人力资本并非天赋，而是后天主动投资的结果。对于人力资本投资主体而言，有着各种各样的人力资本投资机会供其选择，有着众多的备选方案，"从两个以上的备选方案中选择一个的过程就是决策"（杨洪兰和王方华，1996），即人力资本投资选择便是从众多的人力资本投资方案中选择一个比较"满意"的方案，进行投资的过程。在实际生活中，信息不对称、投资主体的"有限理性"以及外部其他因素的不确定均会影响到投资主体的投资决策。作为非物质文化遗产的投资主体，会遇到影响人力资本投资决策的各种因素，其中最主要的影响因素是学习非物质文化遗产的投资收益率、与其他人力资本投资收益率的比较以及学习非物质文化遗产的投资风险，如表 3-2 所示。

表 3-2　非物质文化遗产持有者人力资本投资题项索引

变量	题项索引
非物质文化遗产持有者人力资本投资决策	投资收益率
	与其他人力资本投资收益率的比较
	投资风险

1. 学习非物质文化遗产的投资收益率

人力资本投资收益率是人力资本服务的价格。静态地看，它是人力资本投资的净收益除以可以用总的投资成本代表的人力资本投资的市场价格或市场价值。动态地看，它是人力资本投资未来收益现值的贴现率，这个贴现率要保证人力资本投资价值的补偿，否则就没有或很少有人对人力资本进行投资。正如贝克尔（1987）所言："唯一决定人力资本投资量的最重要因素可能是这种投资的有利性或收益率。"由于人力资本投资时期较长，难于根据已知的投资时期来确定投资量和收入量。为了简化起见，贝克尔将投资限于一个时期，把收益扩展为所有其他时期来讨论这种投资的收益率，并以正规教育为例来说明教育投资的收益率，其公式为

$$C + X_a = \sum_{i=1}^{n} \frac{Y_i - X_i}{(1+r)^i}$$

式中，C 表示第 10 年的教育的直接成本；X_a 表示受过第 10 年教育而放弃的收入；X_i 表示受过第 9 年教育的人的收入；Y_i 表示受过第 10 年教育的人的收入；n 表示受过第 10 年教育之后可以赚得收入的总数；r 表示第 10 年教育的收益率；i 表示所考察的年份。

按照这个公式，如果已知正规教育投资每年的收入、直接成本、机会成本，可以计算出教育的收益率，这样有助于个人做出是否继续上学的决定，或者做出是否继续进行人力资本投资的决定。但对于投资非物质文化遗产而言，由于未来每年的收入不确定，直接成本（主要是机会成本）不易量化，计算投资非物质文化遗产的投资收益率很难得出具体数值，故只能进行理论上的探讨。

贝克尔在设计出教育投资收益率计算公式的同时，也对其进行了理论上的探讨，他以正规教育为例，指出学生学习（人力资本投资）时期有直接成本，如学费、书籍纸张费用以及其他费用支出（包括上学来往交通费用和住宿费用），同时还有间接成本，也称为机会成本。教育的纯收入就是潜在的收入与总成本（直接成本与间接成本之和）之间的差额。这个差额越大，说明教育的收益率越高，则接受正规教育是有利的。差额越小，说明教育的收益率很低，则认为接受正规教育是不划算的，进而放弃正规教育投资。这些观点也完全适用于分析非物质文化遗产的投资，投资决策主体通过对投资收益及成本进行理性的计算比较之后，当投资潜在的收入与总成本之间的差额越高，则投资收益率越高，人们越愿意进行投资，并具有较高的投资强度；当投资潜在的收入与总成本之间的差额越小，甚至差额为负数时，则说明投资收益率很低，此时即使这种投资对社会有很大贡献和意义（社会收益），但由于个人收益小于社会收益，正外部性的存在会导致该项投资供给不足，出现很少有人进行投资或者无人投资的局面。

综上所述，学习非物质文化遗产的收益率影响着人力资本投资的决策，学习非物质文化遗产投资收益率的高低决定着人力资本的投资强度。只有当学习非物质文化遗产未来收益现值的贴现率（投资收益率）保证人力资本投资价值的补偿时，人们才会学习非物质文化遗产，否则就没有或很少有人对人力资本进行投资。

2. 与其他人力资本投资收益率的比较

人力资本投资决策过程中面临着多个投资方案，投资主体仅仅是选择其中一个进行投资，意味着个人除了以人力资本投资收益率作为人力资本投资决策的重要依据之外，对不同类别人力资本投资收益率的比较也是决定人力资本投资决策的重要因素。

假设某一投资主体面临两种投资机会，Z 工作需要学习，另一项工作 X 不需要学习，而且是平坦的收入曲线。Z 工作的年龄——收入曲线应该是图 3-1 上的 *TT*，而 X 工作的年龄——收入曲线应该是图 3-1 上的 *UU*。如果 *TT* 曲线始终在 *UU* 曲线之上——在任何一个年龄时 Z 工作的收入都大于 X 工作的收入——那么显然就会刺激某些人离开 X 工作而从事 Z 工作，结果使 *TT* 曲线下降而 *UU* 曲线上升。一般来说，这个过程一直要继续到像图 3-1 上那样的 *TT* 曲线，但并不是始终高于 *UU*。年轻时 Z 工作的收入低于 X 工作的收入，而只有在某一时间点以后 Z 工作的收入才高于 X 工作的收入，人们必须做出选择：要不要在以后以更高的收入来补偿初期的低收入。

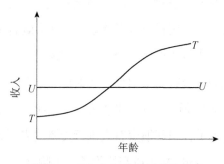

图 3-1　收入与年龄之间的关系

投资者会通过比较 X 工作和 Z 工作的收入，或者通过比较等于这些收入的现价的收益率与其他工作所能得到的收入的现值的收益率来决定是否进行投资学习。如果 Z 工作的现值大，或者收入的收益率大于其他工作的收入的收益率，他们就会选择 Z 工作（贝克尔，1987）。只有当他们学习所得收益率足够大，即只有学习的收益——以后更高的收入——足以抵消学习的成本——初期较低的收益时，他们才会选择 Z 工作。因此，在"有前途"的工作与"没出路"的工作之间的选择进而继续受教育与参加工作之间的选择都包含了同样的考虑——以后较高收入形式的收益是否能抵消以初期较低收入形式的成本。人们可以参加像 X 工作这样不需要学习或者很少学习的工作，但当学习是一项十分有利的投资时，人们会选择学习。

非物质文化遗产的学习投资，类似于 Z 工作，要使人们选择学习非物质文化遗产，有两种情况：第一种是保证 *TT* 曲线始终在 *UU* 曲线之上——在任何一个年龄时投资非物质文化遗产的收入都大于 X 工作的收入——那么显然就会刺激某些人离开 X 工作而从事非物质文化遗产的学习。第二种是只有当他们学习所得收益率足够大，即只有学习的收益——以后更高的收入——足以抵消学习的成本——初期较低的收益时，他们才会选择从事非物质文化遗产活动的学习。否则，人们可能参加像 X 工作这样不需要学习或者很少学习的工作。因此，只有当学习非物质文化遗产是一项十分有利的投资时，人们才会选择学习它。

3. 投资非物质文化遗产的风险分析

对于非物质文化遗产而言，学习过程、学习效果以及在未来实际使用中的诸多不确定性导致学习者对投资非物质文化遗产未来收益的预期失去信心，进而降低投资水平或者不愿意进行投资，这样就造成非物质文化遗产缺乏传习人，从而导致"后继无人"的尴尬局面。根据学习非物质文化遗产与一般人力资本投资的异同，笔者认为，学习非物质文化遗产的投资风险主要表现在以下几个方面。

1）非物质文化遗产的资产专用性风险

方竹兰（1997）认为，"人力资本在自然形态上与其所有者不可分离，在社会形态上具有专用性特征，当人力资本所有者在将自己的资本投入某一特定的行业和企业后，往往成为一种抵押品，带有人质的特性"。由于非物质文化遗产与投资载体——人，天然不可分离，民族社区进行旅游开发以后，当地人身上具有鲜明民族特征的非物质文化遗产就转化为当地居民的人力资本。这种人力资本的使用范围具有相对的固定性、专用性，一旦进入某种职业或行业便很难退出或转向其他职业，即使失误也无法追回，而且，离开特定的地域空间，其人力资本的价值会大打折扣。因此，一旦民族社区不开发旅游，离开民族村寨景区，就会使其人力资本价值大打折扣，这决定了单个人的人力资本的应用范围是非常有限的。而一旦其决定留在社区从事旅游开发，自身人力资本就留在了本地，自然成为一种抵押品，产生"套住"效应，人力资本投资主体必将因自身资产的专用性而承担其投资风险。

2）非物质文化遗产被无偿使用，收益权得不到保证

目前，民族社区人力资本存在着被"有意"或"无意"忽视的现象，社区居民人力资本的收益权没有得到体现或者体现不充分。李强（2010）指出，在"政治操控"与"资本操控"合流下，外来旅游企业、投资者与旅游地社群在利益分配立场上，由地方权力集团与投资者通过契约的形式加以约束，社群无法改变这一格局。也有一些学者指出，按照"谁投资，谁受益"的原则，当地居民在旅游开发过程中没有投入资本，不应该获取收益。事实上，在民族社区旅游开发过程中，社区居民天然参与到民族社区旅游产品的生产过程中，其作为旅游资源主体，凭借自身的文化资源——人力资本进行着文化产品的生产。社区居民人力资本本质上是社区文化产品的核心组成部分，是民族社区的核心旅游吸引物，也是自身获取收益权的重要资本。因此，必须正视民族社区居民在社区旅游发展中的投入

资本——人力资本，只有充分保证其人力资本的收益权，才能促进人力资本的投资。任何"有意"或"无意"忽视人力资本，使其收益权得不到保证的行为，必然加大人力资本投资的风险，导致该人力资本投资不足。

3）信息不对称，导致非物质文化遗产投资不足的风险

在人力资本投资决策过程中，人力资本投资主体的失误可能导致投资决策不当，造成人力资本投资风险。行为决策理论认为，人的理性介于完全理性和非理性之间，即人是有限理性的，这是因为在高度不确定和极其复杂的现实决策环境中，人的知识、想象力和计算力是有限的（周三多和贾良定，2010）。作为投资决策主体的人，一方面，自身知识、经验等的局限性，不具有收集投资非物质文化遗产所需完全信息的能力，导致人力资本投资决策失误；另一方面，在人力资本投资决策的过程中，年轻人学习非物质文化遗产的投资决策主体不是自己，而是由家庭代替自己做出，所以，家庭及其亲属的素质往往决定其人力资本投资的方向。投资决策由他人做出，这就有可能因投资选择失误而面临风险，也有可能出现即使做出投资该项人力资本的决定，但投资载体对此没有兴趣而导致投资效果大打折扣，这进一步加大了投资非物质文化遗产的风险。

第四节 实证研究

一、案例选择标准

Yin（2004）认为，在案例选择之前需要制定一套具有可操作性的标准，以区分适合作为研究对象的案例。根据本书的研究问题，同时为了确保案例包含充足的数据以及数据的可获得性。本书确定的标准如下：第一，所选案例区域的非物质文化遗产具备资本化的条件，即本区域的非物质文化遗产有实现其经济价值的渠道和途径，而且已经为持有者带来了经济收入，

变成能为非物质文化遗产持有者带来收入的资产。第二，所选案例区域的非物质文化遗产数量较多，种类丰富，以利于进行横向的比较。第三，所选案例区域的非物质文化遗产传承人较多，以保证案例研究能收集到充足的数据。

非物质文化遗产以人为"活态"载体，以社区为依托，其保护研究很难与社区居民、文化生态环境区分开来，特别是随着社会的转型、旅游业的发展，以及非物质文化遗产经济价值的不断上升等，非物质文化遗产保护的局面较为复杂。因此，案例研究方法无疑是研究目前非物质文化遗产保护最恰当的方法，采用案例研究法开展研究有助于全面把握民族社区非物质文化遗产的传承保护现状，有利于认识民族社区非物质文化遗产传承面临窘境的深层原因。

二、案例选择

按照以上标准，研究小组通过研究分析，发现桃坪羌寨符合本书样本选择的标准。理由主要有以下几个方面：第一，桃坪羌寨自 1996 年发展民族村寨旅游伊始，就因当地人热情好客、能歌善舞而广为人知，其非物质文化遗产已经表现出独特的吸引力。随着旅游开发的不断深入，当地的羌绣成为重要的旅游商品，藏羌锅庄、羌族山歌等都成为当地的旅游吸引物，变成了能为个人带来经济收益的资产，非物质文化遗产已经转变为一种资本。第二，桃坪羌寨羌族民俗风情浓郁，至今保留有羌族释比羊皮鼓舞、羌笛制作及演奏工艺、羌历年、羌族刺绣、羌族婚礼仪式、羌族碉楼营造技艺、羌戈大战、羌族多声部民歌、大禹的传说等数量众多的非物质文化遗产。第三，根据羌族文化网统计，桃坪羌寨及其周边有较多的非物质文化遗产传承人，桃坪羌寨是本书开展研究的理想案例区域。

桃坪羌寨位于四川省理县桃坪镇杂谷脑河支流增头沟冲积扇形台地上，建于公元前 111 年，距今已有两千多年的历史，至今保存完好，是羌族民居建筑的典型代表，被誉为"世界羌文化遗址""羌族建筑艺术的活化石"。2002 年 12 月由四川省人民政府公布列为"四川省文物保护单位"。桃坪羌寨因其相对封闭的环境而使其文化遗存得以相对完整地保全。寨子的外围由大块的石头和黄泥砌成，寨子内部有明道、暗道分布于家家户户。碉楼与房屋相连，房屋顶部的碉楼各层有箭孔，以随时察见来犯的敌人。房屋的底部为贯穿全村的水网，除作为饮用水来源外，也有消防、防盗、调节气温、净化空气的功能。房屋是传统的木石结构，通常高三到四层。桃坪羌寨建构十分坚固，历经数次地震依然矗立。

桃坪羌寨东距汶川县城 20 千米，西距理县县城 40 千米，距成都 180 余千米，现行政区划上归属四川省阿坝藏族羌族自治州（以下简称阿坝州）理县政府管辖，目前为国家 4A 级景区。桃坪羌寨除了作为典型的羌族建筑而为人所知之外，其民俗风情浓郁，羌族服饰、转山会、锅庄舞、羌族婚礼仪式、羌餐、传统羌乐等保留较为完好。桃坪羌寨的居民长期以来就以其热情好客、能歌善舞而广为人知。从 1996 年起，桃坪羌寨开始开展民族村寨旅游，旅游开发为羌寨各种非物质文化遗产提供了广阔的市场。因此，桃坪羌寨是民族村寨旅游开发视角下探讨非物质文化遗产保护的典型案例。

三、资料来源

本书在遵循西方案例研究学者关于案例研究的基本方法和程序的基础上，借鉴了国内学者在研究我国问题时所采用的案例研究方法，以确保本书的科学性。在研究期间，成立了一个包含六位研究人员的研究小组。

为了保证案例研究的信度，本书使用了案例研究草案。Yin（2004）认为使用案例研究草案可以提高案例研究的信度，它的主要内容包括研究目的、资料收集程序、研究报告大纲、案例研究的问题等。本书在理论框架的基础上设计了非物质文化遗产保护案例调研计划，其主要内容包括：①研究目的；②所需资料清单；③研究程序和时间安排表；④拟访谈的主要人员及访谈提纲，本书访谈的人员主要包括非物质文化遗产传承人、非物质文化遗产传习人、当地文化精英、当地旅游景区管理人员、社区居民、当地年轻人等。在访谈之前，研究小组进行了细致的分析，制定了访谈提纲，并在访谈正式开始之前进行了预调研，对访谈提纲中不符合实际情况的题项予以剔除，保证了访谈提纲的合理性。

为了保证案例研究的效度，本书采用 Miles 和 Huberman（1984）的三角测量方法，力求从多个数据来源分析案例，确保通过多渠道的研究信息和资料来源对研究数据进行交叉验证和相互补充（Yin，2004），形成资料三角形，避免单一方法造成的偏差。本书资料来源主要包括羌族文化的文献资料、当地人员的访谈、实物证据和实际观察。

（一）文献资料

为了获得与本书问题相关的文字材料，研究小组主要通过以下几个方面收集文献。

1）通过中国期刊全文数据库检索与羌族非物质文化遗产保护相关的文献

在中国知网（http://www.cnki.net）1991 年至 2011 年全部期刊中，以"羌族文化保护"为篇名、主题和关键词进行检索，截止到 2011 年 12 月 10 日（此次检索时间统一为 12 月 10 日），得到的记录分别为 55 篇、313 篇和 168 篇，三者之间有较多的重复，最终经研究小组讨论筛选，共选取了 61 篇文献作为本书的文献来源资料。此外，以"羌族非物质文化遗产"为篇名、主题和关键词分别进行检索，最后得到的文献记录分别为 29 篇、191 篇和 158 篇，三者之间也有较多的重复。同样地，经过研究小组讨论，最终选取了 34 篇文献作为本书的文献资料。除了期刊文献之外，还以"羌族文化"为篇名，在中国博士、硕士学位论文全文数据库中进行检索，得到 3 篇博士学位论文、7 篇硕士学位论文，这 10 篇学位论文均作为本书的文献资料。

2）通过中国非物质文化遗产网、中国·阿坝网和羌族文化网搜集羌族非物质文化遗产保护的相关资料

选取记录非物质文化遗产保护和羌族文化保护信息较多的中国非物质文化遗产网、中国阿坝网和羌族文化网进行检索，搜集到关于"羌族非物质文化遗产保护"的记录分别为 5 条、42 条和 86 条，经过筛选，确定其中 78 条记录作为本书文献资料，并将其纳入编码程序。

（二）访谈资料

在文献资料收集和阅读的基础上，具有旅游管理、民俗学学科背景的四人研究小组于 2011 年 9 月 24～30 日赴四川省理县桃坪羌寨进行了为期一周的实地调研，此次调研的主要目的是通过深度访谈和参与观察对桃坪羌寨的非物质文化遗产保护状况进行全面了解。研究小组根据文档资料的信息，对桃坪羌寨的八名省级、县级非物质文化遗产传承人逐一进行了深度访谈。除此之外，研究小组还对桃坪羌寨管理处管理人员、释比的两名徒弟以及二十名社区居民进行了访谈。研究小组在访谈开始之前，通过电话联系以及当地报告人预约的方式，确定了访谈时间，并说明访谈的目的和内容。在访谈开始之前，提示被访者访谈是开放式的，被访者讲课，小组成员听课，以便获得尽可能真实、全面的信息。在访谈过程中，由一名小组成员主持，其他三名成员同时记录，并在征得被访者同意的情况下，使用录音笔全程录音。被访者讲完之后，研究小组针对被访者的讲述提出一些有针对性的问题，以确定和补充某些较为重要的内容。每位传承人访谈的时间平均为 52 分钟，桃坪羌寨管理处处长的访谈时间为 225 分钟，两名传习人访谈时间为 32 分钟，其余村民访谈的时间平均为 17 分钟。根据 Eisenhardt（1989）的建议，研究小组成员在 24 小时之内对访谈记录进行整理和核对，并将记录笔记和录音内容全部输入电子文档中，对于一些不

确定或者缺失的信息，研究小组采用电话沟通和重访的形式，对有关信息重新进行了确认和补充。

（三）实物证据

为了更为准确地了解羌族历史以及非物质文化遗产的现状，研究小组在调研期间，一是通过参观位于桃坪羌寨游客接待中心的博物馆以及当地文化精英王嘉俊自建的羌族民俗博物馆，亲眼目睹了羌族历史文化的遗物，并拍摄了很多照片，将具有独特羌族文化特色的遗物记录了下来。二是参观了桃坪羌寨地下迷宫、地下水网以及陈家大院的羌碉，现场欣赏羌族的烤全羊、羌绣工艺、羊皮鼓舞以及藏羌锅庄等羌族非物质文化遗产，领略了羌族文化的独特魅力。

（四）实地观察

研究小组为了能更准确、更全面地了解研究问题的本质，在访谈的过程中，通过观察传承人、传习人、社区居民的外貌、衣着、房屋数量和面积等诸多要素对其生存、生活情况有了较为细致的了解。同时，从行为观察的角度对传承人、传习人、社区居民的手势、眼神、面部表情、肢体动作、谈话方式等进行了观察，获得了大量的感性资料。

四、研究方法

根据研究的需要，本书主要采用的研究方法有半结构型访谈法、参与观察法和文献分析法。

（一）半结构型访谈法

半结构型访谈介于结构型访谈法与无结构型访谈法之间。半结构型访谈有明确的主题，研究者对访谈过程和结构有一定的控制，具有一定的导向，会事先准备好大致的访谈提纲，研究者根据事先设计的访谈提纲向受访者提问。但在实际访问过程中，访谈提纲只是一种提示，访问者在提出问题的过程中，鼓励受访者积极参与交流，并根据谈话过程调整访谈的内容和访问的程序（仇立平，2008）。

本书结合人力资本理论，在访谈之前拟定了非物质文化遗产保护的调研提纲，在对传承人及传习人访谈的过程中不拘泥于提纲上所讨论的事件次序，灵活运用。同时，在访谈过程中采取较为开放的发问方式，通过与传承人、传习人的互动获得关于主题的多重事实，有利于更为全面地了解研究问题。

（二）参与观察法

观察法主要指观察者根据研究需要利用耳朵、眼睛等感觉器官和其他科学手段或科学仪器，有目的地对研究对象进行考察，以取得有关资料（仇立平，2008）。

参与观察是指研究者在一定程度上直接介入被研究的客体，与被观察者发生联系，参与他们的日常活动，从而收集与研究相关的资料。参与观察的方法能够对研究客体进行深入的了解，能够获得从外部观察得不到的资料。参与观察根据参与程度分为完全参与观察与半参与观察，即在完全参与观察中，观察者的身份是"隐蔽的观察者"，在半参与观察中，观察者的身份是"公开的观察者"。在实地研究中，除了针对一些特殊的群体之外，大多数参与观察采用的是半参与观察法（仇立平，2008）。

根据观察的项目，观察被分为非行为观察和行为观察。研究小组在实地调研的过程中，通过观察被观察者的静止状态，如个人的外貌、衣着、房屋结构、房屋数量、面积等诸多要素对传承人的生存、生活情况有了较为细致的了解。同时，从行为观察的角度对被观察者的非语言行为和语言行为进行了观察，获得了大量的感性资料。

（三）文献分析法

文献资料是交换和储存信息的专门工具和载体，它包括各种书籍、报刊、档案、图像等。文献研究采用科学的方法收集、分析文献资料，对研究对象进行深入的考察和分析。文献资料主要是利用二手资料进行分析，具有非常明显的间接性和无反应性。"文献分析无反应特性，不牵扯到发展信任关系等问题，所以我们可以把文献分析的步骤浓缩为两个基本阶段：①沟通渠道，接近文献；②编码并分析文献。"（秦伟和吴军，2000）

在研究过程中，研究小组对收集的视频资料、录音资料以及与非物质文化遗产传承相关的文献资料，进行了细致地阅读、梳理，使无结构的文献向有结构的文献过渡，最后采用编码的形式对这些二手资料进行了归类，使其与访谈、观察资料一起成为本书论证的重要论据。

五、数据分析

（一）建立文本

建立文本是研究小组对调研内容进行文本描述的过程，通过整理誊写录音稿、个人访问摘记、参与观察笔记、相关文献摘录等工作，形成与研究问题相关的记录性文字材料。

（二）数据编码

1. 初始编码

初始编码应该紧贴数据，用较短的词汇描述出一句、一行或者一段文本所蕴含的意义和行为。同时，在初始编码的过程中，应该保持开放的态度，这样才有利于获得尽可能多的信息。本书在初始编码的过程中，借鉴了王辉等（2006）的做法，在两名小组成员通读案例材料和全面整理的基础上，分别独立进行编码。具体而言，将访谈和观察得到的第一手资料分别进行编号。首先，将访谈八位传承人获得的文本分别进行了编号；将羌绣的两名传承人分别编为 M1、M2，将释比文化的两名传承人分别编为 M3、M4，将羌族山歌的传承人分别编为 M5，将羌族劳动歌的传承人编为 M6，将白石崇拜的传承人编为 M7，将羌族婚礼的传承人编为 M8。其次，将访谈桃坪羌寨管理处处长获得的文本编为 K；将访谈传习人的文本编为 W1、W2。最后，将访谈 20 名村民获得的文本依次编为 S1～S20。对于同一个人相同和相似的意思表达只计一条条目。此外，通过文献资料获得的二手资料编为 D，通过实物证据获得的资料编为 T。对于同一来源中相似或相同的意思表达只记为一条条目。通过对获得的第一、第二手资料的初始编码，本书得到了包含 854 个条目的一级条目库。

2. 聚焦编码

聚焦编码（focused coding）是编码的第二个主要阶段。这些代码要比逐字逐句、逐个事件的编码更具有指向性，更具有选择性和概念性（卡麦兹，2009）。在研究小组通过逐句、逐行的编码确定了一些重要的方向后，就开始进行聚焦编码，以期综合并解释更大范围的数据。聚焦编码意味着使用最重要的或出现最频繁的初始代码，用大量的数据来筛选代码。一方面聚焦编码可以减少代码的数量，另一方面要求代码能充分反映数据，进而通过提炼、概念化的过程使得代码能更充分地展示原始数据。聚焦编码有助于形成类属，为本书轴心编码的类属指向子维度转化打好基础。

3. 轴心编码

轴心编码是把类属指向亚类属，把类属和亚类属联系起来，使得类属的属性和纬度具体化，重新排列在初始编码中分裂的数据，给生成的分析一种连贯性。本书在聚焦编码的基础上，对条目库中的条目根据人力资本产权、人力资本激励和人力资本投资构念进行编码。研究小组采用两人同时编码的方式，其中两人共同编码一致的条目进入构念条目库中，对于意见有分歧的条目，由研究小组全体成员讨论确定进入构念条目库或者删除。

经过该环节，剔除了 143 个条目，最终确定 711 个构念条目。然后，对人力资本收益权进行编码，对人力资本激励条目库中的条目按照经济收入激励、社会地位与声望激励、精神关怀激励和制度安排激励四个维度进行编码，对人力资本投资条目库中的条目按照人力资本投资收益率、与其他人力资本投资收益率的比较和人力资本投资风险三个维度进行编码。如果研究小组两人编码结果一致，则肯定该编码结果，将该条目归入相应维度，否则由小组全体成员共同讨论决定。本书轴心编码的构念条目数和典型引用语举例如表 3-3 所示。

表 3-3 桃坪羌寨传承人激励及传习人投资典型引用语举例及其编码

构念	测度变量	典型引用语举例	编码结果
人力资本产权	收益权	卖门票，我们一分钱都分不到，他说不够开支，这个没有协议，至少没签订协议，他说门票没有了，都开支完了，还超支了，一句话解决问题（S2）	收益权得不到保障
人力资本激励	增加经济收入	我们这儿毕竟有旅游，绣出来可以卖钱（M1） 旅游之前就会绣（羌绣），之前主要是做农活，没时间绣，现在搞旅游了开始绣了，旅游来了（羌绣）可以买卖；原来（妇女）都会绣，祖祖辈辈都会绣，旅游（开发）后绣得就更多些了，因为旅客会买（羌绣），原来没有人买。（S20） 游客多的时候，那会儿鞋垫做很多，（羌绣）能卖几千块钱，这会儿游客少了（M2）	正面激励
	社会地位与声望	左县长车子来接我的，车子送我的，我这外国票子都有，外国票子比我们的长、宽。汶川阿坝师专聘请我两次，翻译这些端公，端公话（M4） 培训一般来接来送，一般都是，反正他们有车，包接包送，吃、住一起，他们全包了（M1）	提高了社会地位与声望
	精神关怀	（传承人）参加过羌年委员会，在召开委员会时（端公）在电视上讲端公话，日本、加拿大、德国学者和记者都来访问过（端公）（M4） （找寻自己父亲的学者）太多了，北京那边大学的教授，包括中央民族大学的张希，他是研究羌族文化的（W1） 政府官员去我们家看我父亲的也多（W2）	政府、媒体、学者关怀
	制度安排	参加过很多次，学员有好几百个，每次办一次一百多个（学员），每个班是 120 个，最少的是 90 多个，在马尔康松岗那个地方，马尔康办了两期，桑木康二期、汶川四期（一期30 多个）（M1）	为传承人提供传承机会

续表

构念	测度变量	典型引用语举例	编码结果
人力资本投资	投资收益率	（我）1998 年开始学释比，十几年了，还没出师（W1） 扎花挣得了好多钱嘛，绣一个羊头才 3 元钱（M2） 全靠这个（释比），养家糊口？不行，一般都是种地，别人请了就去（W2）	投资收益率低
	与其他投资收益率的比较	（自己儿子）都在挣钱，打工，搞不赢，打工钱多，他现在要供娃娃的么，还是恼火，要供学生（M3）	收益的比较
	投资风险	（自己女儿）读书出去还是好，羌绣这个发展要有规模性，这种游客接待，散打散闹不得行，形成"正规部队"才得行，应该是"正规军"才行（M4）	未来收益不确定性

资料来源：上述语句摘自部分实地访谈资料

（三）信度与效度检验

为了保证本书研究结果的真实性和可靠性，笔者严格按照 Yin 制定的四种检验的研究策略来保证文章的信度和效度。表 3-4 列出了效度及信度常用的检验方法，包括每类检验所采取的策略以及所处的研究阶段。

表 3-4　适用于四种检验的各种研究策略

检验	案例研究策略	策略所使用的阶段
构念效度	采用多元的证据来源	资料收集
	形成证据链	资料收集
	要求证据的主要提供者对案例研究草案进行检查、核实	撰写报告
内在效度	进行模式匹配	证据分析
	尝试进行某种解释	证据分析
	分析与之相对立的竞争性解释	证据分析
	使用逻辑模型	证据分析
外在效度	用理论指导单案例研究	研究设计
	通过重复、复制的方法进行多案例研究	研究设计
信度	采用案例研究草案	资料收集
	建立案例研究数据库	资料收集

资料来源：摘自罗伯特·K. 殷的《案例研究：设计与方法》

1. 构念效度

构念效度是针对所要探讨的概念，进行准确的操作性测量。为了保证案例研究中的构念效度，Yin（1994）研究认为，可以采取几种有效的方法加以执行，这些方法包括多重证据来源的三角验证、证据链的建立、信息提供人的审查等做法。对本书而言，首先，在多重证据来源的三角验证方面，笔者通过文献（中国知网关于羌族非物质文化遗产的硕士、博士学位论文，羌族历史书籍）、文档（羌族历史档案）、网络视频、人员面谈、现场观察、实物证据以及通过亲自参与羌族舞蹈等活动，通过不同的做法获得了类似的资料和证据，表明具有构念效度。其次，在建立证据链方面，搜集的资料具有连贯性且符合一定的逻辑，并能预测其发展。当逻辑越清晰、越连贯时，构念效度就越高。最后，在重要信息提供人审查方面，将自己收集的资料、证据以及撰写的报告提供给信息提供者审查，信息提供者认为笔者收集的资料和撰写的报告贴合实际情况，绝非笔者的偏见。综合以上三点，确保了研究的构念效度。

2. 内在效度

内在效度是通过构建因果关系，说明某些因素或某些条件会引发其他因素或者其他条件的发生，且不会受到其他无关因素的干扰。内在效度是让研究者必须确定因变量的改变确实是因为自变量的改变而引起的，而不是其他变量导致的结果。Yin（2004）认为"为了降低因果关系之外的解释，案例研究者可以采用模式匹配、解释建立和时间序列等设计来执行研究，以提升内在效度"。对本书而言，人力资本理论认为，"人力资本产权残缺、人力资本激励不足是导致人力资本'关闭'和人力资本投资释放不足的主要原因，人力资本投资收益率过低、与竞争性人力资本投资不具有比较优势以及投资风险的存在是造成人力资本投资不足的重要原因"。本书收集的资料与人力资本理论观点基本契合，与理论相匹配、契合，保证了本书的内在效度。笔者采用时间序列设计，通过调查旅游发展前后学习羌绣和锅庄人数的明显变化，验证了非物质文化遗产经济价值凸显之后对其传承产生了重要的推动作用，佐证了研究中时间序列的因果关系，保证了研究的内在效度。

3. 外在效度

外在效度指明研究结果可以类推的范围。案例研究批评者常常称，单案例研究论据不充分，不足以进行科学的归纳。但是，这些批评者实际上是在以统计调查的标准看待案例研究。在统计方法中，样本应该能够代表一个大的总体，具有较高的说服力，但是，在案例研究中用样本来类推总体是错误的。统计调查依据的是统计性归纳，注重样本数量，而案例研究的依据是分析性归纳，更注重案例研究的特殊性、典型性，研究者也会尽力从一系列研究结果中总结出更抽象、更具概括性的理论（Yin，2004）。本书采用单案例进行研究，在人力资本理论的指导下收集资料，验证人力资本理论，取得了良好的效果，但未采用复制法则判断研究结果的类推能力，研究的外在效度有待进一步验证。

4. 信度

信度是阐明研究的可复制性，如资料收集可以重复实施，并可以得到相同的结果。为了保证良好的信度，我们在数据收集和分析的每一阶段，都采取双人参与的制度，最后分析报告也由课题组全体成员共同复核，其中多人提出了修改意见。在数据收集和分析的过程中，我们多次对调研提纲进行修改，九易其稿，并制订了详细的案例研究计划书，尽可能详细地记录着研究的每一个步骤，让后来的研究者能够重复研究，同时也建立了研究数据资料库，以使后人能重复进行分析（Yin，2004），保证了研究具有良好的信度。

综合以上四个方面，本书尽可能全面地进行了具体的控制和检验，如表3-5所示。

表 3-5 实现效度和信度指标的研究策略

测评指标	案例研究策略	使用的阶段
构念效度：证据支持研究结论	√ 采用多元的证据来源：访谈（传承人、传习人）、文献、视频、档案和观察，取得一致结构	资料收集
	√ 形成证据链：原始数据—语句鉴别—学术用语—理论要素	资料收集
	√ 要求证据的主要提供者对案例研究草案进行检查、核实，研究成果返回至桃坪羌寨进行核实和认可	撰写报告
内在效度：构造有效的测量工具	√ 进行模式匹配：理论框架和研究结果，基本相符	证据分析
	√ 尝试进行某种解释：按照理论框架要素进行相应的说明	证据分析
	× 分析与之相对立的竞争性解释	证据分析
	× 使用逻辑模型	证据分析
外在效度：结论的普适性	√ 用理论指导单案例研究：在文献回顾的基础上，建立了新的理论分析框架	研究设计
	× 通过重复、复制的方法进行多案例研究	研究设计
信度：研究的可复制性	√ 采用案例研究草案：事先制订了详细的研究计划	资料收集
	√ 建立案例研究数据库：建立了数据资料库，他人研究会得到相同的结果	资料收集

（四）案例分析

在分析性归纳中，实证结果要与先前提出的理论模板相对照。本书以人力资本产权、人力资本激励、人力资本投资理论为模板，通过对采集数据的详细分析，比对数据与理论的契合程度，进而验证人力资本理论的适用性。

根据研究采集的数据，研究小组从人力资本产权、人力资本激励、人力资本投资三个方面共19个问题进行了归纳，理论所涉及的每一个问题都得到了有价值的发现。

1. 人力资本产权

人力资本产权的核心是收益权，这里需要回答的主要问题是，社区居民人力资本的收益权是否得到保证？我们通过调查发现，人力资本作为桃坪羌寨旅游开发的核心吸引物，其收益权的具体表现——门票收入分配没有得到保证。一个接受采访的老大爷向我们描述了关于羌寨门票收入及分配的情况：

> 卖门票，我们一分钱都分不到，没得分，他说不够开支，这个没得协议的么，至少没签订协议的么，他说没得，开支完了，还超出了，一句话解决问题，哪个监督他呢，老百姓咋个监督他呢，他有权的么，你根本不知道他内情，每年国家给我们 4A 级景区有款，他这些都没公开，群众不晓得，记者给我们摆过，重庆台记者给我们摆过，你们景区 4A 级，国家每年都拨款，各级政府有支援的钱，还有企业家在给，我们也很不平，也不想想问题了。（S2）

2. 人力资本激励

人力资本激励不仅关系到非物质文化遗产传承人人力资本的释放、调度、努力程度等问题，也关系到年轻人是否愿意学习非物质文化遗产的问题。人力资本激励包括经济收入激励、社会地位与声望激励、精神关怀激励以及制度安排激励等。这里共涉及四个方面 11 个问题，本章分别陈述对其基本发现。

1）经济收入激励

这里需要回答三个问题，即非物质文化遗产持有者的经济来源有哪些？非物质文化遗产是否为其持有者带来经济收入？经济收入的增长是否促进了非物质文化遗产的传承？通过调查我们发现，除了已经认定的省级传承人有经济补贴之外，旅游收入是桃坪羌寨社区居民收入的主要来源，居民通过搞民居接待、提供餐饮、导游讲解、销售水果、土特产、羌绣、烤全羊、歌舞表演等渠道获取收入。但由于受 5·12 汶川地震的影响，寨子在 2008~2011 年一直在重建，游客较少，部分村民不得不通过外出打工、承包当地工程、参与重建来维持生计。

对于后两个问题，我们可以得到肯定的答案。桃坪羌寨进行旅游开发之后，羌族山歌、歌舞成为重要的旅游吸引物，羌绣成为重要的旅游商品，羌族独特的民族文化产品受到游客的热捧，市场价值的凸显对非物质文化遗产的传承起到了重要的促进作用。在调研的过程中，一位羌绣工艺传承人这样说：

> 我嫁来之前还不会呢，旅游开始才慢慢学，就会了，原来会一点，毛糙的不得了，越做就越精了。地震前，（羌绣可以卖）几千块钱，那会鞋垫狠做点，游客多的时候，几千块钱卖。（M2）

另一位省级羌绣传承人也说道：

> 我们自 1996 年开发旅游，开发的早，1996 年，最早就是我做手工，挣啥子钱来，我原来不晓得鞋垫可以卖成钱，不晓得，邻居女子龙晓琼她带动我们桃坪羌寨搞旅游……我就粘点鞋垫，自己做起，就卖，卖了之后就忙我们爱人，他也帮我做，那会一双鞋垫就卖十块、八块，最贵的了，如果你要买的多，买四五双，六块钱都卖过，就这么大的，六块钱就卖过，一天一双，稳稳当当要做完，羌绣比十字绣（以前喊挑花）容易点，一天纳三只鞋垫，十字绣只能纳到两只出来，一双，那样子就卖，开始慢慢卖着就走了，一年要卖三四千块钱，那个年代三四千还可以，差不多 2000 年左右。（M1）

从以上两位访谈对象的谈话中可以看出，旅游开发使羌绣的经济价值得以凸显，为羌绣工艺持有者带来了经济收入。在追求经济收益动机的驱动下，学习羌绣的妇女明显增多，促进了羌绣的传承。通过大量的访谈，这一观点得到证实。

> 旅游后绣的就更多些了，她们就来买么，原来没得人卖给哪个呢。（S20）

> 旅游发展之后绣的人更多了，能卖钱了大家都开始绣了。（S5）
>
> 三四十岁还绣，旅游开发了嘛，挣钱嘛。（S19）

除了羌绣，羌族山歌、藏羌锅庄由于受游客的欢迎也得到了很好的传承。通过访谈得知，游客在桃坪羌寨旅游的过程中，为了体验羌族独具特色的民族文化，采用与当地居民对山歌、一起跳锅庄的方式进行体验，并愿意为山歌、锅庄支付费用。这无疑调动了人们学习羌族山歌、藏羌锅庄的积极性，使其得到了良好的传承。

然而，不是所有的非物质文化遗产都享有像羌绣、羌族山歌、藏羌锅庄相同的待遇，羌族婚礼由于受现代化的冲击，其传承受到了巨大挑战。在访谈过程中，唯一的羌族婚礼仪式的传承人这样讲道：

> 现在那个（婚礼仪式）简单吗，不是原来我们那种了嘛！（按传统的举办婚礼的）有嘛但是少，都在宾馆去办了，去宾馆的有点多。现在那些年轻人他就不喜欢这些东西，好像就是有点带点封建迷信那种，就是不喜欢。（M8）

通过访谈对象的谈话可知，由于受现代化思想的影响，举行传统羌族婚礼仪式的年轻人越来越少，现今大多数年轻人采用比较简单的、更为现代的婚礼仪式。羌族婚礼仪式在现实生活中失去了生存空间，这大大动摇了羌族婚礼仪式传承的根基。同时，由于羌族婚礼仪式不能为个人带来经济收入以及封建迷信思想作祟，羌族婚礼仪式这一重要的非物质文化遗产传承的前景不容乐观。

2）社会地位与声望激励

这里需要回答三个问题，即非物质文化遗产传承人是否被授予代表性传承人称号并授予证书？是否给予传承人社会表达的机会？是否为传承人购买医疗保险？通过调查我们发现，除了第三个问题答案是否定的以外，其余两个问题对于不同类别非物质文化遗产的传承人有着不同的答案。对于唯一一位省级羌绣传承人而言，她的羌绣作品于 2006 年荣获 "中国汶川首届古羌文化节羌绣大赛二等奖"，她 2007 年的作品《石羌碉》在阿坝州科学技术研究院羌绣培训学校首期培训班中荣获优秀作品。凭借着两次获奖作品以及精湛的挑绣技艺，2008 年 12 月，她被认定为 "四川省非物质文化遗产项目羌族传统刺绣工艺的代表性传承人"，并获得了证书。在访谈过程中我们获知，该传承人除有经济补助之外，2009 年她又被中国共产党茂县委员会党校聘请为该校 "农民工非农转移就业手工技能指导教师"。她自己介绍说：

> 自己参加过很多次（培训），（自己教的）学员有好几百个，每次100 多个（学员），每个班是 120 个，最少的是 90 多个。在马尔康松岗那个地方，马尔康办了两期、桑木两期、汶川四期（一期 30 多个）。（培训）给工资，她供吃供住，给开工资，一天 200 块钱。他是这样子的，地震之后，他按月请，他经常在办嘛，一个月 1500 块钱，保底工资 1500 块钱，差旅费，有时候还发点奖金，差旅费等报下来就 2000多块钱。培训一般来接来送，一般都是，反正她们有车，包接包送，吃、住一起，她们全包了。（M1）

当被认定为非物质文化遗产代表性传承人之后，该传承人不仅获得了名誉称号，还被聘请为党校教师，多次参与政府组织的羌绣培训班，并受邀参加西部博览会。该传承人不仅获得了更多的经济收入，也获得了更多的社会资本，提高了自身的社会地位。与该传承人有相似之处的还有一位羌族释比文化的传承人，他讲道：

> 汶川阿坝师专聘请我两次，翻译这些端公，端公话，高头文化馆聘请我两次，成都的老教授，理县的文化馆（聘请我），左县长车子来接我的，车子送我的，我这外国票子都有。（M4）

外界的认可与政府的重视使传承人获得了更多社会表达的机会，提高了自身的社会地位，但稍显遗憾的是，包括这位羌族释比文化传承人在内的部分代表性传承人（M3、M4、M6、M7、M8）①未获得代表性传承人证书。在访谈中，一位传承人这样讲道：

> 桃坪照了相，说是要发，但是没发本子，M7知道，说照了相要给发本子，缴一千块钱，说是有钱，现在泡汤了，没得了。相照了，照了过后我们县上的，那些照片是县上文化局照相的，本本没得。（M8）

据负责召集桃坪镇传承人照相的另一位传承人介绍，2009年理县文化体育局只给传承人照了相，后面就没消息了，他们既没有给传承人颁发代表性传承人证书，也没有给传承人经济补助，但州、县政府仍要求其以传承人的身份参加一些活动。访谈了解到，一名羌族山歌传承人受阿坝州州政府的委派参加了第三届中国成都国际非物质文化遗产节，该传承人没有传承人证书，也没有获得经济补助，参会期间只有80元/天的补贴，这种有传承责任和义务而无权利的现状，使这些传承人的地位略显尴尬。

3）精神关怀激励

这里需要回答三个问题，即社会各界是否发自内心地尊重传承人、关心传承人？社会各界与传承人是否有较多的思想交流？政府相关部门和社会团体是否有定期的表彰奖励机制？通过调查我们发现，社会各界对传承人的关怀、尊重及思想交流明显增多，但仍有不足之处，而政府相关部门和社会团体对于传承人工作的定期表彰奖励机制仍未建立。

通过访谈我们了解到，政府在灾后重建的过程中，对于与灾后重建相关的非物质文化遗产传承人关心较多，如两位羌绣传承人（M1、M2）均因为培训妇女学习羌绣工艺而受到政府的关怀较多；释比文化传承人则因为政府接待较多的原因也受到了政府的重视。政府对其他传承人的关怀则

---

① 这五位传承人的名字在羌族文化网均可以查询到，属于理县政府认定的传承人。

较少。学者则从羌族文化研究的角度，更为关心与羌族文化相关的释比文化传承人，在访谈的过程中，一位释比文化传承人的儿子这样说道：

> （拜访其父亲的学者）太多了，北京大学的，北京那边太多了，中央民族大学的，研究羌族文化的。（W1）

游客则更为关心商品类的非物质文化遗产，两位羌绣传承人家中时常有游客前去学习、参观、欣赏、购买羌绣作品。尽管社会各界对非物质文化遗产传承人较为关心，但要做到真正发自内心地尊重也绝非易事。在桃坪羌寨调研的过程中，我们在桃坪羌寨游客服务中心遇到一名老释比和十几名年轻人，通过访谈了解到，他们是因为当地政府搞接待而被邀请前来表演的，但是表演的时间、内容均不清楚。同时观察到，当时时间不到下午五点，但晚上最终开始表演的时间则是九点，这位老释比和十几名徒弟在不清楚表演内容和时间的前提下足足等候了四个多小时。这位老释比在接受访谈时的描述更具有说服力：

> （政府）活动还是多，我的时间不够用，没有时间去，去了不自由。（M3）

总的来看，邀请释比进行政府接待性质的表演实际上为传承人提供了社会表达的机会，有利于释比文化的宣传和传承，但是缺乏内心真正的尊重，这种社会表达机会能否起到促进非物质文化遗产传承的作用值得怀疑。

4）制度安排激励

这里需要回答的问题有两个，即依法对非物质文化遗产传承人保护制度的落实情况怎么样？非物质文化遗产传承人保护制度是否起到了促进传承的作用？研究小组通过访谈发现，按照国家 2011 年 6 月 1 日起执行的《中华人民共和国非物质文化遗产法》第三十条的规定，除了未给传承人颁发代表性传承人证书和羌族没有文字不能出版发行与传承人技艺相关的制度规定之外，其余各方面制度安排均有一定程度的落实，对传承人起到了一定的激励作用。具体制度落实情况如表 3-6 所示。

表 3-6　传承人激励制度安排落实一览表

传承人＼制度安排	经济补助	支持收授徒弟	组织参与社会公益活动	提供展示、宣传机会
羌绣传承人（M1、M2）	M1 4000元（2011年）M2 无	多次担任羌绣培训班的指导教师	参与羌绣培训班	组织参加西部博览会
释比文化传承人（M3、M4）	无	县文化体育局让自己的一名职工拜老释比为师	参与行政接待性质的表演	组织参与政府接待、表演羊皮鼓舞
羌族山歌传承人（M5）	无	无	参加县上活动较多	参加第三届中国成都国际非物质文化遗产节
羌族劳动歌传承人（M6）	无	无	无	无
白石信仰传承人（M7）	无	政府出面让其收授了两个徒弟	在中国农业大学进行讲座	北京国家大剧院演出
羌族婚礼传承人（M8）	无	无	无	无

注：M1 为省级传承人，有代表性传承人证书，有经济补助，其余七位传承人没有代表性传承人证书，没有经济补助

由表 3-6 可以看出，政府在组织参与社会公益活动以及提供展示、宣传机会方面提供了很多帮助，使更多人了解到羌族的传统文化，同时也使很多羌族年轻人认识到自身文化的重要性，他们因为害怕非物质文化遗产失传而开始学习。如在访谈过程中，一名释比文化传承人的两位徒弟这样讲道：

　　因为羌族没有文字，羌族历史全部是口头传承，所以没法写出来，师傅说的我们记住，但要记到，太难了。（我们）喜欢我们羌族的历史，永远不要失传，为啥没有文字就失传了，下一个就没有人会了。两个（释比）一样都快 70 岁了，我们羌族的老师傅就他们两个，要是他们两个没在了就没法学了，就失传了。（W2）

同时，在支持收授徒弟方面，政府的出面鼓励、支持也显得尤为重要。由于有些非物质文化遗产不能直接产生经济效益，年轻人缺乏学习的积极性和主动性，政府资助、引导其学习，对于非物质文化遗产的传承有着重要的现实意义。实际工作中，理县政府委派县文化局的羌族职工拜老释比为师学习释比文化的做法值得其他地方借鉴。

但是，目前制度安排最大的不足就是经济补助，几位传承人被明确命名，承担着传承非物质文化遗产的责任，却没有享有传承人应有的权利和利益，这无疑很难调动传承人的积极性，不利于非物质文化遗产的传承与保护。

3. 人力资本投资

人力资本投资是非物质文化遗产"后继有人"的重要保证，是非物质文化遗产传承机制中"继承"的重要体现。人力资本投资决策包括人力资本投资收益率、与其他人力资本投资收益率的比较以及人力资本投资风险。这里共涉及三个方面的 7 个问题，下文将分别陈述对其的基本发现。

1）人力资本投资收益率

这里需要回答两个问题，即学习非物质文化遗产是否是出于获取经济收入的目的？学习非物质文化遗产是否划算？通过调查我们发现，由于有些非物质文化遗产不能产生经济收入，所以很少有人主动去学，如羌族婚礼。而有些非物质文化遗产能直接产生经济效益，学习的人明显增多，如羌绣、羌族山歌、藏羌锅庄等。但我们也发现，一些人学习非物质文化遗产并不是完全出于获取经济收入的目的。

通过访谈我们了解到，大多数人学习羌绣都有追求经济收入的目的。在八位传承人中，有四位提到因为桃坪羌寨进行旅游开发，羌绣有了市场，可以带来经济收益，所以学习的人明显增多。其中一位传承人的谈话很有代表性，他说：

（羌绣在旅游发展前后）可以说有天壤之别，原来很少有人摸绣花针，在中华人民共和国成立前，家庭富裕的，起码是吃饱饭，出嫁前或闲暇的时候做针线活。20 世纪 80 年代改革开放后，吃的多了，穿的多了，一个女孩衣服破了补疤不会，缝缝连连不会，更别说去绣花了，旅游发展后这是一个很大的卖点，这样好像是全民皆兵了，都在做。（M7）

在访谈桃坪羌寨管理处工作人员时，上述这一观点也得到了证实。同样在访谈社区居民时，20 名村民中有 9 人也提到因为搞旅游了，有人买羌绣了，所以学习羌绣的人明显增加。由此可知，以获取经济收入为目的而进行人力资本投资是学习非物质文化遗产的主要原因。

但是，在访谈中我们也了解到绣羌绣的时间成本较高，而销售价格较低的事实，访谈中一位正在绣羌绣的妇女讲道：

（自己手中的羌绣）现在绣了一个多月啦，最起码要给一两千元，还得做好久。以前裱出来卖到三千多，绣了一个半月，不到两个月，每天也挣不到好多钱，四五十块钱都挣不到。（S3）

在访谈中，一位释比的徒弟这样说道：

自己 1998 年开始学习释比，十几年了，还没有出师，一般是 3～5 年出师，（目前）绝技方面还没学到，羊皮鼓舞学完了，现在学释比唱经，周释比会唱上、中、下三坛经，我现在只学了一点点，（学习）没啥子补贴，吃、穿都是自己承担，一般人宁愿出去打工，自己喜欢（学习释比）。（W1）

由释比徒弟的谈话可以看出，学习释比的时间成本很高，又由于对学习释比文化的传习人没有任何补贴，其学习成本全靠自己来承担，这大大加重了传习人的经济负担。同时，在进一步的访谈中获知，该传承人的师傅——省级非物质文化遗产传承人王福山每年参加活动的收入不超过10 000元，这种高成本与低收益完全不成正比，极大地降低了学习者的积极性。也正是由于学习非物质文化遗产的投资收益率很低，很少有人投资或者无人投资。比较典型的例子是羌族婚礼仪式传承人主持婚礼的经济收入为零，基本没有因技艺获得收入，所以没有年轻人愿意学习。

2）与其他人力资本投资收益率的比较

这里需要回答的主要问题是，潜在投资者是否因为学习非物质文化遗产的投资收益率低于其他行业而不得不放弃学习？通过调查发现，可以得出肯定的答案。

在访谈的过程中，当问到一名释比文化传承人自己儿子是否愿意学习释比时，他这样讲道：

> （儿子）都在挣钱、打工，搞不赢，打工挣得多，他现在要供娃娃的么，还是恼火，要供学生。（M3）

与这位传承人的儿子为生活所迫不得已出去打工而放弃学习释比文化相比，另一位村民的谈话更直接、更具有说服力：

> 绣工那些还不如打一天工，晓得嘛！打工再撇（差）也要挣到七八十元，主要这儿，绣工没得人买，光穿，你说没得人买有个别买，好畅销那好说，都要绣，现在年轻人少的很，绣这个的少的很。（S10）

由上面两位访谈对象的谈话可知，由于投资非物质文化遗产的成本较高，收益率较低，与打工或者其他投资成本较低的行业相比，投资非物质文化遗产不具有比较优势，这也就深刻地揭示了年轻人不愿意学习非物质文化遗产的根本原因。就本书所关注的非物质文化遗产而言，羌绣和释比文化目前已经凸显出市场价值，只不过它们的市场价值较低，其传承现状尚且如此，其他不具有市场价值的非物质文化遗产传承的困难程度就不难想象了。

3）人力资本投资风险

这里需要回答四个问题，即人力资本投资主体是否面临投资该项人力资本的资产专用性风险？是否有可能面临人力资本被无偿使用，收益权得不到保障的风险？是否可能存在投资主体获取信息的能力有限而导致人力资本投资不足的风险？是否存在投资收益风险？通过调查我们发现，这四个方面均得到了肯定的答案。

通过访谈我们发现，传承人掌握的非物质文化遗产在传统的生产、生活活动中均有一定的功能和实用性，但是随着社会的变革以及文化的调适，一些非物质文化遗产在现代生活环境中失去了发挥作用的空间，如羌族婚礼仪式、劳动歌。随着现代性的冲击，原有的生活场景很少出现或者很难再现。由于这些非物质文化遗产具有一定时间上和空间上的固定性和专用性，掌握这些遗产的传承人即使后悔也无力改变这一现状。因此，投资主体承担该项人力资本的资产专用性风险不可避免。

在访谈过程中我们了解到，很多游客前来旅游不仅是喜欢桃坪羌寨的建筑，当地人展示出来的民俗风情也是重要的吸引要素之一。社区居民人力资本是社区旅游产品的重要组成部分，但由于在客源分配及门票分配方面存在的诸多问题，桃坪羌寨社区居民人力资本收益得不到保证。访谈中，一位村民这样谈道：

> 游客是属于整个羌寨的资源，应该合理地分配，你不能有些地方不满可以退了走，这个资源是共同所有，应该适当地分配。游客来的话，要确定这个地方先受益，不说咋的，百分之六七十的人受益，他现在只有百分之一二十人受益，有些人一年几十万元、上百万元的挣，我们一年一分钱都挣不到，孩子不在桃坪羌寨，你又没得个分配，他参观这个寨子、这个景点，我这个地方也属于景点的资源（公共资源），这还是应该有一点（收益），卖门票的钱，我们一分都分不到。（S2）

通过访谈我们发现，很多家长不赞成孩子学习非物质文化遗产，究其原因是他们没有认识到非物质文化遗产的重要性以及对非物质文化遗产发展前景不看好。如当问及一位山歌的传承人是否愿意让自己女儿学习山歌时，他这样说：

（我女儿）一直在外读书，唱山歌有啥子用呢！（M5）

当问另一位村民是否愿意让自己女儿学习羌绣时，她说：

羌绣，女儿不学这个，要读书，女儿不学这个，学这个是没有前途的，学这个又发不了工资。（S7）

在访谈过程中我们还发现，一些家长对非物质文化遗产以后能否获取经济收益持怀疑态度。如一位家长这样说道：

（女儿）读书出去还是好，羌绣这个发展要有规模性，这种游客接待，散打散闹不得行，形成"正规部队"才得行，应该是"正规军"才行。（M2）

另一位家长这样说道：

这个（羌绣）学不得啊，这个学了起啥作用呢，以后就必须喊她读书，然后自己就去找饭碗吃，你觉得桃坪羌寨很好嘛，其实桃坪羌寨一团糟。（S7）

由以上谈话内容可以看出，投资决策主体（自己或家长）对非物质文化遗产前景不看好，认识不到非物质文化遗产的重要性以及对旅游可持续发展缺乏信心，投资决策主体规避风险的决策行为势必导致人力资本投资不足。

六、案例分析结果

通过对桃坪羌寨的案例研究，我们发现：在需要证明的三种类型、八个方面的 19 个问题都得到了验证和回答。

（一）非物质文化遗产产权残缺难以调动保护积极性

在桃坪羌寨旅游开发过程中，非物质文化遗产作为民族社区旅游产品的核心部分以及民族社区旅游发展的核心吸引物，是民族社区旅游资源系统的"根"和"灵魂"。在没有发展旅游前，非物质文化遗产没有给社区居民带来直接的经济利益，其传承靠社区居民的"天然习得"和文化濡化得以实现。因为没有直接的经济价值，人们不会去关心其权利归属，社区居民通过日常的、自发自在的行为延续着社区的文化。在社区开发旅游后，传统的非物质文化遗产变成了可以带来经济利益的公共资源，社区居民成为公共资源的供给者，而且由于经济利益的直接刺激，社区居民对社区非物质文化遗产的收益权意识逐渐增加。从资源的收益权来讲，其供给者——社区居民理应具有从非物质文化遗产的使用中获取收益的权利，这种收益在桃坪羌寨中具体表现为门票收入。通过调查我们发现，由于桃坪羌寨社区居民没有获得门票收入或者获得门票收入的比例很低，社区居民人力资本的收益权没有得到保证，加之门票收支不透明，削弱了社区居民的知情权。另外，一些社区居民已经认识到来访游客是整个社区的公共资源，应该进行公平分配，使更多的人受益，他们对于一小部分接待大户垄断客源的现状较为不满。由于社区旅游开发过程中社区居民的合法权利没有得以充分体现，这势必会降低社区居民自觉、主动保护非物质文化遗产的积极性。

（二）非物质文化遗产"释放"激励手段效用不一

1. 经济激励重要但不唯一

通过实地调查发现，随着旅游发展的不断深入，居民经济收入的大部分来自于旅游业，旅游收入成为桃坪羌寨居民经济收入的主要来源。对非物质文化遗产保护而言，在旅游开发之后，与旅游产业结合紧密的非物质文化遗产传承人的收入明显增长，如羌绣传承人（M1）在 2000 年由羌绣带给她的经济收入就有三四千元。在实地访谈中，超过 50%的妇女认为由于羌绣能卖钱了大家才开始绣或绣得更多了。正是在经济利益的驱动下，学习非物质文化遗产的人明显增多，促进了非物质文化遗产的传承。而与社区旅游联系不紧密的非物质文化遗产由于缺乏经济激励以及现代化的冲击，如羌族婚礼仪式无人问津，其传承前景不容乐观。这些发现与本书理论假设一致，即经济收入激励是非物质文化遗产传承的主要动因。此外，除了人们追求经济利益驱动了非物质文化遗产传承之外，旅游发展后羌族妇女闲暇时间增多，也促进了羌绣的传承。通过调查我们还发现，旅游开发之后社区居民逐渐认识到自身传统文化的重要性，产生了文化认同。年轻人开始自觉地、主动地学习和传承本民族传统文化，社区居民对于民族文化的功利性追逐开始转向对民族文化的价值回归，从工具理性慢慢回归到价值理性，开始实现工具理性和价值理性的有机统一。

2. 社会地位与声望激励存在差异

在作为访谈对象的八位传承人中，只有一位获得了四川省省级非物质文化遗产代表性传承人名誉称号和证书，其余七位虽然已经被认定为县级非物质文化遗产传承人，但没有传承人证书。调查时我们了解到，目前一些传承人已经承担了传承的责任，却没有享有传承人的权利，这多少使得传承人的处境有些尴尬。调查还发现，两名羌绣传承人和一名白石信仰传承人由于灾后重建的需要，参与社会表达的机会较多，其在增加社会资本的同时，提高了自身的社会地位；另一名释比文化传承人因受到研究机构的邀请，其社会地位也较高；而其余几位传承人参与社会表达的机会则较少，其中羌族婚礼仪式传承人从来没有获得过社会表达的机会。另外，目前各级政府组织没有为传承人购买医疗保险和制定定期体检的相关政策，这种现状非常不利于传承人文化精英地位的确立以及保护传承人的私有财产。

3. 精神关怀激励美中不足

在精神关怀方面，由于灾后重建、政府接待以及手工技能培训的需要，白石信仰、释比文化、羌绣文化、羌族山歌传承人受到政府的关怀与帮助。另外，学者出于学术研究和媒体基于弘扬文化的需要，对释比文化传承人关怀较多。部分游客由于喜欢羌族刺绣，对羌绣传承人更为关心，而羌族婚礼仪式传承人则没有人关注。与此同时，由于个别政府官员对释比文化传承人缺乏发自内心的真正的尊重，很容易挫伤传承人参与社会活动的积极性。政府相关部门和社会团体对于传承人工作的定期表彰奖励机制仍未建立，这势必不利于调动传承人保护非物质文化遗产的积极性。

4. 制度安排激励重在落实

政府在依法组织传承人参与社会公益活动以及提供展示、宣传机会方面落实较好，这些活动均对非物质文化遗产的宣传和传承起到了促进作用。但不可否认的是，只有超过一半接受访谈的传承人有这样的机会，还有一些传承人没有或者很少参加政府组织的社会公益活动，如羌族劳动歌传承人（M6）和羌族婚礼仪式传承人（M8）没有获得过一次参与社会公益活动的机会。另外，理县政府委派县文化局职工跟随传承人学艺的举措是非物质文化遗产传习人培养机制的创新和发展，值得其他地方借鉴和学习。

在实地调查过程中我们发现，目前非物质文化遗产保护制度安排最严重的问题是政府对传承人的经济补助未能得以落实。访谈过程中我们发现，除了一名省级传承人获得经济补助之外，其余传承人在承担传承责任的同时却没有得到任何经济补助，最能满足传承人利益诉求的激励机制的缺位势必导致其他制度安排效率事倍功半。

（三）学习非物质文化遗产动力不足

1. 学习非物质文化遗产收益较低

由于羌绣、羌族歌舞可以作为旅游产品进行销售，能直接产生经济收入，学习者数量较多，而像羌族婚礼仪式等非物质文化遗产由于不能产生经济收入，很少有人主动去学习。因此，可以得出这样的结论：较高的投资收益率是民族社区居民进行人力资本投资决策的主要依据。这也与本书的理论假设完全吻合。而市场前景不佳、投资收益率较低的非物质文化遗产项目将不利于吸引潜在的投资者进行投资，进而导致非物质文化遗产学习者供给不足。

2. 学习非物质文化遗产收益缺乏比较优势

当投资主体面临多种人力资本投资选择时，学习非物质文化遗产与否完全取决于各种人力资本投资收益率的高低比较。正是由于学习非物质文化遗产不能养家糊口，一名释比文化传承人的儿子不得不为了供孩子上学而进城打工从而放弃继承释比文化。投资非物质文化遗产的成本较高，收益率较低，与打工或者其他投资成本较低的行业相比，投资非物质文化遗产不具有比较优势，这就造成年轻人不愿意学习非物质文化遗产的现状。目前，羌绣和羌族歌舞在桃坪羌寨都有一定的市场，能产生经济效益，但其传承状况尚不容乐观，那些没有市场，不能产生经济效益的非物质文化遗产传承的困难程度可想而知。

3. 学习非物质文化遗产风险较大

非物质文化遗产具有特定文化生态环境中的专用性和固定性，离开常规的生活场景和艺术展演舞台其作用便会贬值，这无疑增加了学习非物质文化遗产的风险。另外，社区居民还面临着非物质文化遗产有可能被无偿使用却得不到收益的局面，这无疑也会增加投资风险。

目前，桃坪羌寨很多家长不愿意让孩子学习非物质文化遗产，究其原因是，很多家长对非物质文化遗产前景不看好，或者是由于存在信息成本，对非物质文化遗产的重要价值缺乏认识，或认识不足。还有一些人对羌寨旅游的可持续发展缺乏信心，造成投资决策主体对非物质文化遗产的未来收益不看好，最后导致人力资本投资不足。

第五节　非物质文化遗产保护的制度设计

非物质文化遗产保护的核心是传承，非物质文化遗产的保护措施最终都要落实到人与人、代与代的传承上。"人"作为传承活动的施动者，是非物质文化遗产保护的关键。非物质文化遗产传承机制的实质是传承人的"教授"和传习人的"继承"。因此，如何调动传承人教授（人力资本释放）和传习人主动学习（人力资本投资）非物质文化遗产是本书所要解决的核心问题。对传承人和传习人而言，除了个人的爱好、兴趣等个人因素影响非物质文化遗产传承之外，发现对传承人与传习人引导激励是一个系统工程，涉及各部门、单位、主体合作协同完成，所以设计合理的制度安排是非物质文化遗产永续传承的重要保障。因此，本书欲从制度层面探讨如何解决所发现的问题，并进一步设计系统的制度安排与配套制度，这是非物质文化遗产得以延续的关键。

一、明确保护主体，清晰界定"主体"的权、责、利

"非物质文化遗产保护主体是指负有责任、从事保护工作的国际组织、各国政府相关机构、团体和社会有关部门和个人。它包括国际组织、国家政府、各级各类非物质文化遗产保护机构、社区和民众。"（王文章，2008）我们通过理论分析和实证研究之后认为，非物质文化遗产保护的主体主要包括政府、企业、非政府组织（NGO）、文化社区和非物质文化遗产研究者。

（一）政府

非物质文化遗产作为全人类的文化遗产，其所有权首先属于国家政府。政府享有非物质文化遗产的占有权、使用权和收益权，这也就注定了政府

必将在非物质文化遗产保护过程中起主导作用。因此，如何在合理范围内既发挥政府作用，保证政府利益，同时又有助于调动相关保护主体的积极性和主动性，是非物质文化遗产保护所面对的重要问题。针对本书所发现的问题，政府应该从以下几个方面来加强非物质文化遗产保护。

1）完善法制建设，扩大经济资助范围及政治增权

研究结果表明，经济因素是影响非物质文化遗产传承最主要的因素。因此，政府不仅应该通过经济补贴来调动传承人以及传习人传承非物质文化遗产的积极性和主动性，同时也应该指导民族社区旅游发展利益分配问题，使社区成员均能从旅游发展中获益，引导居民发现羌族传统文化的有用性和经济价值，进而促进非物质文化遗产的积极传承。虽然 2011 年 6 月起开始执行的《中华人民共和国非物质文化遗产法》第三十条的规定"国家提供必要的经费资助传承人授徒、传艺、交流等活动"对非物质文化遗产的传承有一定的促进作用，但这种较为笼统的经济补助政策的促进作用非常有限；同时由于学习非物质文化遗产的收益较低，与其他人力资本投入相比缺乏比较优势，以及非物质文化遗产在未来旅游发展中的角色不确定，出于经济理性，年轻人很难选择投入大量时间、精力学习非物质文化遗产。

结合前述研究，笔者认为政府首先应该从以下几个方面加大经济资助力度。一是针对多数传承人有传承义务而无经济补贴的现状，政府应该扩大传承人经济补助范围，将更多的传承人纳入政府经济资助范围内，尤其关注那些已经丧失自身的文化生态环境而又不能产业化开发的非物质文化遗产。二是增加对传习人的经济资助。事实上，韩国已经有了这方面的先例，而我国对传习人的经济补助始终未能予以重视，通过对传习人的经济补助，有助于降低传习人投资非物质文化遗产的成本和风险，通过政策引导吸引更多的年轻人参与到非物质文化遗产传承中来。三是由于政府经济补贴较少以及补助落实不到位，部分非物质文化遗产传承人为了维持生计

不得不放弃传承活动。所以，政府应在加大经济补助力度的同时，将经济补助落到实处，真正达到减轻传承人生活压力的目的，如果有政策而未履行，其政策的激励或引导效果可能适得其反。四是政府应对民族社区举行的一些传统仪式进行经济补助。民族社区传统节庆仪式凝结着本民族的民族记忆、民族意识和民族信仰。目前，现代化的冲击使得部分仪式的内涵发生变化或者使得一些仪式趋于消亡，这种状况非常不利于民族社区文化的传承。因此，政府应该通过政府经济补贴的形式鼓励恢复这些仪式，以增强民族社区的文化自豪感、自信心，进而促使非物质文化遗产的传承。

其次，政府部门应该通过政策指导民族社区旅游收益分配。由于旅游开发中民族社区居民是社区景观的缔造者，他们自觉或不自觉地参与了民族社区旅游景观的生产工作；居民作为资源主体，利用自己的人力资本参与民族社区旅游生产工作，他们具有凭借人力资本获得收益的权利，所以政府指导政策首先应该确保社区居民的收益权。

最后，通过政府引导对社区进行政治增权。社区旅游开发主要由政府和企业主导，居民在社区旅游发展中处于弱势地位，很难获得社区旅游发展和决策信息，所以政府应该通过政策引导，坚持公开、透明原则，邀请居民参与社区旅游发展决策。通过政治增权来加强政府、企业和居民的合作关系，以促进民族社区旅游可持续发展以及调动社区居民传承非物质文化遗产的积极性。

2）健全非物质文化遗产产业化开发的激励机制

非物质文化遗产产业化开发的核心是运用市场和产业手段对非物质文化遗产进行开发、保护和发展。非物质文化遗产产业化开发有助于赋予非物质文化遗产新的时代内涵，使之与当代社会相适应，使非物质文化遗产增强生机、焕发活力，最终实现非物质文化遗产的可持续发展。按照目前《中华人民共和国非物质文化遗产法》的规定，"国家对合理开发非物质文化遗产的单位予以税收优惠"的政策虽然具有一定的激励作用，但这种激励手段较为单一，况且仅有激励而缺乏约束也不利于非物质文化遗产的可持续发展。所以，作为地方政府部门，除了直接的经济投入和税收优惠之外，还可以采用贴息、补助、奖励等方式鼓励企业（单位）参与非物质文化遗产的产业化运作。与此同时，对于非物质文化遗产产业化开发中不利于非物质文化遗产保护的活动则应该采用惩罚措施，如罚款、通报批评等，通过负激励的方式约束和规范企业的行为。

3）建立现代学校教育传承机制，培养新一代传承人

非物质文化遗产传承面临的困难不仅来源于现代化的冲击，长期以来不被现代科学体系所认可也是主要原因之一。主流社会的文化中心主义与当代社会只追求经济发展的功利诉求导致非物质文化遗产被排除在现代学校教育体系之外。事实上，非物质文化遗产作为中华民族传统文化的重要组成部分，凝结着中华民族的民族智慧、民族意识和民族精神，其理应成为下一代年轻人必须掌握的知识之一。因此，利用现代社会最为有效的知识传承方式——现代学校教育制度来传承非物质文化遗产显得尤为关键和重要。政府应将非物质文化遗产纳入现代学校教育的过程中，一方面应该坚持"民间艺人进校园、民间艺人上讲台"的传承方式，聘请大量的非物质文化遗产传承人作为兼职教师，在课堂、操场传授自己掌握的知识和技能。另一方面则应该将非物质文化遗产内容纳入当地学校教材建设之中，将非物质文化遗产作为地方小学教育的主要内容之一，增加非物质文化遗产的传播范围和年轻人接触非物质文化遗产的机会。在全面提高小学生文化素养的同时使孩子们有更多机会成为新一代的文化传人。

4）健全和完善非物质文化遗产传承人的社会保障体系

非物质文化遗产以人为载体，传承人是非物质文化遗产传承的关键和核心。由于传承人生命是有限的，为了避免"人亡歌息，人亡艺绝"场面的再次出现，这就需要对传承人的身体健康进行投资。具体而言，对于传承人身体健康投资主要有两个方面：一是为传承人购买医疗保险，解决传

承人传承非物质文化遗产的后顾之忧；二是为传承人进行定期体检，保证传承人具有良好的身体传承条件，降低传承人出现意外而导致非物质文化遗产消失的风险。

（二）企业

对于企业介入非物质文化遗产的开发保护，学界持有两种观点，一种观点认为，企业对非物质文化遗产的开发以追求利润最大化为目的，导致非物质文化遗产商业化、庸俗化、肤浅化以及碎片化，造成了非物质文化遗产的破坏；另一种则持相反观点，认为随着非物质消费和符号消费时代的到来，将非物质文化遗产开发为文化产品是我国文化产业开发的必然要求，开发利用有利于非物质文化遗产在新时代背景下焕发活力，有助于非物质文化遗产的保护。前一种观点具有一定的合理性，但是过于绝对，企业介入非物质文化遗产开发必然伴随着破坏吗？法国的保护经验证明，在自己制定的独特的、有体系性的一整套保护非物质文化遗产的评价标准和管理办法的激励和约束下，私人保护和合理利用非物质文化遗产是可以实现的，特别是在我国非物质文化遗产种类繁多、数量巨大，完全依靠政府财政补贴很难实现全面保护的背景下，企业必将成为非物质文化遗产的保护主体之一。

根据《中华人民共和国非物质文化遗产法》第三十七条规定，"国家鼓励和支持发挥非物质文化遗产资源的特殊优势，在有效保护的基础上，合理利用非物质文化遗产代表性项目开发具有地方、民族特色和市场潜力的文化产品和文化服务。县级以上地方人民政府应当对合理利用非物质文化遗产代表性项目的单位予以扶持。单位合理利用非物质文化遗产代表性项目的，依法享受国家规定的税收优惠"。由此可见，国家鼓励将非物质文化遗产开发为文化产品和文化服务，同时对合理利用的开发机构提供优惠的税收政策。在非物质文化遗产保护过程中，企业的职责主要表现在以下几个方面。

1）勇当非物质文化遗产开发主体，为非物质文化遗产保护提供资金支持

我国非物质文化遗产数量众多，完全依靠政府财政补贴不能满足非物质文化遗产保护的现实需要，所以企业应该在了解市场需求的前提下，通过产业化开发将具备市场潜力的非物质文化遗产开发为文化产品和文化服务，进而满足市场消费的需要。通过该途径来实现非物质文化遗产的资本化，为非物质文化遗产保护赚取资金，最终达到"以文养文，以文兴文"的目的。

2）扮演文化经纪人的角色

在民间，很多非物质文化遗产本身是市场经济的一部分。但随着市场规模的扩大、产品数量的增加，非物质文化遗产传承人由于知识或语言的局限性，自己不具备将产品推向全国、海外的能力，这就需要更多的文化经纪人参与到非物质文化遗产的商业化经营中来。这种文化经纪人只参与非物质文化遗产的宣传、营销、销售，而不涉及非物质文化遗产产品的生产，因此不会破坏非物质文化遗产。相反，如果缺乏作为中介的文化经纪人，造成非物质文化遗产产品的滞销和停产，则不利于非物质文化遗产保护。

3）运用组织战略策略，投资新一代传承人的培养

目前，由于政府只关注了非物质文化遗产传承机制的一个方面——传承人的保护，而对于传习人的关注明显不足，除了鼓励学校教育开设一些与本民族传统文化相关的课程以外，大多数非物质文化遗产传习人的培养还依赖于传统的民间培养方式——口传心授。同时，现代化发展改变了人们的观念以及学习非物质文化遗产的成本较高，年轻人很少愿意主动学习非物质文化遗产，因此旅游企业应将与组织发展战略目标相关的非物质文化遗产保护纳入投资的范畴。通过提供资金，建立传习学校或者资助年轻

人学习非物质文化遗产，以此来培养下一代传承人，在实现组织战略未来目标的过程中，促进非物质文化遗产保护。如云南省玉龙纳西族自治县玉水寨旅游公司投资百万元筹建了北岳庙东巴传习学校，该学校有八位学生，他们利用周末和节假日由老东巴授课，学习纳西文化，这八位学生将是未来纳西东巴文化传承的核心力量，也将是玉水寨旅游公司打造东巴文化产品和文化服务的重要力量。

（三）非政府组织

除政府和企业之外，非政府组织也是重要的非物质文化遗产保护主体。非政府组织独立于政府组织之外，它们具有特定的组织目标，有着特定的服务与活动领域，大都是一部分社会成员为着某一特定的共同目的而自愿性地组成，组织目标的同一性要求其成员必须具备一定的专业知识和技能。非政府组织具有非营利性、民间性、自治性、志愿性、专业性和公益性的特征，比政府更贴近民间，同时又不像企业那样始终以追求利润为最终目标。因此，非政府组织作为沟通政府和企业的中间环节，作为政府、企业保护主体的重要补充者，必将是非物质文化遗产保护的核心主体之一。实际上，韩国的非政府组织（民间社团）在非物质文化遗产保护方面扮演着非常重要的角色。在非物质文化遗产保护过程中，非政府组织应该从以下几个方面开展工作。

1）利用自身优势，引导民众，形成文化自觉

非政府组织具有非官方性、民间性的特征，其所涵盖的范围比较广泛，对民间的渗透力极强，与民众有着天然的联系优势，甚至有些非政府组织本身即是由非物质文化遗产传承人和有兴趣的年轻人参与组成的，这使得非政府组织具有贴近民众、引导民众的优势。贴近民众能够激活其保护非物质文化遗产传承人的意识并提供进行这种保护的便利条件，同时也有助于引导民众，使其认识到非物质文化遗产对于弘扬民族精神、传承民族文

化、树立民族自信的重要价值和意义，最终形成文化自觉，促使民众自觉投入非物质文化遗产保护中。

2）发挥自身的专业性，倡导科学保护理念

非物质文化遗产的保护具有较强的技术性，有着较高的专业化要求。在保护实施过程中，必须按照非物质文化遗产特有的传承规律来执行，注重保护其文化生态环境，如果不具备一定的专业知识，很难达到有效保护的目的。

非政府组织的专业性来源于其组织目标，如果组织目标倾向于传统文化的保护，则会吸纳那些具有文化保护专业技术知识和技能的人员加入。这些成员都是传统文化保护方面的行家，他们掌握着较为科学的保护方法和理论，通过他们的指导和提供咨询，有助于非物质文化遗产走上一条正确的、科学的保护道路。

3）充当政府保护政策纠正者的角色

我国非物质文化遗产具有种类繁多、数量众多、分布分散的特征，这些不同类型、不同区域的民间文化具有不同的传承机制和文化生态环境。国家目前施行的非物质文化遗产保护政策对于大多数非物质文化遗产的传承保护起到了真正的促进作用，但这些保护政策难免会有漏洞，对于有些实现自主传承的非物质文化遗产有行政干预过多的现象，有将"民俗"变"官俗"的倾向。此时，非政府组织凭借其专业性的优势，可对政府不当的行政干预行为予以纠正。

4）担任企业开发经营监督者的角色

如前所述，企业参与非物质文化遗产开发经营有助于为非物质文化遗产保护积累资金，有助于非物质文化遗产产品的营销和销售，也有助于利用企业资本促进非物质文化遗产的传承。但是企业追求利润最大化的目标有可能造成非物质文化遗产的破坏，不利于非物质文化遗产的传承。因此，对于企业介入非物质文化遗产保护这把"双刃剑"，一方面要发挥其对非物质文化遗产保护的促进作用；另一方面也需要相关部门监督其对非物质文化遗产保护可能产生的不利影响。所以，非政府组织作为公民社会的代表，具有的非官方性、非营利性、公益性和自愿性特征决定了非政府组织是不同于政府、企业的第三方力量，理应成为企业开发经营的监督者。

（四）文化社区

非物质文化遗产产生于某一特定的文化社区，是在特定的文化生态环境中演绎、发展而形成的。基层社区是各民族和各地域社会生活方式的主要基础，也是各种非物质文化遗产得以产生、传承和发展的土壤，离开这一土壤，非物质文化遗产便成了"无源之水，无本之木"。所以，将非物质文化遗产保护落实到基层社区是最行之有效的举措。从社区角度研究非物质文化遗产保护有很多的优势，"首先，由于社区文化生态和社区人文背景的支撑，不仅有可能使非物质文化遗产持久地'活'在民众的实际生活之中，而且在新的条件下，它还可能获得'再生产'的机会，再次焕发新的生机，它是社区文化创造力的源泉。其次，不用花太多的钱，甚至不用花钱，只要其意义被社区居民理解或认同，马上就可以做起来。第三，实施基层社区的遗产项目保护，还可能促进社区乡土教育的发展，并有利于探索出民间智慧在社区内获得世代传承的新路径"（周星，2004）。基于社区层面保护非物质文化遗产的优势及意义，笔者认为应该从以下两个方面加以实施。

1）加强和恢复社区传统仪式，提高社区民众的文化自觉

随着现代化进程及封建迷信思想的影响，一些社区传统节庆仪式开始减少（有些仪式内涵发生变化），有些仪式甚至消亡。事实上，民族社区传统节庆仪式凝结着本民族的民族记忆、民族意识和民族信仰，是进行民族区分的重要标志。仪式的内涵发生变化和仪式的消亡影响了下一代人对本民族的文化认同，文化认同的缺失造成社区居民对自身文化缺乏信心。因

此，羌族社区只有加强和恢复民族社区传统节庆仪式，如羌年，形成本社区居民的族群意识，使其对自身文化保护有信心，全面认识到本民族祖先创造的优秀遗产，形成文化自觉，主动地加入保护非物质文化遗产的队伍中，并成为保护工作的真正主体。

2）成立自主组织，维护社区非物质文化遗产使用的权利并进行利益再分配

非物质文化遗产在社区内属于公共资源，每个社区居民都是非物质文化资源的提供者，同时也是社区文化资源的受益者。随着社区文化资源的资本化，社区居民对文化资源收益权的诉求明显加强。但是，由于羌族社区文化资源权利主体明显"缺失"，社区文化资源一方面被外部企业和个人无偿占有、使用；另一方面少数内部成员利用其社会资本过度攫取社区文化资源而获得了高额的经济收益，这种状况势必导致社区文化资源主体权利丧失，进而打击社区居民学习、再生产非物质文化遗产的积极性。因此，成立社区组织对于维护社区文化资源使用的权利和进行经济收益的再分配显得重要而迫切。

（五）非物质文化遗产研究者

在传统社会中，非物质文化遗产的传承无须学者的帮助即可传承。但在社会快速转型的今天，传承了千百年之久的非物质文化遗产面临危机，当整个社会未曾意识到非物质文化遗产对于人类生存和发展的社会价值而任其自生自灭时，作为先知先觉者的非物质文化遗产研究学者，应该挺身而出，承担民族传统文化救亡的历史重任，唤醒整个社会的文化遗产保护意识。作为非物质文化遗产保护的主体，研究者的职责主要表现在以下两个方面。

1）介绍国外先进的保护经验，为我国非物质文化遗产保护提供借鉴

中国作为非物质文化遗产保护的后起国，要想真正达到非物质文化遗

产保护的目的，需要不断地学习国外保护非物质文化遗产的先进经验。这些经验的获得需要国内学者的翻译和介绍，甚至更新和创造。如韩国除了对传承人（人间国宝）非常重视以外，对学习非物质文化遗产的年轻人还特设了奖学金，资助有志于学习非物质文化遗产项目的年轻人。而目前国内的经济补助均只针对传承人，对于传习人的经济补助则没有关注，这势必加大年轻人学习非物质文化遗产的成本和风险，不利于非物质文化遗产的传承。

2）担任社区教育者、宣传者的角色，使民众认识到非物质文化遗产的价值

由于信息不对称，社区民众对自己习以为常的生活、生产方式缺乏深入的认识，他们认识不到非物质文化遗产是民族智慧的结晶，凝聚着本民族的民族记忆和民族精神，是文化多样性不可或缺的一支，是中华民族优秀传统文化的重要组成部分。非物质文化遗产研究者作为先知先觉者，或者作为意识到非物质文化遗产对于人类发展具有重要意义的"有识之士"，需要其作为教育者和宣传者，将非物质文化遗产的重要社会价值传递给社区民众，使社区民众认识到自身所持有的非物质文化遗产具有的时代价值和重要意义。只有社区民众认识到非物质文化遗产的重要性，他们才会自觉地、自愿地投入到非物质文化遗产的保护中来。

二、坚持多元化的保护手段

非物质文化遗产作为中华民族传统文化的重要组成部分，凝结着中华民族的民族智慧、民族意识和民族精神，是世界文化多样性不可或缺的一支，是中华民族传统文化的重要组成部分。对具体的非物质文化遗产传承主体而言，由于"社会人"的特性，保护非物质文化遗产必须注重传承人与传习人的多方面需求。因此，坚持多元化的保护手段便是非物质文化遗产保护及可持续发展的必然要求。具体来讲，多元化的保护手段主要表现

在以下几个方面。

1）政策性支持手段

方竹兰（2002）指出，"制度的根本作用是培育、激励、发挥、实现人力资本，这既是社会财富增长的需要，也是人的全面发展的需要"。因此，合理的政策是非物质文化遗产得以延续的基础。如目前国家开展的全国性非物质文化遗产大普查、建立非物质文化遗产四级名录体系、制定非物质文化遗产传承人登记制度、建立文化生态保护区、建立非物质文化遗产数据库和资料库等制度，以及2011年6月1日起开始施行的《中华人民共和国非物质文化遗产法》均对非物质文化遗产保护起到了重要的促进作用。但是，我国非物质文化遗产数量众多且种类繁杂，加之不同的非物质文化遗产自身的文化生态环境不同，现有的政策手段难免有疏漏。所以，应该针对不同的类别以及不同文化生态环境的非物质文化遗产制定可行的、具有可操作性的政策制度，以促使非物质文化遗产的可持续发展。

2）社会性支持手段

非物质文化遗产保护是一项系统工程，除了政府提供政策支持以及经济激励手段之外，其他相关主体均应利用各自优势为非物质文化遗产保护提供支持。学校应将非物质文化遗产纳入现代学校教育，以促使年轻学生有更多的机会接触非物质文化遗产并传承它；民间社团则应利用自身更贴近民众的优势大力宣传非物质文化遗产的重要性，并为非物质文化遗产保护提供资金支持；新闻媒体则应该利用自身掌握媒体宣传工具的优势，宣传非物质文化遗产并引导其传承；研究学者（学生）应该利用其"先知先觉者"的优势以及自身的专业知识，唤醒社区居民的"文化自觉"，并为非物质文化遗产保护提供科学指导。

3）经济激励性手段

民族传统文化（非物质文化遗产）对于人类生存以及人类适应不可预知的新环境有着重要的意义，文化多样性以及保护非物质文化遗产的社会收益明显大于个人收益。因此，保护非物质文化遗产具有明显的正外部性特征。由于存在正外部性，非物质文化遗产的持有者只享受了自己行为收益的一部分，而另外的部分则被别人所享受，这就导致了非物质文化遗产供给不足。为了保证非物质文化遗产的充分供给，最好的办法便是对传承人予以经济补贴，通过经济激励使个人享受自己行为所带来的完全收益，以保证非物质文化遗产的持续、有效供给。

事实上，当非物质文化遗产转变为人力资本之后，人力资本天然地属于个人所有。要确保非物质文化遗产传承人人力资本的"释放"以及年轻人投资人力资本，经济激励手段必不可少。一方面，经济激励手段改变了传承人人力资本的市场价值，有助于刺激传承人"释放"其人力资本；另一方面，经济激励手段有助于年轻人对非物质文化遗产的未来价值形成良好预期，引导投资，同时现有的经济激励手段也有助于降低年轻人学习非物质文化遗产的成本。

三、采用差异化的保护策略

本案例研究发现，受旅游开发与灾后重建的影响，一些非物质文化遗产传承的濒危现状得到明显的改观，如羌族刺绣、羌族锅庄和羌族山歌由于游客的追捧，学习者明显增多，其传承人的经济收入明显增加、社会地位明显提高；羌族释比文化（羊皮鼓舞）则由于政府接待和游客观赏的需要，也受到了当地政府和民众的广泛重视，学习者数量有所增加；另外，羌族建筑工艺在灾后重建的过程中有所复苏。但是，没有受到旅游开发与灾后重建影响的非物质文化遗产的传承则举步维艰，如羌族婚礼仪式，由于受到现代年轻人追求时尚、新潮思想的影响，举办羌族传统婚礼仪式的年轻人明显减少，羌族婚礼仪式逐步被边缘化，已经走向消亡的边缘。因此，应该针对不同非物质文化遗产的生存现状以及遗产特性采取差异化的保护策略，本书分别对目前具有市场前景，容易产业化和目前不具备市场前景，不容易产业化的非物质文化遗产提出了差异化的保护策略。

（一）具有市场前景，容易产业化的非物质文化遗产保护策略

当今，随着符号消费的兴起，具有明显民族特色的民间音乐、民间舞蹈、民间艺术品、曲艺、民俗受到广大消费者的欢迎，消费者愿意为消费民族传统文化支付费用，这使得当初仅仅为满足自身生产、生活活动需要的，具有明显"乡土应用性"特征的地方性知识在现代社会中重新焕发了生机，被赋予了新的时代价值。非物质文化遗产变成了能为其持有者带来经济收益的资产，出于追求经济收益目的的学习者明显增多，这使得非物质文化遗产在市场机制引导下实现了自身的传承。因此，针对具有市场前景，容易产业化的非物质文化遗产应该充分发挥市场调节的杠杆作用，以企业为非物质文化遗产产业化的主体，政府应该采用补贴、补息、奖励等方式大力支持非物质文化遗产的产业化。最终通过产业化形式来凸显非物质文化遗产的市场价值，引导年轻人主动学习非物质文化遗产，以实现非物质文化遗产保护工作的可持续发展。

（二）目前不具有市场前景，不容易产业化的非物质文化遗产保护策略

由于一些非物质文化遗产在现代社会丧失了其功能和有用性，其传承所面临的困难异常严峻。此时，非物质文化遗产的保护首先应该通过政府的经济资助提高传承人的经济收入，同时通过对传习人进行经济补助降低其学习非物质文化遗产的成本和风险；其次，政府、非政府组织、学者（学生）、新闻媒体等组织和个人应该利用自身的优势，大力宣传非物质文化遗产的重要性，使社区居民认识到自身传统文化的重要价值，形成"文化自觉"，主动参与到非物质文化遗产的保护工作中来。最后，为了防止非物质文化遗产直接消亡造成的损失，应通过实物收藏、多媒体技术录像（录音）

等方式记录非物质文化遗产，同时通过建立资料库、数据库等方式将这些资料保存起来，然后通过多媒体方式传播，最终达到保护非物质文化遗产的目的。

本 章 小 结

第一，非物质文化遗产在经济资本的强势话语和符号消费的双重背景下转化成人力资本。

当代社会明显体现出经济支配一切的特征，这使得社会的各个场域都明显地受制于经济资本的逻辑，作为重要传统文化的非物质文化遗产不能例外，要想行使自己的权利都要转变为经济权利的形式。与此同时，当代社会人们对于符号消费的追求，无疑为非物质文化遗产的开发利用提供了巨大的市场空间。在市场经济条件下，只要存在市场需求，一切文化资源都可以转化为文化产品，这些文化产品凸显出文化资源的经济价值。此时，以人为载体的非物质文化遗产便转化为其持有者的人力资本。

第二，保证持有者对非物质文化遗产的完整产权是非物质文化遗产保护的原动力。

一旦非物质文化遗产在经济资本的强势话语和符号消费的双重背景下转化为人力资本，能为其持有者带来经济收益时，非物质文化遗产持有者则倾向于把这种资源的产权界定得更加清楚。只有非物质文化遗产利益得到公平分配，才能使非物质文化遗产持有者预期到他们的权利能够实现，利益得到保护，才能避免非物质文化遗产持有者因产权残缺而"关闭"人力资本，使其价值一落千丈。因此，只有确保非物质文化遗产持有者得到公平的利益和充分的尊重，才能够充分发挥其保护和再生产的积极性和主动性，最终达到保护非物质文化遗产的目的。

第三，合理的激励机制是非物质文化遗产"释放"的催化剂。

《中华人民共和国宪法》规定，各民族都有保持或改革自己的民族风俗习惯的自由，具有选择继承或者放弃自身传统文化的权利。由于非物质文化遗产持有者完全控制着非物质文化遗产的"开启"与"关闭"，非物质文化遗产"释放"与否以及"释放"多少完全取决于持有者的主观意愿，外界无权也无法干涉。因此，非物质文化遗产"释放"只可激励而无法压榨。通过研究发现：经济收入激励是非物质文化遗产"释放"的基础；增加非物质文化遗产持有者参与社会表达的机会、增加其社会资本和提高其社会地位是非物质文化遗产"释放"的前提；建立定期表彰奖励机制与发自内心地关心和尊重持有者是非物质文化遗产"释放"的关键；合理的制度安排是非物质文化遗产"释放"的重要保障。

第四，保证非物质文化遗产学习者获得较高投资收益率和降低学习者的投资风险是非物质文化遗产延续的基石。

非物质文化遗产是人们在特定情境下根据自身经验而得来的一套处理自己所面临问题的特有知识和技能。这些知识和技能是人们在自然的文化生态环境中无意习得和在濡化过程中获得的，其学习非物质文化遗产不带有目的性。但是随着现代学校教育的普及以及人的经济价值的上升，非物质文化遗产变成年轻人有意投资学习的对象之一。作为理性的经济人，学习者的投资决策是在充分考虑非物质文化遗产投资收益率，以及从众多备选投资方案中选择投资收益率最高的一个作为自己的投资对象的过程。与此同时，投资非物质文化遗产面临的诸多风险也会让学习者犹豫不决。因此，提高学习非物质文化遗产的收益率，以及降低投资非物质文化遗产的风险是非物质文化遗产延续的基石。

第四章

旅游活动对民族社区社会
资本影响的实证研究

第一节　民族社区社会资本与旅游发展对社会资本的影响

本节主要对国内外关于社会资本概念、社区社会资本概念、社区社会资本的测量、旅游发展对民族社区社会资本影响的实证研究四个方面的文献成果进行梳理，尝试性地总结出民族社区社会资本的内涵及其测量维度。

一、社会资本的概念

目前对于社会资本的概念学界还没有形成统一的认识，笔者通过对相关文献的梳理，列举出较有代表性的定义，见表4-1。

表4-1　社会资本的代表性定义

作者	定义
Bourdieu（1986）	社会资本是社会网络成员或群体拥有的实际和潜在资源的积累，它是由一个特定群体成员共享的集体财产，为群体的每一个成员提供共有资源的支持
Coleman（1990）	社会资本的定义由其功能而来，而非某种单独的实体，它具有各种形式的不同实体，它有两个共同的特征：它们由构成社会结构的各个要素组成；它们为结构内部的个体提供便利
Burt（1992）	网络结构给网络中的行为者提供信息和资源控制资源的程度，包括你能获取金融和人力资本的朋友、同事以及更一般的熟人
林南	社会资本——作为在市场中期望得到回报的社会关系投资——可以定义为在目的性行动中被获取和/或被动员的、嵌入在社会结构中的资源
Fukuyama（1997）	社会资本指的是组织成员所共享的保证合作的一系列非正式的规范和价值观
Putnam（1993）	社会资本指的是社会组织的特征，例如信任、规范和网络，它们能够通过推动协调的行动来提高社会效率
世界银行（1998）	社会资本是指存在于社会组织中的能促使人们协调一致以实现预定目标的那些规范和社会关系
杨雪冬（2000）	社会资本是处于一个共同体之内的个人、组织上的（广义上的）通过与内部、外部对象的长期交往、合作互利形成的一系列认同关系，以及在这些关系背后积淀下来的历史传统、价值理念、信仰和行为范式
卜长莉和金中祥（2001）	社会资本是以一定的社会关系为基础的，以一定的文化作为内在的行为规范，以一定的群体或组织的共同收益为目的，通过人际互动形成的社会关系网络

续表

作者	定义
杨永福等 （2003）	社会资本是存在于社会结构之中，通过促使行动者交易与协作等特定活动而产生效益的资源，社会资本是一种蕴含于结构本身的结构资源
周建国 （2005）	社会资本是一种镶嵌在社会结构或社会关系之中，以信任、规范以及网络等多种形式存在，对人们的社会行动产生正负两方面影响，人们通过自身目的的行动可以获取或改变其流动方向的一种资源

资料来源：根据部分文献整理

　　根据上述学者和组织对社会资本概念的界定，可以将其划分为微观、中观和宏观三个层面（周红云，2002）。

　　其一，从微观层面上看，社会资本是一种狭义的概念，持此观念的以布迪厄、科尔曼、伯特、林南为代表的经济学家认为社会资本的主体是单个的人。社会资本这些单个的主体，为了更加便利地达到自己的目的而拥有的各种社会资源。

　　其二，从中观层面上看，这个层面社会资本的概念较微观层面社会资本有所拓展，该层面强调社会资本的公共产品特性而不局限于社会主体的个人，认为社会资本不仅作为个人利益增加的手段，也是解决集体行动问题的重要资源。持此概念的经济学家以科尔曼为代表。由于集体的社会资本较个体的社会资本概念的拓展而要求整体的规范和信任，而对个人目的的达成的重要性程度有所降低。

　　其三，从宏观层面上看，以普特南、福山、世界银行和杨雪冬的观点为代表。宏观层面的社会资本较中观层面又有所拓展，该层面更加强调社会资本与集体行动和公共政策的联系，更加在整体上、宏观上强调社会资本对于整个经济社会发展的重要作用。

二、社区社会资本的概念

　　截至 2012 年 11 月 1 日，通过在中国知网数据库的检索，题名包括社区与社会资本的文献有 175 篇，以"社区社会资本"为题名的文章有 51 篇。

大多数文章没有真正将"社区社会资本"作为单独概念来界定，而是把"社会资本（中观和宏观的社会资本定义）放在社区这样一个特定场域中去研究，在社区场域中沿用经典的社会资本的解释"。

王亮（2006）将社区社会资本定义为："社区社会资本是社区内部的个人和组织在互动中形成的信任、互惠、合作关系的总和。"赵廷彦（2008）认为，社区社会资本是"社会资本在社区中的具体化……潜藏于社区结构中并为其中的行动者的行动提供便利的社会资源，包括社区规范、社区信任以及社区网络等"。罗家德和方震平（2014）认为，社区社会资本是"一个社群中，成员间的关系以及社会网结构维度的社会资本，以及社区内认知性社会资本，能让此一社群内部产生合作性，进而可能促成集体行动，使整个社群受益"。

综合上述中观层面和宏观层面社会资本的经典定义，将社区社会资本定义为：存在于社区共同体之中的那些能够促进人们协调一致，以实现预定目标的社会规范、价值观、习惯以及社会网络等社会因素。

三、社区社会资本的测量

要进行社会资本的定量研究，对它的测量是一个极重要的环节。一般需要通过概念化和可操作化的方式，把社会资本转化成为一系列可度量的指标。

社会资本的内涵不同，相对应的社会资本的测量指标也不同。本书采用的是宏观层面的社会资本概念，所以下文对社会资本测量的梳理，只针对宏观社会资本，见表 4-2。

表 4-2　社会资本的测量量表汇总

作者	维度
Putnam（1993）	信任、规范、民间组织数量
Knack 和 Keefer（1997）	信任、规范、协会数量
Stone 和 Hughes（2002）	公民美德、信任、互惠规范、关系网络
SCAT（2002）	与组织联系、集体行动、参与公共事务、社会支持、社会凝聚力、归属感、信任和互惠

续表

作者	维度
Guisoetal（2004）	非强制性公投参与率、自愿无偿献血率
Kawachi（2004）	信任、参与社团和组织、社会支持、志愿活动、互惠、非正式社交活动、社区凝聚力、社会归属感
Beugelsdijk 和 van Schaik（2005）	信任、协会数量
Rupasinghaetal（2006）	免税的非营利组织数量、民间组织数量、参与总统选举的人数占地区总人数的比率、对人口普查的反应
de Silva（2006）	信任、社会凝聚力、社区归属感、参与社团、社会网络、社会支持、参与公共事务、家庭资本
Harpham（2007）	网络、社会支持、信任、互惠、非正式社会控制
赵延东（2006）	信任、公共参与
林聚任和刘翠霞（2005）	社会风气观、公共参与、处世之道、信任与安全感、关系网络
桂勇和黄荣贵（2008）	参与地方性社团或组织、地方性社会网络、非正式社会互动、信任、互惠、社会支持、社区凝聚力、社会归属感
裴志军（2010）	普遍信任、规范信任、正式网络、非正式网络、共同愿景、社会支持
谢治菊和谭洪波（2011）	信任、社区参与、互惠、共享、合作、社会归属感
胡涤非（2011）	信任、互惠规范、参与

资料来源：根据部分文献整理

　　本书认为，国外的测量量表的开发是针对西方公民社会，有些测量维度不适合中国的实际情况，如自愿无偿献血率、民间组织数量、参与总统选举的人数占地区总人数的比率、对人口普查的反应等，将其剔除。

　　社会资本量表虽然没有达成共识，但是可以从中提炼出最常见的测量维度，包括组织联系、集体行动、合作、参与公共事务、信任、互惠、社区参与、社会归属感、共同愿景、网络、社区凝聚力、社会支持、志愿主义 13 个维度。

　　但是在上述各个维度中，一些维度是社会资本产生的结果，而不是社会资本本身，如集体行动、合作、志愿主义等；一些维度是重叠的，如互惠、社会支持、社区凝聚力、社会归属感和共同愿景。Whiteley（1999）认为，有两种类型的信任——对于个人的信任以及对于国家的信任，才可能构成社会资本。上述多数文献中在测量信任时将两种类型合二为一，这是不合理的，因为对家人和对一般意义上的他人的信任与对国家的信任不是线性相关的。因此，本书同意裴志军（2010）的观点，在测量社区社会资本时将信任分为两个维度，一是普遍信任（人际信任）①，二是规范信任。

至此，通过文献的梳理和对常见维度的分析总结，本书认为，社区社会资本的维度应当包括人际信任、规范信任、社区参与、社区归属感、互惠、网络六个维度。

四、社会资本与农村社区研究

社区是进行一定的社会活动、具有某种互动关系的共同文化维系力的人类生活群体及其活动区域（郑杭生，2003）。滕尼斯（1999）在《共同体与社会——纯粹社会学的基本概念》一书中阐述道："社区"是基于血缘、亲属、邻里和朋友关系的人群组合，体现社区生活的主要载体是家庭或家族，乡村或村庄，凭借和睦感情、伦理和宗教而建立起来的。从社区的本质来看，社区本身就是一种社会资本。孙立平认为，社会资本的创造是社区发育的真正内涵，所以社会资本理论成了社区研究重要的理论工具。

目前，社会资本与社区研究可根据社区性质的不同，分为城市社区社会资本研究和农村社区社会资本研究。由于本书关注的民族社区特指少数民族生活聚居的农村社区，此处只对农村社区社会资本研究进行梳理。

社会资本与农村的运行和发展紧密相关，对农村社区社会资本的研究有助于更深入全面地了解农村问题，促进农村发展。近年来农村社会资本研究逐渐增多，根据研究主题可分为以下四类（陶艳梅和景琴玲，2006）。

（1）在社会资本理论框架内对农村社会各方面的相关研究。这一类研究虽然没有使用"农村社会资本"这一概念，但都是在社会资本理论框架

---

① 在社会学中，普遍信任指的是以契约和法律准则为基础和保证而确立的信任关系。而此处指的是对个人的信任，为了避免理解上的混乱，本书用人际信任代替普遍信任的说法。

内对农村社会各方面进行分析和研究。如肖唐镖（2002）、王铭铭（1999）等对宗族在村治权力分配与运行中的影响分析和农村农民间互助、人情、人缘、民间权威等的研究中不知不觉地涉及农村社会资本的内容。

（2）在借鉴国外社会资本理论建构的基础上，对中国农村社会资本理论建构进行的探讨性研究。钟涨宝等在《农村社会资本理论探讨》一文中明确界定了社会资本的概念，探讨了农村社会资本的类型、特点，分析了农村社会资本的运行机制和客观功效。

（3）将"外来的"社会资本作为一种基础理论工具，对农村社会各种问题进行的解释性研究。这一类研究主要集中在对农村社会结构变迁、农村贫困问题、农村劳动力流转、农村公共物品供给和管理、农村合作组织运行、农村金融发展和乡村治理等的作用机制上。

（4）农村社会资本的测量。林聚任等（2005）从社会风气观、公共参与、处世之道、信任安全感和关系网络五个维度，调查了山东省农村的社会资本状况；胡涤非（2011）从信任、互惠规范和参与网络三个维度对农村社会资本进行了测量；裴志军（2010）从普遍信任、规范信任、正式网络、非正式网络、共同愿景与社会支持六个维度构建了村域社会资本的测量量表。谢治菊和谭洪波（2011）则认为信任、社区参与、互惠、共享、合作、社区归属感是测量农村社区社会资本较为合适的测量指标。

五、研究述评

综上所述，虽然本土化农村社会资本研究取得了丰富的成果，但目前国内对农村社会资本的实证研究大多集中在沿海经济发达的农村地区和贫穷落后的山村地区。中国幅员辽阔，不同的地域、文化、制度因素造成不同的农村社区社会资本呈现不同的特征，现有的研究显然不能全面反映中国大多数普通农村的社会资本现状。因此，只有不断丰富研究对象的类型，拓展实证背景，才能逐步达到对中国农村社会资本的整体认识。少数民族社区作为农村地区的一种类型，目前还缺乏对其社会资本的相关研究，关于旅游活动对民族社区社会资本影响方面的实证研究文献也较少，本书在借鉴农村社区社会资本量表的基础上，尝试性地开发民族社区社会资本的量表，并以此测量旅游活动对民族社区社会资本的影响。

六、民族社区社会资本的内涵

（一）社区社会资本的内涵

上文对社区社会资本的定义为：存在于社区共同体之中的那些能够促进人们协调一致以实现预定目标的社会规范、价值观、习惯以及社会网络等社会因素。它具有公共性，在社会的公共事业发展中扮演着"软件"的角色，如我们容易理解的经济发展中的"非经济因素"或发展中的社会机制。简而言之，社区社会资本就是一个社会中促进人们合作的各种社会与文化因素。理论界在较多的情况下是从社会中存在的那些有利于当代发展的内容来理解社会资本的，也就是一般所谓的"良性资本"。

第一，社区共同体概括了社会资本的特性覆盖范围上的特性，指出了社会资本的承担的主体。一个村庄、一个社区都是一个共同体，显而易见，它不是指个人。民族社区社会资本的主体是民族社区，而非居民个人。

第二，社会资本本质是一种资源。社会资本是一种存在于共同体内的社会结构资源，通过对这种资源的使用，可以为使用者带来利益。社区社会资本的使用者就是社区本身，社区社会资本能够提高社区集体行动的效率，从而使社区受益。

第三，社会资本包括结构性社会资本和认知性社会资本两部分。结构性社会资本指通过规则、程序和先例建立起来的社会网络，因此结构性社会资本相对易于观察，而认知性社会资本指共享的价值观、规范、信仰、信任、态度，是一个更主观、更难以观察的概念。对于社会资本的概念的定义，布迪厄、伯特只重视社会资本结构性的一面，而福山只注重社会资本认知性的一面。上述定义则明确地把社会资本的结构性和认知性统一起来，保证了社会资本的完整性。

（二）民族认同感——民族社区社会资本的重要方面

民族认同感是一个民族的人们对自己民族的归属意识，人们在观念上认同自己的民族，承认自己属于哪个民族，同时也对这个民族怀有热爱之情，拥有相应的民族感情与民族意识，存在一个民族共同的心理状态等。民族认同感使人们在观念上、心理上归属某一个民族，从而使自己的社会行为遵循民族延续下来的传统准则，参与到这个民族传统的社会生活中去。由上文可知，社会资本就是社会中促进人们合作的各种社会与文化因素。显然，民族认同感是民族社区社会资本的重要方面。所以本书认为，民族社区社会资本的维度除了包括上文经过文献分析得到的人际信任、规范信任、社区参与、社区归属感、互惠、网络这六个维度外，还应当包括民族认同感这一维度。

第二节　研究设计与研究假设

一、研究区域背景与研究思路

（一）研究区域选择

本书拟选择两个社会文化背景相似，但旅游发展程度不同的村庄进行对比研究，从而考察旅游活动对社区社会资本的影响。桃坪羌寨和萝卜寨都属于羌族社区，在传统文化、社会结构上具有极大的相似性。桃坪羌寨于 1996 年开始发展旅游，而萝卜寨于 2008 年开始发展旅游，由于 5·12 汶川地震的影响，目前萝卜寨旅游的发展还处于起步阶段。桃坪羌寨的概况在前文已有交代，在此不再赘述。

萝卜寨位于汶川县雁门乡境内，距国道 213 线 9.6 千米，距汶川县城威州镇 15 千米，北部紧邻茂县南新镇。萝卜寨全寨 3 个村小组，214 户，1091 人①，犹如一个小集镇，其建筑风格奇特，被称为东方黄泥建筑"活化石"。古老的萝卜寨建筑形态特别，200 多户院落相连，户户房顶相通，层层叠叠，错落有致。寨内巷道阡陌纵横，可以称得上古羌人最古老的街市，也是古羌人御敌的坚固壁垒，号称"云朵上的街市、古羌王的遗都"。

2008 年 5·12 汶川地震后，萝卜寨遭到巨大的破坏，在恢复重建过程中，在紧邻原萝卜寨的旁边，重新修建了萝卜寨，以前的老寨子遂变为文化遗址。

（二）研究思路

本节在选取两个文化背景和社区结构相似的案例区域的基础上，通过文献查阅和实地访谈，在界定民族社区社会资本的维度的基础上，提出旅游活动对民族社区社会资本影响的研究假设，进而开发测量旅游活动对民族社区社会资本影响的量表。在此前提上，通过统计分析，揭示旅游活动对旅游发展程度不同的社区社会资本影响的差异性，采用微观社会学的社区比较研究方法，揭示旅游活动与社区社会资本变化的内在本质联系，从而为民族社区旅游的可持续发展提供理论支撑和政策建议。

二、研究方法

（1）文献研究法。本章以社会资本为主线，对民族社区、社会资本、社区社会资本、社会资本测量量表、社会资本与农村社区研究、民族社区社会资本内涵等相关研究进行了梳理，主要通过中国期刊全文数据库、学校图书馆资料及相关网站，对国内外相关文献进行检索，并在研读文献资

---

① 数据来自 2012 年 11 月 18 日至 11 月 28 日研究小组的田野调查。

料的基础上进行归纳整理，为本书的撰写寻找依据和支撑。

（2）焦点访谈法。在民族社区社会资本的量表开发阶段，本书将分别通过与民族村寨精英人物、民族村寨研究专家进行深度访谈，发现并提炼出民族社区社会资本的关键因素，为开发民族社区社会资本量表提供参考材料。

（3）问卷调查法。问卷调查法是研究者用来搜集资料的一种技术，也可以说是对个人行为和态度的一种测量技术（杨国枢等，2006）。问卷调查法能快速有效地收集数据，并且成本低廉，所以被广泛地应用于定量研究中。本书通过焦点访谈所提供的材料，发展出测量民族社区社会资本的相关题项和维度，并制定民族社区社会资本的调查问卷。问卷在经过信度和效度检验后，以民族社区居民为调查对象，现场发放和回收问卷，确保了问卷的回收率和有效性，为后续研究提供了数据支持。

（4）半参与式观察法。半参与式观察法是指"观察者并不一定参与观察对象的所有活动，而是在不妨碍观察对象生活等前提下保留自己的一些生活习惯，但通常在语言和生活习惯上与观察对象保持一致，使他们认为自己是受欢迎的客人或者'自己人'；观察对象知道自己正在被观察，知道观察者的身份，把观察者参与他们的活动视为礼貌和友谊，但不会强求观察者按照他们的行为模式去做"（高燕，2002）。课题组将调查人员分散安排在多家接待户用餐和居住，并与主人一同劳作与用餐，在互动过程中，观察居民的表情、行为，从而更加准确地了解居民的真实想法。

（5）SPSS 18.0 和 AMOS 18.0 统计分析法。本书中问卷数据的统计分析方面，主要采用 SPSS 18.0 统计分析软件中的项目分析、探索性因子分析进行量表开发；使用结构方程软件 AMOS 18.0 对量表进行验证性因子分析；使用 SPSS 18.0 的独立样本 t 检验和单因素方差法分析民族社区社会资本存量和结构。

三、研究假设的提出

由于民族文化与民族社区的社会资本密不可分，民族文化中的很多构成因子，同时也是社会资本的组成部分，一个民族的文化就是其社会资本的承载体。在旅游对民族社区社会文化影响的研究中，虽然目前尚未有从社会资本理论的视角来进行系统研究的文献，但都或多或少涉及社会资本的一些内容。所以，本章基于民族社区社会文化影响研究中涉及社会资本内容的文献和农村社会资本研究的文献，尝试性地提出民族社区的社会资本特征、旅游对社会资本各个维度影响的假设。

（一）人际信任

人际信任是指对某一个体的行为或意识有信心，预期对方会有合理、公平以及友善的行为，同时还会考虑到其他人的权利（Carnevale and Wechsler，1992）。个人相信其他人会按照自己的期望来行动，故无需花费大量的时间和金钱对他们进行监视，这样可以降低人与人之间的交易成本，促进合作（Gambetta，1988；刘静艳等，2011）。相反，在一个缺乏信任的社区里，集体之间的协作是很难达成的。帕特南、福山都认为信任是社会资本的重要内容。在本章开发的社会资本量表中的人际信任包括对家人、亲戚、村里人、陌生人、社会上的人、朋友的信任。

韦伯认为，中国传统的信任结构是建立在血缘共同体的基础上的，即建立在家族、亲戚关系或准亲戚关系上，对于那些置身于这种血缘关系之外的其他人，即外人来说，中国人是普遍不信任的。已有的研究也表明，中国人对外人的信任正在发生变化。李伟民和梁玉成（2002）认为在中国社会中，中国人对自家人和外人的信任会受到人与人之间先天血缘联系的制约限制，也会受到血缘关系泛化后所形成的各种拟亲关系如同乡、兄弟甚至亲密情感关系的影响，从而使中国人所信任的人群中既包括家属、亲戚，也会包括一些与自己具有拟亲属关系的其他外人。

林聚任等（2007）认为，中国的信任格局基本上呈现"家人—亲属—熟人—陌生人"的差序形态，而总体上整个社会信任水平较低。肖洪根（2002）认为，旅游影响了旅游目的地淳朴的民风，加剧了人际关系紧张。信任本身是相互的，不是个人行为，它是社会关系的一种。人际关系紧张，必然造成信任程度的下降。王晓辉（2005）指出，旅游社区人们的信任度下降。基于上述观点，笔者提出研究假设：民族社区的信任格局呈现"家人—亲戚—朋友—村里人—社会上的人—陌生人"的"差序格局"，两个村庄在人际信任上具有显著差异（H1）。

（二）规范信任

规范信任是对一般化的交往媒介，如交往规范、制度、法律的信任。共同的规范、准则和约束是社区内部一致认同或者正式制定的行为标准。人们只有建立对规范的信任，才能遵守游戏规则，达成集体、团队的合作。本书对规范信任界定为：对政府机关、公务人员、法律、村中旅游公司的信任。

林聚任等（2007）在研究中指出，中国的信任危机也表现在制度层面，在我国的广大农村，社区的转型，传统社会的制度、规范被不断打破，而合理的制度尚未建立，所以农民普遍对地方管理者和正式组织缺乏信心。

市场经济是以法律为保障的，旅游活动进入到民族社区后，并不意味着简单的商品交易的"市场"，也不仅是单纯的经济行为，而是一种与农业社会的自然经济和计划经济全然不同的现代社会的运行机制和文化模式。因此，它必然对村寨传统的文化价值观念和道德行为规范产生冲击，会使人们的法律意识增强。近年来，越来越多的人感受到了经济发展过程中社会道德失范问题的严重性，一些专家认为，旅游业的发展致使旅游接待地人民的道德水准下降。

基于上述观点和对研究对象的实地调研，笔者提出假设：民族社区的规范信任整体水平偏低，法律意识增强。两个村庄在规范信任上具有显著差异（H2）。

（三）社区参与

社区参与是指社区居民参与社会公共事务的行为。本书中的社区参与包括：居民对羌历年的活动、村委会选举、村里的婚丧嫁娶、村里表演队的参与情况。

由于历史、环境等原因，少数民族在其生存、发展过程中，经历着与外敌、恶劣的自然环境的抗争活动，这就要求少数民族内部的团结、协作。经过长期的发展，固化为少数民族内部的规范、制度。郑晓云（2009）指出，以一些民族的社会组织制度为例，在过去很多民族的社会组织都体现出集体性特征，人们以集体为依托，人们的社会行为、经济行为等都从属于强大的社会聚合力之下，所以少数民族地区的社区公共事务的参与度较高。

随着资本市场的成熟以及经济全球化趋势的推进，中国特色社会主义市场经济体制逐步完善，各种全球或地区性经济组织大量出现，使整个世界的市场形成一个整体，即便是偏远地区的村寨也不能"幸免"。旅游作为市场经济的产物，其市场化运作模式导致村民"利益觉醒"，对利益的追求已经成了影响社区社会结构的一个重要因素。村民在参与社区公共事务时，经济理性的成分增加，即与自身利益相关的公共事务他们会积极参与，而与自身利益无关的社区公共事务其参与率较低。

基于上述观点，笔者提出假设：民族社区居民对与旅游相关，能带来经济价值的事务参与度高。两个村庄在社区参与程度上具有显著差异（H3）。

（四）社区归属感

所谓社区归属感是指社区居民把自己归为某一地域人群集合体的心理

状态。

本书中社区归属感包括：社区居民为了村容村貌会不会乱丢垃圾、是否考虑搬离村庄、得到上级表彰时是否感到自豪、对村庄发展前景的信心。

已有的研究文献表明：旅游发展给民族社区的社会文化带来了很多消极负面的影响，受旅游发展带来的经济利益驱使，旅游接待地的价值标准和道德发生了变化，传统的"重义轻利"的价值观受到市场经济的冲击，引起社会道德标准的下降，人际关系的恶化，少数民族社区过去淳朴的民风已经消失。旅游的发展还在一定程度上破坏了少数民族的生态环境。所以旅游发展后，人们的社区归属感会降低。

基于上述观点，笔者提出假设：两个村庄在社区归属感上具有显著差异（H4）。

（五）互惠

帕特南把互惠分为均衡的互惠和普遍的互惠。前者是指人们同时交换价值相等的东西；后者则是在特定的时间里是无报酬的和不均衡的，现在己予人，将来人予己。这种互惠在农村地区主要表现为村民之间农忙季节相互义务帮工。本书的互惠内容包括：农忙时互换活路、红白喜事的帮工、邻里和村民之间的相互帮助。

在各少数民族的传统社会中都存在互惠互助机制，这对自然社会环境相对封闭、生产力低下的民族社区来说，这种互惠机制对民族社区生产率的提高、社会发展发挥了积极作用，但在当代维持这种机制则需要较高的成本。

郑晓云（2009）在研究基诺族时发现，一个家庭如果有什么大事，全村都要帮忙。建盖住房是一个家庭中的大事，建房之日，村中的劳动力基本上都放弃自己的活计前来帮忙，房子建成之后，要举行隆重的仪式，全村老幼集体欢庆，在这个过程中，要喝酒、杀猪、宰牛，用大量的粮食蔬菜，往往建房的成本开支中招待费用就占了一半。

旅游发展给少数民族社区带来了便利的交通、先进的技术，以及可观的经济收入。以家庭为接待单位的经营模式使人们的生产、生活更加"原子化"，彼此之间的依赖成分下降，互惠机制作用减弱，同时由于维持这样互惠机制的成本相对较高，所以村民之间的互惠有减少、下降的趋势。

基于上述研究，笔者提出假设：两个村庄在互惠上具有显著差异（H5）。

（六）社会网络

在群体之间存在着多种不同类型的社会网络，包括内部个人之间的联系；社区之间的联系；社区与其他组织机构之间的联系。本书研究中的网络内容包括：与亲戚、邻里、村民、朋友之间的联系程度。

大部分少数民族社区所处的地理位置偏僻且相对封闭，人们的网络半径较小，往往局限于家人、亲戚、村民之间。但伴随着旅游发展，交通条件大大改善，大量游客的到访加强了少数民族村庄跟外界的联系，所以旅游发展程度高的村庄，相对于旅游发展程度低的村庄，关系网络更广泛，网络半径更大，它们不再仅仅局限于自己的亲戚、邻里、村民这些关系。因此，笔者提出假设：两个村庄在社会网络上具有显著差异（H6）。

（七）民族认同感

在民族文化交往和互动的全球化过程中，随着旅游业发展，民族文化与各种外来文化的撞击和互动更为频繁，达到了前所未有的高度。作为对这一态势的回应和抗争，少数民族传统文化借助旅游业的快速发展，通过族群精英的斡旋和大众传媒的鼓动，进行恢复和重建。例如，濒临消亡的丽江纳西东巴文化的复兴，东巴文化曾经对纳西族社会生活、文化习俗、民族精神等有过重大的影响，但在20世纪50年代后，东巴文化逐渐陷入全面衰落甚至消亡的深重危机中，但旅游开发后，使原来仅限于学术研究且被视为神秘深奥的东巴文化，迅速进入商品市场，逐渐成为推动丽江文化旅游的重要文化元素。东巴文化被开发为文化产品，内容涉及演艺、旅游景点、餐饮、副食品和工艺品。有关东巴文化的书籍和音像制品也形成了一定规模，唤起了沉睡已久的当地居民的记忆，促使当地居民对东巴文化重新认识和定位，年轻一代居民改变了对传统文化的疏离和冷漠态度，对东巴文化产生了极大的兴趣和热情。

Smith（2002）对因纽特人的旅游业研究表明，因纽特人认识到他们的地域性特色和传统的文化对游客有很大的吸引力，这种民族文化的独特性和稀缺性而使他们发掘了自我民族的价值。

社区旅游业的发展，使猎奇的游客纷至沓来，为满足游客对少数民族传统文化体验的需求，许多濒临失传或被遗忘的各种习俗又重新活现，许多在民间流传的传统工艺、传统文化又在旅游市场中获得重生。当地居民在享受其民族传统特色旅游带来的巨大经济利益的同时，也逐渐发现自己传统文化之所以受到欢迎的内在原因，从而消除了民族封闭、落后而导致的民族自卑感。同时，由于经济的带动而树立起民族文化的自信与自豪感，居民从最初的因经济利益而保护自己的传统文化，到最终自觉地发现民族文化本身的价值，并树立起民族文化传承的责任心和使命感；从单纯地追求经济利益的工具理性向工具理性和价值理性有机统一的方向转变。

基于上述观点，笔者提出假设：旅游增强了居民保护传统文化的自觉意识，使得居民的民族认同感增强，两个村庄在民族认同感上具有显著差异（H7）。

四、小结

在研究设计和案例点介绍的基础上，本书提出了七个（详见表4-3）相应的研究假设。本书将所有假设分为两类：一类是验证性假设，指这些假设已有研究者作过研究，并获得了经验研究的证实；另一类是开拓性假设，指这些假设还没有其他研究者提出过，或虽然有相关的理论研究，但尚未经过经验研究的证实（徐碧祥，2007）。本章根据上述标准将所提出的假设进行了归类，如表4-3所示。

表4-3 研究假设汇总

假设	假设内容	假设性质
H1	民族社区的信任格局呈现"家人—亲戚—朋友—村里人—社会上的人—陌生人"的"差序格局"，两个村庄在人际信任上具有显著差异	验证性
H2	民族社区的规范信任整体水平偏低，法律意识增强。两个村庄在规范信任上具有显著差异	验证性
H3	民族社区居民对与旅游相关，能带来经济价值的事务参与度高。两个村庄在社区参与程度上具有显著差异	开拓性
H4	两个村庄在社区归属感上具有显著差异	开拓性
H5	两个村庄在互惠上具有显著差异	开拓性
H6	两个村庄在社会网络上具有显著差异	验证性
H7	两个村庄在民族认同感上具有显著差异	验证性

第三节　民族社区社会资本量表开发

本章选取的民族社区属于农村社区。目前的学术研究成果中已有农村社区社会资本量表，但农村社区的社会资本量表不能完整地反映民族社区社会资本的全貌。所以，本书根据民族社区社会资本的内涵特征，借鉴农村社区社会资本量表，补充能反映民族社区社会资本特点的相关题项，以形成民族社区社会资本量表。

在量表开发的基本程序上，本章以确定建构范围为起点，通过项目收集、探索性因子分析和验证性因子分析来对民族社区社会资本量表进行开发。

本章将采用 Churchill（1979）提出的量表开发模式，通过反复地开发和测试以达到研究所需的规范信度和有效性。具体的开发步骤如下。

一、拟定量表题项

（一）民族社区社会资本

拟定量表项目的前提是界定民族社区社会资本概念的范畴。本书将民族社区社会资本定位为存在于民族社区共同体之中的那些能够促进人们协调一致以实现预定目标的一系列非正式的规范、信任、信仰、价值观，以及社区参与网络。民族社区社会资本的内涵可概括为：社会资本的主体是社区；民族社区社会资本的内容应当包括民族认同感。

（二）通过开放式问卷法和个人访谈法收集"关键事件"

测验项目库的编辑需要以实际收集到的数据为依据。樊景立等（2008）指出，可通过两种不同的方式来收集测验题项：归纳法、演绎法。归纳法通过定性方法了解和收集测验内容，总结测量题项，常常借助于个人面谈法、小组面谈法、开放式问卷法、关键事件法和二手资料法。演绎法则需通过文献回顾来确认对概念的操作化，通过研究者自身对概念的理解改编已有的测验题项来实现。

本章在回顾国内外已有文献的基础上，虽然对社会资本的内容有了一定程度的了解，但仅仅使用演绎法很难对我们民族社区社会资本的概念和内涵进行全面系统的概括。在此情况下，本书将结合归纳法提出民族社区社会资本的关键性指标，建立相应的测量量表。

实地调查过程中，调查人员在向被调查者解释民族社区社会资本这一概念的操作性定义的基础上，通过个人访谈法和开放式问卷法收集相应的关键事件，改编成测量语句形成项目库，再经过语句的筛选编制为预测试问卷。

在项目收集时，调查人员首先采用的是个人访谈法。2012 年 10 月 19～23 日，三名旅游管理专业的硕士研究生组成调研小组前往桃坪羌寨和萝卜寨进行实地调查，为了方便长时间与社区居民的交流沟通，调研组成员选择在当地居民家中住宿。本次调研首先选择了萝卜寨和桃坪羌寨两个村寨中文化程度较高且对村中各项事务比较熟悉的居民进行个人访谈，随后在两个村寨中随机选择了十名村民进行了半结构化的个人访谈。为了能进一步提高所开发的测量量表的适用性和概括力，调研组又在文化程度普遍较高的桃坪羌寨发放开放式问卷 30 份，进一步收集民族地区社会资本的"关键事件"。开放式问卷样本的描述性统计信息如下：从性别来看，女性占44%，男性占56%；从年龄来看，25 岁以下占 28%，26～45 岁占 32%，46～65 岁占 30%，65 岁以上占 10%；从教育程度来看，文盲及以下占 8%，小学文化的占 35%，初中文化的占 48%，高中及以上的占 9%，文化程度集中在小学和初中，文化程度较低。

笔者针对收集的资料进行了初步的整理，去除了一些不相关题项，合并了一些相同题项。整理后，共得到 32 个民族社区社会资本的描述（表 4-4）。本书将 32 个题项纳入量表编制的题目库中。

表 4-4　个人访谈和问卷调查所收集的民族社区社会资本项目汇总

1. 我相信我家人
2. 我相信我的亲戚
3. 我可以借钱给我的朋友
4. 村民都是可以相信的
5. 假如我丢失有我家庭详细地址的钱包，一定会有人还给我
6. 我会帮助陌生人
7. 社会上的是可信的
8. 村里的旅游管理公司可以相信
9. 政府相关部门及公务员可信任
10. 一般来说，到政府机关办事都很顺利，不需要关系
11. 我积极参加村委会的选举
12. 我积极参加村庄里的婚丧嫁娶的仪式
13. 我和朋友经常一起吃饭

续表

| 14. 空闲的时候，村民之间常常在一起聊天、玩耍 |
| 15. 农忙时，村民之间会互相帮助 |
| 16. 亲戚之间经常一起聚会 |
| 17. 邻里之间经常串门 |
| 18. 红白喜事时，村民之间都会相互帮助 |
| 19. 村民不会乱丢垃圾 |
| 20. 如果条件允许，我会考虑搬离村庄 |
| 21. 我村如果得到了上级政府的表彰认可，村民会感到非常高兴 |
| 22. 我们村的发展一定会越来越好的 |
| 23. 我们村的村民都愿意参与村里的事情 |
| 24. 我们村的邻里会相互帮助 |
| 25. 我可以顺利从邻居那里借到钱 |
| 26. 我经常参与村里组织的捐献活动 |
| 27. 我常常向亲朋好友倾诉自己的烦心事 |
| 28. 我非常热爱羌族的传统文化 |
| 29. 我赞成大力保护释比文化 |
| 30. 我非常喜欢羌族服饰 |
| 31. 我们村民都有白石信仰 |
| 32. 我十分喜欢我们村庄的建筑风格 |

（三）通过文献研究收集相关题项

国内外的研究中没有直接讨论民族社区社会资本的文献，因此本书扩大了文献研究收集的范围，收集了社会资本、农村社会资本的测量题项，通过归纳和整理，共总结出如下 37 个题项，见表 4-5。

表 4-5　现有文献中民族社区社会资本内容的描述题项

| 1. 在任何情况下，我都相信我家人说的话 |
| 2. 在任何情况下，我都信任我的亲戚（三代以内的近亲） |
| 3. 我和亲戚、朋友常常通话 |
| 4. 我和亲戚、朋友经常一起聚会 |
| 5. 我可以借钱给我的大部分朋友，且不用打借条 |

续表

6. 社会上的大多数人是基本可信的
7. 一般来说，到政府机关办事不需要关系
8. 我出门时可以把我家的房门钥匙交给邻居，我感到很放心
9. 我相信电视、报纸上所说的
10. 政府相关部门及公务员是可以信任的
11. 一般来说，正规市场里没有假冒伪劣的东西
12. 陌生人向我求助，我会帮助他
13. 村里的人大多数是可信的
14. 在遇上较大纠纷时，我会寻求法律帮助
15. 我参加党派（团）、俱乐部团工会、志愿者团体、协（学）会
16. 我参加基督教、天主教等宗教活动
17. 我常常参加村里的表演队或其他协会的活动
18. 我经常和我的朋友一起吃饭
19. 我参加村里的互助协会
20. 邻里之间经常在一起进行打牌（搓麻将等）活动
21. 我常常参加村委会的选举
22. 我经常参与村里饮水工程、修路的情况
23. 我经常参与村里修建宗祠的情况
24. 村民需要帮忙，我会不计报酬地帮助他
25. 红白喜事时，我常常与其他村民相互帮助
26. 农忙时，我常常与其他村民互换活路
27. 我的邻居给了我好处，我也会给他好处
28. 走在路上，请求搭顺路车，会有人停车带上我
29. 我经常参加村里传统仪式
30. 为了村容村貌我不会乱倒垃圾
31. 我经常参与村里组织的捐献活动
32. 我们村的邻里会相互帮忙
33. 我们村一定会更好的
34. 如果有机会，我会考虑搬离我所居住的村庄
35. 我村得到上级政府的表彰，我感到很高兴
36. 我会和我邻里分享我的私人情感问题
37. 我可以顺利从我的邻居那里借到钱

（四）初始项目库的形成

随后，本书对从访谈和问卷调查中获得的 32 个题项和从文献研究中获得的 37 个题项进行了归纳，去除了重复的题项，共提出了如下 46 个题项（表 4-6）。

表 4-6　民族社区社会资本内容的描述题项

1. 在任何情况下，我都相信我家人说的话
2. 在任何时候，我都相信我的亲戚（三代以内的近亲）
3. 我出门时可以把我家的房门钥匙交给邻居，我感到很放心
4. 我可以借钱给我的大部分朋友，且不用打借条
5. 一般来说，正规市场里没有假冒伪劣的东西
6. 村里的人都是可信的
7. 社会上的人是可信的
8. 我完全相信电视、报纸上所说的内容
9. 政府相关部门及公务员是可以信任的
10. 陌生人向我求助，我会帮助他
11. 在遇上较大纠纷时，我会寻求法律帮助
12. 一般来说，政府机关办事不需要关系
13. 我完全信任经营村庄旅游事务的管理公司
14. 我参加党派（团）、工会、俱乐部、协（学）会、志愿者团体
15. 我参加宗教（基督教、天主教……）活动
16. 我参加村里的互助协会
17. 我每次都参加村里的表演队
18. 我经常参加村里的婚丧嫁娶的仪式
19. 我常常参加村委会的选举
20. 我经常参与村里修路、饮水工程的情况
21. 我经常参与村里修建宗祠的情况
22. 我们村的村民大部分都愿意参与村级事务
23. 羌历年时，村里组织的活动我每次都参与
24. 我经常和朋友一起吃饭
25. 空闲时村民之间经常一起玩耍
26. 邻里之间经常在一起进行打牌（搓麻将等）活动
27. 邻里之间经常串门
28. 农忙时，我常常与其他村民互换活路
29. 我和亲戚经常一起聚会

续表

30. 红白喜事时，我常常与其他村民相互帮助	
31. 我的邻居给了我好处，我也会给他好处	
32. 村民需要帮忙，我会不计报酬地帮助他	
33. 我们村的邻里会相互帮忙	
34. 我可以顺利从我的邻居那里借到钱	
35. 走在路上，请求搭顺路车，会有人停车带上我	
36. 我经常参与村里组织的捐献活动	
37. 我常常向亲朋好友倾诉自己的心事	
38. 为了村容村貌我不会乱倒垃圾	
39. 我十分喜欢我所在的村庄，并从未考虑搬离	
40. 我村得到了政府的表彰，我会感到很自豪	
41. 我们村一定会越来越好的	
42. 我非常热爱羌族的传统文化	
43. 我赞成大力保护释比文化	
44. 我非常喜欢羌族服饰	
45. 我们村民都有白石信仰	
46. 我十分喜欢我们村庄的建筑风格	

六位民族学和管理学、社会学方面的专业人士对以上 46 个题项进行了内容的评定和筛选，其中两位是管理学专业的硕士生导师、教授，一位是拥有社会学博士学位的博士，另外三位分别是桃坪羌寨风景管理处的负责人、桃坪羌寨羌族博物馆馆长、萝卜寨的村支书，他们是村里的文化精英和领导干部，对村庄各方面的情况非常熟悉。

题项的评价、筛选依据的标准有三个：①各题项的陈述是否准确地表达了此概念想要测量的内容；②各题项的语言描述是否清晰和准确；③对各题项所描述的社会资本内容存在的普遍性进行评定。本书使用利克特 5 点量表法："1"表示没有人有此描述，"2"表示少部分人有此描述，"3"表示大约有一半的人有此描述，"4"表示大部分人有此描述，"5"表示几乎每个人都有此描述。

专业人士对各个题项进行评定后，将平均分低于 2 分的题项进行了删除，最后得到 40 项关于民族社区社会资本内容的描述，见表 4-7。

表 4-7　初步分析后的题项

题项	均值
1. 在任何情况下，我都相信我家人说的话	5.0
2. 在任何时候，我都相信我的亲戚（三代以内的近亲）	4.9
3. 村里的人都是可信的	4.8
4. 陌生人向我求助，我会帮助他	4.6
5. 社会上的人都是可信的	4.5
6. 一般来说，到政府机关办事不需要关系	4.3
7. 我可以借钱给我的大部分朋友，且不用打借条	4.1
8. 我常常参加村里的表演队	3.9
9. 我出门时可以把我家的房门钥匙交给邻居，感到很放心	3.8
10. 我经常参加村里的婚丧嫁娶	3.6
11. 我常常参加村委会的选举	3.2
12. 我们村的村民大部分都愿意参与村级事务	3.1
13. 羌历年时，村里组织的活动我每次都参与	2.6
14. 我完全相信电视、报纸上所说的内容	2.6
15. 政府相关部门及公务员都是可以信任的	2.6
16. 我经常和我的朋友一起吃饭	2.6
17. 我和亲戚经常一起聚会	2.6
18. 空闲时，村民之间经常一起玩耍	2.6
19. 邻里之间经常在一起进行打牌（搓麻将等）活动	2.5
20. 邻里之间经常串门	2.5
21. 农忙时，我常常与其他村民互换活路	2.5
22. 红白喜事时，我常常与其他村民相互帮助	2.5
23. 村民需要帮忙，我会不计报酬地帮助他	2.4
24. 我们村的邻里会相互帮忙	2.4
25. 我可以顺利从我的邻居那里借到钱	2.4
26. 我经常参与村里组织的捐献活动	2.3
27. 我常常向亲朋好友倾诉自己的心事	2.3
28. 我十分喜欢我所在的村庄并从未考虑搬离	2.2
29. 我村得到上级政府的表彰，我感到很自豪	2.2
30. 我们村一定会更好的	2.2
31. 我赞成大力保护释比文化	2.1

续表

题项	均值
32. 我非常喜欢羌族传统服饰	2.1
33. 我们村民都有白石信仰	2.1
34. 我十分喜欢我们村庄的建筑风格	2.1
35. 在遇上较大纠纷时，我会寻求法律帮助	2.1
36. 我的邻居给了我好处，我也会给他好处	2.1
37. 为了村容村貌我不会乱倒垃圾	2.0
38. 我非常热爱羌族的传统文化	2.0
39. 我完全信任经营村庄旅游事务的管理公司	2.0
40. 一般来说，正规市场里没有假冒伪劣的东西	2.0
41. 我参加党派（团）、工会、俱乐部、协（学）会、志愿者团体	1.9
42. 我参加宗教活动	1.8
43. 我参加村里的互助协会	1.7
44. 我经常参与村里修路、饮水工程的情况	1.6
45. 我经常参与村里修建宗祠的情况	1.4
46. 走在路上，请求搭顺路车，会有人停车带上我	0.8

通过六位专业人士的评定，如表4-7所示，"我参加党派（团）、工会、俱乐部、协（学）会、志愿者团体；我参加宗教活动；我参加村里的互助协会；我经常参与村里修路、饮水工程的情况；我经常参与村里修建宗祠的情况；走在路上，请求搭顺路车，会有人停车带上我" 6 个题项的平均分数低于 2 分。这说明，根据专家经验，这 6 个题项不具有普适性的认知，故删除这些题项后，共得到 40 个题项。

二、预测试和题项精简

（一）初步的题项精简

2012 年 11 月 18～28 日，调研组再次走进萝卜寨和桃坪羌寨进行实地调查（在为期 10 天的调查中，调查组前 3 天对量表题项实施了初测，在初测基础上修正了原有的量表，后 7 天进行了预测试小样本的收集工作）。本次调研得到了两名四川师范大学旅游管理专业研究生和心理学专业研究生的协助。为了避免同一地点所收集的数据具有普适性的缺点，调研组分成了两个小组，第一组前往理县桃坪羌寨进行调查，第二组前往萝卜寨进行调查。本书选取了31个当地居民对量表题项进行初测，回收率为100%。

初测问卷由40个题项构成，采用利克特5点量表法，请被调查者根据各题项的发生频次作答。"1"表示从来没有想到，"2"表示有时候想到，"3"表示大约有一半的时候想到，"4"表示较多的时候想到，"5"表示每次都会想到。要求被试凭借自我的感知情况选择相应的数字。

题目的评价可参考两个标准：均值和标准差。根据Bennett和Robinson（2000）的建议，均值较低意味着这些题项在日常的活动中很少被想到，或发生的频次很低，所以有必要将其删除。他们建议将均值低于2分的题项予以删除。邱皓政（2009）认为，一个题目如果是6点量表，标准差不低于1分，以此类推，本书将低于0.9分的删除。

经过数据的分析和整理，共删除4个题项，得到一个包含36个题项的量表，具体内容见表4-8。

表4-8 民族社区社会资本频次的均值和标准差

题项	均值	标准差
1. 在任何情况下，我都相信我家人说的话	4.06	1.093
2. 在任何时候，我都相信我的亲戚（三代以内的近亲）	3.71	1.296
3. 村里的人都是可信的	3.45	1.287
4. 陌生人向我求助，我会帮助他	3.71	1.321
5. 社会上的人都是可信的	3.26	1.154
6. 一般来说，到政府机关办事都不需要关系	3.10	1.165
7. 政府机关部门及公务员是可以信任的	2.84	1.098
8. 在遇上大的纠纷时，我会寻求法律	4.03	1.080
9. 我可以借钱给我的大部分朋友，且不用打借条	3.26	1.365
10. 我完全相信电视、报纸上报道的内容	3.03	1.251
11. 我完全信任经营村庄旅游事务的管理公司	2.19	1.046
12. 我非常喜欢羌族的民族服饰	4.26	0.965
13. 羌历年时，村里组织的活动我每次都参与	3.87	1.204

续表

题项	均值	标准差
14. 我每次都参加村委会的选举	4.00	1.095
15. 我经常参加村里的婚丧嫁娶的仪式	3.65	1.142
16. 我经常参与村里的表演队	3.58	1.119
17. 我经常与我的朋友一起吃饭	3.48	1.262
18. 空闲时，村民之间常常在一起玩耍	3.52	0.996
19. 邻里之间经常在一起打牌（搓麻将等）活动	3.58	1.148
20. 我和亲戚经常一起聚会	3.90	1.012
21. 邻里之间经常串门	3.42	1.025
22. 农忙时，我常常与其他村民互换活路	3.90	1.044
23. 红白喜事时，我常常与其他村民相互帮助	3.55	1.338
24. 我的邻居给了我好处，我也会给他好处	3.87	1.204
25. 村民需要帮忙，我会不计报酬的帮助他	3.81	1.195
26. 为了村容村貌我从不乱丢垃圾	3.81	1.195
27. 我十分喜欢我所在的村庄并从未考虑搬离	3.71	1.270
28. 我村得到上级政府表彰，我感到很自豪	3.81	1.195
29. 我们村的大部分村民都愿意参与村级事务	4.03	1.329
30. 我相信我们村一定会更好的	4.06	1.237
31. 我们村的邻里会相互帮忙	3.23	1.117
32. 我非常热爱羌族的传统文化	4.32	0.945
33. 我十分喜欢我们村庄的建筑风格	3.55	1.091
34. 我常常向亲朋好友倾诉自己的心事	3.94	1.093
35. 我赞同大力保护释比文化	3.48	1.288
36. 我们村民都有白石信仰	4.42	0.923
37. 我可以顺利从我的邻居那里借到钱	2.68	0.748
38. 我经常参与村里组织的捐献活动	4.13	0.885
39. 我出门时把房门钥匙交给邻居，感到很放心	4.35	0.779
40. 一般来说，正规市场里没有假冒伪劣的东西	3.13	0.763

按照上述标准，题项 37～40："我可以顺利从我的邻居那里借到钱；我经常参与村里组织的捐献活动；我出门时把房门钥匙交给邻居，感到很放心；一般来说，正规市场里没有假冒伪劣的东西"四个题项标准差小于0.9分，所以予以剔除。

（二）量表的预测试

预测试题项编制完成后，应首先进行小样本的预测试。吴明隆（2003）指出，预测试对象的基本属性应当与大样本问卷所要调查的对象保持一致。Hair 等（2006）建议在进行因子分析时，有效样本数不得低于 100 份。

2012 年 11 月以桃坪羌寨、萝卜寨两地居民为调查对象进行的样本预测试调查，共发出 120 份预测试问卷，回收的有效问卷共 105 份。问卷采用利克特 5 点量表法，"1"表示完全不同意，"2"表示不同意，"3"表示不确定，"4"表示同意，"5"表示完全同意。样本的具体描述如表4-9 所示。

表 4-9　预测试样本的特征描述

人口特征	样本分类	百分比/%	频数
性别	男	48	50
	女	52	55
年龄	25 岁以下	15	16
	26~45 岁	30	31
	46~65 岁	45	47
	65 岁以上	10	11
民族	羌族	97	102
	汉族和藏族	3	3
出生地	桃坪羌寨	51	53
	萝卜寨	49	52
文化程度	没有文化	5	5
	小学	15	16
	初中	67	70
	高中及以上	13	14

研究就预测试所得的数据资料进行统计分析，并根据分析结果删选题项，最终建立起了感知民族社区社会资本的正式量表。下面，笔者就预测试所得数据的处理及形成正式量表的过程予以说明。

本书参考了邱皓政和林碧芳（2009）的建议，采用以下四项标准来对题项进行检验，以作为删除题项的依据。它们分别是遗漏值检验；项目分析；各题项与总量表之间的相关系数和内部一致性系数；通过结构效度检验，分析中各题项在所属因子下的因子载荷大小。

1. 遗漏值检验

由于本书的各个题项并没有明显的遗漏，故不作删除。

2. 项目分析

项目分析的目的在于对各题项进行项目鉴别力分析。即求出每个题目的"临界比率"（CR），如果题目的 CR 值达到显著水平，即表示这个题目可以鉴别不同被试的反应程度。学者们把题项的鉴别度作为评价和筛选项目的主要指标之一，它也是进行因子分析的前提和基础。

其具体做法：将所有被试在预测试量表的总和依高到低进行排列，得分前 25%～33%者为高分组，得分后 25%～33%者为低分组，然后求出高低分两组被试在各题项上平均数差异的显著性程度（邱政浩，2009）。当差异程度显著，则说明该题项能鉴别不同被调查者的反应，具有鉴别度。

本章对每个题项的高分组和低分组进行了独立样本 t 检验，对各题项是否具有鉴别度的具体操作遵循以下标准：如果某题项的两群体方差相等性(Levene's Test for Equality of Variances)的 F 值检验结果不显著($p>0.05$)，则表示两群体的总体方差相等（equal variances assumed），此时应考察方差相等时 t 值的显著性。若 t 值显著（ $p<0.05$ ），则此题项目具有鉴别度；若 t 值不显著（ $p>0.05$ ），则此题不具有鉴别度。反之，如果某题项的两群体方差相等性的 F 值检验结果显著（ $p<0.05$ ），则表示两群体方差不相等（equal variances not assumed），此时应考察方差不相等时的 t 值的显著性。若 t 值显著（ $p<0.05$ ），则此题具有鉴别度；若 t 值不显著（ $p>0.05$ ），则此题不具有鉴别度。具体分析结果见表 4-10。

表 4-10 独立样本 t 检验

民族社区社会资本题项	方差相等性 Levene's 检验		相等性 t 检验		
	F	p	t	df	双尾检验
V1	15.856	0.001	−4.161	81.000	0.000
			−10.123	75.240	0.000
V2	3.445	0.030	−11.883	81.000	0.000
			−11.786	60.637	0.000
V3	13.202	0.000	−15.432	81.000	0.000
			−15.510	67.789	0.000
V4	4.919	0.028	−9.376	81.000	0.000
			−9.425	74.904	0.000
V5	28.556	0.000	−8.672	81.000	0.000
			−8.640	59.754	0.000
V6	1.618	0.209	−7.578	81.000	0.000
			−7.586	77.768	0.000
V7	1.877	0.176	−5.846	81.000	0.000
			−5.845	79.656	0.000
V8	3.788	0.054	−9.344	81.000	0.000
			−9.378	67.644	0.000
V9	9.394	0.002	−12.060	81.000	0.000
			−12.167	58.176	0.000
V10	7.378	0.006	−12.655	81.000	0.000
			−12.716	68.614	0.000
V11	4.879	0.045	−5.278	81.000	0.000
			−5.310	70.230	0.000
V12	9.388	0.006	−8.654	81.000	0.000
			−8.657	65.386	0.000
V13	3.328	0.076	−13.356	81.000	0.000
			−13.472	65.623	0.000
V14	14.175	0.000	−6.354	81.000	0.000
			−6.490	60.988	0.000
V15	15.054	0.001	−8.555	81.000	0.000
			−8.693	67.889	0.000

续表

民族社区社会资本题项	方差相等性 Levene's 检验		相等性 t 检验		
	F	p	t	df	双尾检验
V16	8.343	0.004	−9.532	81.000	0.000
			−9.334	74.209	0.000
V17	11.437	0.001	−9.378	81.000	0.000
			−9.428	60.472	0.000
V18	13.455	0.003	−10.406	81.000	0.000
			−10.175	54.462	0.000
V19	4.928	0.030	−14.364	81.000	0.000
			−14.387	76.054	0.000
V20	44.786	0.001	−7.544	81.000	0.000
			−7.546	50.744	0.000
V21	15.031	0.000	−9.306	81.000	0.000
			−9.466	65.369	0.000
V22	7.867	0.018	−10.834	81.000	0.000
			−10.863	68.405	0.000
V23	12.898	0.017	−8.332	81.000	0.000
			−8.178	67.054	0.000
V24	17.877	0.000	−9.242	81.000	0.000
			−9.656	59.226	0.000
V25	5.767	0.004	−7.453	81.000	0.000
			−7.632	50.819	0.000
V26	14.265	0.001	−8.778	81.000	0.000
			−8.596	65.675	0.000
V27	19.005	0.003	−10.809	81.000	0.000
			−10.321	67.877	0.000
V28	9.677	0.017	−15.385	81.000	0.000
			−15.596	65.295	0.000
V29	7.486	0.008	−11.204	81.000	0.000
			−11.394	73.675	0.000
V30	13.706	0.002	−9.334	81.000	0.000
			−9.263	65.278	0.000

续表

民族社区社会 资本题项	方差相等性 Levene's 检验		相等性 t 检验		
	F	p	t	df	双尾检验
V31	4.887	0.065	−7.665	81.000	0.000
			−7.587	78.654	0.000
V32	27.421	0.000	−8.566	81.000	0.000
			−8.640	57.767	0.000
V33	9.464	0.008	−13.136	81.000	0.000
			−13.715	68.514	0.000
V34	9.704	0.003	−9.205	81.000	0.000
			−9.312	60.966	0.000
V35	13.041	0.002	−12.433	81.000	0.000
			−12.201	64.377	0.000
V36	11.215	0.054	−9.263	81.000	0.000
			−9.334	67.324	0.000

　　从表 4-10 的数据看，36 个题项的 t 值都是显著的，这就表明所有题项都具有良好的鉴别度，于是保留所有的题项，以作进一步的因子分析。

3. 相关系数和内部一致性系数（克龙巴赫 α 系数）

　　刘怀伟（2003）认为当题项与总体量表之间的相关系数低于 0.5 时，说明该题项与总体量表相关性较低，应将该题项予以删除。在本书中，题项 10 和题项 19 与总体量表之间的相关系数分别为 0.251 和 0.310，低于 0.5 的最低标准。除题项 10、题项 19 以外，其余 34 个题项与总量表的相关系数均较高。

　　以克龙巴赫 α 系数检验预测量表内部一致性。本预测量表总的克龙巴赫 α 系数为 0.950（N=105）。题项 10 删除后，剩余题项的克龙巴赫 α 系数由 0.950 增加到了 0.967；题项 19 删除后，剩余题项的克龙巴赫 α 系数由 0.950 增加到了 0.969，均呈现增长。而其余各题项删除后，剩余题项的克龙巴赫 α 系数均降低，分别在 0.944～0.950。故在此阶段的检验中将题项

10、题项 19 删除。具体分析结果详见表 4-11。

表 4-11　民族社区社会资本的题项分析结果（N=105）

题项	平均数	标准差	相关系数	删除该题项后量表的克龙巴赫 α 系数	是否保留 α 系数
1	4.127 5	1.332 79	0.654**	0.946	是
2	3.339 2	1.302 87	0.730**	0.947	是
3	2.934 2	0.994 92	0.572**	0.949	是
4	2.036 9	0.994 94	0.730**	0.947	是
5	2.190 7	1.316 67	0.779**	0.949	是
6	4.866 8	1.273 33	0.719**	0.950	是
7	3.105 7	0.994 34	0.721**	0.944	是
8	2.677 6	0.909 63	0.687**	0.946	是
9	2.759 8	1.275 02	0.756**	0.948	是
10	1.868 5	1.275 65	0.251**	0.967	否
11	2.105 7	1.184 78	0.599**	0.947	是
12	3.914 5	1.335 86	0.797**	0.945	是
13	2.777 2	1.424 65	0.656**	0.948	是
14	4.309 3	1.414 56	0.764**	0.946	是
15	5.105 6	1.199 84	0.729**	0.949	是
16	4.295 7	1.099 06	0.659**	0.946	是
17	2.617 5	1.302 87	0.823**	0.949	是
18	3.329 4	0.976 77	0.775**	0.948	是
19	3.236 7	0.998 66	0.310**	0.969	否
20	3.988 9	1.284 66	0.796**	0.947	是
21	5.567 5	1.004 45	0.718**	0.949	是
22	4.677 6	1.285 66	0.698**	0.947	是
23	4.105 4	1.004 37	0.577**	0.948	是
24	3.267 1	1.273 35	0.675**	0.946	是
25	3.914 6	0.995 66	0.778**	0.948	是
26	3.565 8	1.337 76	0.821**	0.945	是
27	4.295 6	1.099 05	0.767**	0.947	是
28	2.360 3	1.249 42	0.732**	0.946	是

续表

题项	平均数	标准差	相关系数	删除该题项后量表的克龙巴赫 α 系数	是否保留 α 系数
29	2.112 4	0.905 45	0.759**	0.949	是
30	3.726 2	1.275 03	0.598**	0.946	是
31	2.297 8	1.004 45	0.664**	0.947	是
32	3.578 9	1.337 76	0.699**	0.949	是
33	4.967 4	1.089 97	0.651**	0.946	是
34	4.209 3	0.995 77	0.634**	0.948	是
35	2.909 4	1.237 64	0.814**	0.947	是
36	4.523 4	1.457 32	0.645**	0.949	是

**表示 $p<0.01$

4. 结构效度检验

结构效度是指量表能够测量构念特质的程度。检验结构效度的基本方法就是探索性因子分析。通过探索性因子分析，可以找出量表潜在的结构，从而用几个因子替代众多的题项，达到减少题项的目的。探索性因子分析的步骤如下。

1）相关系数分析

进行探索性因子分析时，首先要对各题项间的相关系数进行分析。在计算相关系数矩阵时，如果相关系数矩阵中大部分相关系数值小于 0.3，说明原有题项之间不存在较强的相关关系，就无法从中提炼出能够反映这些题项共同特征的公共因子，即表示各个题项间大多数为弱相关，要找出共同因子会非常困难，这时的处理方式是重新设计题项。

反之，如果题项间相关系数太高（0.85 以上），也不适合作因子分析，这时的处理方法是将相关系数过高的题项删除。本书的统计数据显示：所有题项的相关系数值均在可接受的范围之内，题项均适合作因子分析。具体内容详见表 4-12。

表4-12 相关系数矩阵

题项	1	2	3	4	5	6	7	8	9	10	11	12
2	0.645**											
3	0.613**	0.801**										
4	0.750**	0.647**	0.395**									
5	0.450**	0.368**	0.503**	0.379**								
6	0.472**	0.453**	0.486**	0.478**	0.422**							
7	0.455**	0.466**	0.406**	0.439**	0.298**	0.438**						
8	0.390**	0.388**	0.730**	0.441**	0.675**	0.323**	0.197**					
9	0.646**	0.578**	0.698**	0.636**	0.432**	0.345**	0.378**	0.406**				
10	0.598**	0.652**	0.377**	0.640**	0.409	0.474**	0.351**	0.465**	0.667**			
11	0.381**	0.241**	0.577**	0.358**	0.514**	0.236**	0.187**	0.332**	0.342**	0.326**		
12	0.453**	0.438**	0.639**	0.440**	0.322**	0.344**	0.287**	0.406**	0.435**	0.528**	0.641**	
13	0.498**	0.549**	0.432**	0.524**	0.307**	0.354**	0.376**	0.593**	0.523**	0.565**	0.278**	0.538**
14	0.361**	0.380**	0.594**	0.438**	0.433**	0.309**	0.408**	0.326**	0.329**	0.347**	0.507**	0.537**
15	0.528**	0.477**	0.596**	0.439**	0.276**	0.398**	0.282**	0.434**	0.492**	0.537**	0.387**	0.398**
16	0.659**	0.520**	0.523**	0.594**	0.494**	0.371**	0.367**	0.462**	0.642**	0.579**	0.294**	0.353**
17	0.386**	0.438**	0.662**	0.362**	0.303**	0.375**	0.232**	0.587**	0.443**	0.498**	0.373**	0.409**
18	0.496**	0.548**	0.729**	0.465**	0.699**	0.309**	0.320**	0.361**	0.499**	0.529**	0.564**	0.715**
19	0.588**	0.667**	0.299**	0.538**	0.317**	0.493**	0.465**	0.427**	0.577**	0.687**	0.356**	0.579**
20	0.233**	0.264**	0.334**	0.165**	0.339**	0.187**	0.243**	0.403**	0.366**	0.328**	0.331**	0.332**

第四章 旅游活动对民族社区社会资本影响的实证研究 | 233

续表

题项	1	2	3	4	5	6	7	8	9	10	11	12
21	0.388**	0.376**	0.546**	0.398**	0.520**	0.215**	0.176**	0.506**	0.313**	0.412*	0.328**	0.494**
22	0.493**	0.448**	0.529**	0.397**	0.449**	0.339**	0.276**	0.557**	0.465**	0.539**	0.367**	0.571**
23	0.576**	0.456**	0.496**	0.489**	0.535**	0.467**	0.398**	0.397**	0.498**	0.488**	0.348**	0.434**
24	0.433**	0.433**	0.577**	0.474**	0.462**	0.328**	0.287**	0.758**	0.383**	0.493**	0.442**	0.421**
25	0.467**	0.499**	0.531**	0.566**	0.775**	0.655**	0.307**	0.665**	0.633**	0.531*	0.531*	0.507**
26	0.496**	0.556**	0.332**	0.377**	0.665**	0.578**	0.310**	0.445**	0.551**	0.479**	0.512**	0.513**
27	0.355**	0.593**	0.425**	0.431**	0.544**	0.499**	0.276**	0.307**	0.632**	0.378**	0.398**	0.507**
28	0.677**	0.729**	0.391**	0.411**	0.422**	0.352**	0.301**	0.408**	0.324**	0.467**	0.412**	0.476**
29	0.596**	0.644**	0.453**	0.366**	0.665**	0.314**	0.289**	0.642**	0.376**	0.451**	0.402**	0.387**
30	0.466**	0.558**	0.732**	0.677**	0.677**	0.631**	0.243**	0.521**	0.644**	0.341**	0.305**	0.518**
31	0.579**	0.512**	0.677**	0.441**	0.304**	0.733**	0.307**	0.632**	0.504**	0.308**	0.312**	0.377**
32	0.649**	0.541**	0.522**	0.632**	0.409**	0.402**	0.221**	0.576**	0.512**	0.409**	0.406**	0.304
33	0.569**	0.339**	0.338**	0.329**	0.332**	0.432**	0.402**	0.470**	0.304**	0.421**	0.302**	0.441**
34	0.336**	0.622**	0.634**	0.598**	0.446**	0.509**	0.344**	0.386**	0.417**	0.572**	0.318**	0.369**

题项	13	14	15	16	17	18	19	20	21	22	23	24
14	0.413**											
15	0.648**	0.327**										
16	0.433**	0.353**	0.577**									
17	0.541**	0.348**	0.548**	0.431**								
18	0.638**	0.556**	0.475**	0.417**	0.456**							

续表

题项	13	14	15	16	17	18	19	20	21	22	23	24
19	0.689**	0.546**	0.449**	0.553**	0.426**	0.675**						
20	0.462**	0.301**	0.541**	0.245**	0.569**	0.346**	0.273**					
21	0.605**	0.362**	0.509**	0.232**	0.428**	0.573**	0.498**	0.538**				
22	0.732**	0.423**	0.559**	0.436**	0.561**	0.555**	0.603**	0.506**	0.637**			
23	0.421**	0.400**	0.409**	0.459**	0.387**	0.317**	0.409**	0.380**	0.376**	0.383**		
24	0.536**	0.327**	0.478**	0.428**	0.645**	0.402**	0.454**	0.476**	0.488**	0.558**	0.432**	
25	0.503**	0.412**	0.523**	0.455**	0.623**	0.434**	0.503**	0.523**	0.512**	0.432**	0.537**	0.506**
26	0.465**	0.323**	0.519**	0.512**	0.512**	0.475**	0.518**	0.305**	0.406**	0.514**	0.621**	0.433**
27	0.677**	0.341**	0.302**	0.487**	0.422**	0.365**	0.512**	0.372**	0.513**	0.301**	0.306**	0.498**
28	0.606**	0.426**	0.322**	0.521**	0.410**	0.344**	0.401**	0.354**	0.301**	0.355**	0.418**	0.302**
29	0.527**	0.388**	0.355**	0.402**	0.327**	0.305**	0.477**	0.405**	0.366**	0.465**	0.533**	0.411**
30	0.417**	0.302**	0.402**	0.317**	0.304**	0.322**	0.433**	0.466**	0.418**	0.306**	0.209**	0.300**
31	0.434**	0.621**	0.412**	0.501**	0.406**	0.407**	0.353**	0.531**	0.545**	0.549**	0.455**	0.451**
32	0.306**	0.598**	0.399**	0.428**	0.307**	0.521**	0.421**	0.433**	0.642**	0.672**	0.412**	0.305**
33	0.408**	0.366**	0.417**	0.321**	0.437**	0.322**	0.344**	0.401**	0.632**	0.321**	0.321**	0.532**
34	0.614**	0.455**	0.512**	0.402**	0.414**	0.466**	0.302**	0.302**	0.598**	0.462**	0.403**	0.413**

题项	25	26	27	28	29	30	31	32	33	34
26	0.403**									
27	0.618**	0.307**								
28	0.331**	0.323**	0.412**							

续表

题项	25	26	27	28	29	30	31	32	33	34
29	0.341**	0.318**	0.554**	0.538**						
30	0.538**	0.656**	0.310**	0.503**	0.523**					
31	0.389**	0.296**	0.427**	0.459**	0.421**	0.678**				
32	0.262**	0.318**	0.501**	0.302**	0.645**	0.304**	0.297**			
33	0.405**	0.482**	0.328**	0.452**	0.306**	0.542**	0.342**	0.621**		
34	0.632**	0.741**	0.712**	0.428**	0.532**	0.321**	0.618**	0.500**	0.513**	

**表示 $p < 0.01$

2）KMO 与巴特利特球形检验

KMO 检验统计量是用于比较变量间简单相关系数和偏相关系数的指标。KMO 值越接近于 1，代表净相关系数越低，抽取共同因子的效果越好，原有的变量就越适合作因子分析。反之，KMO 值越接近于 0，就越不适合做因子分析。一般情况下，KMO 值在 0.9 以上表示非常适合作因子分析；0.8 表示适合；0.7 表示一般；0.6 表示不太适合；0.5 及以下表示极不适合。

巴特利特球形检验以原有变量的相关系数矩阵为出发点，用于检验相关矩阵是否是单位阵，即各变量是否独立。零假设是"相关系数矩阵是单位阵。如果统计量比较大，且对应的概率 P 小于给定的显著性水平，则应拒绝零假设；反之，如果检验统计量的观测值比较小且对应的概率 P 大于给定的显著性水平，则不能拒绝零假设。可以认为相关系数矩阵与单位矩阵无显著差异，原有变量不适合做因子分析"（常雪，2008）。本书的检测结果见表 4-13。

表 4-13　KMO 与巴特利特球形检验

KMO 检验统计量	0.891
巴特利特球形检验近似卡方值	3750.312
df	276
p	0.000

此处 KMO 检验值为 0.891，远大于 0.5 的最低水平；而且巴特利特球形检验达到了显著性水平，说明题项适合作因子分析。

3）共同性

共同性的高低代表了它与其他题项共同特质的多少。共同性越接近于 1，则表示项目分析中效度指标越好；反之，共同性越接近于 0，则表示项目分析中效度指标越差。因此，共同性是进行保留或删除题项的标准之一。本书中 34 个题项的共同性介于 0.498~0.835，达到了进行因子分析的标准。

4）探索性因子分析

本书采用 SPSS 18.0 进行探索性因子分析。使用主成分分析法对净化后的题项抽取共同因子，对具有良好鉴别度的题项进行因子分析，再用最大变异法对共同因子进行正交旋转，并以因子载荷大于 0.4 为标准。将因子载荷低于 0.4 的题项予以删除。

对于多重载荷的题项，可以采用将该题项与其他题项合并后重测，或者是将多重载荷题项测量语句的表达方式进行修改等方式进行解决。由于受时间、金钱、人力等因素的限制，笔者无法到实地进行反复调查和问卷收集，本书采用了比较简单的一种做法，即直接删除涉及多重载荷的题项。

民族社区社会资本 34 个题项经过探索性因子分析后，共萃取出七个因子，其中第 12、第 29、第 34 题项存在多重载荷问题，本书将其删除。最后得到 31 个题项，共七个维度的量表。具体分析结果见表 4-14。

表 4-14　因子解释原有题项总方差的情况

成分	初始特征值			提取平方和载入			旋转平方和载入		
	合计	方差/%	累计/%	合计	方差/%	累计/%	合计	方差/%	累计/%
1	4.535	13.85	13.85	4.535	13.85	13.85	4.681	14.06	14.06
2	3.663	10.67	24.52	3.663	10.67	24.52	4.432	13.04	27.10
3	3.425	10.08	34.60	3.425	10.08	34.60	3.645	10.72	37.82
4	3.243	9.54	44.14	3.243	9.54	44.14	3.352	9.04	46.86
5	2.947	9.50	53.64	2.947	9.50	53.64	3.247	8.65	55.51
6	2.562	8.67	62.31	2.562	8.67	62.31	3.158	7.35	62.86
7	2.223	6.54	68.85	2.223	6.54	68.85	1.812	5.99	68.85
8	0.916	3.22	72.07						
9	0.823	2.42	77.03						
10	0.768	2.26	79.29						
11	0.659	1.94	81.23						
12	0.642	1.89	83.12						
13	0.557	1.64	84.76						
14	0.531	1.56	86.32						

续表

成分	初始特征值			提取平方和载入			旋转平方和载入		
	合计	方差/%	累计/%	合计	方差/%	累计/%	合计	方差/%	累计/%
15	0.465	1.37	87.69						
16	0.368	1.08	88.77						
17	0.342	1.01	89.78						
18	0.327	0.96	90.74						
19	0.320	0.94	91.68						
20	0.315	0.93	92.61						
21	0.309	0.91	93.52						
22	0.278	0.82	94.34						
23	0.255	0.75	95.09						
24	0.238	0.70	95.79						
25	0.216	0.63	96.42						
26	0.210	0.62	97.04						
27	0.166	0.48	97.52						
28	0.152	0.44	97.96						
29	0.139	0.41	98.37						
30	0.127	0.37	98.74						
31	0.121	0.36	99.10						
32	0.158	0.46	99.56						
33	0.086	0.25	99.81						
34	0.080	0.19	100						

表 4-14 中，第一列是因子编号，之后每三列组成一组，共三组。每组中数据项的含义依次是特征根值、方差贡献率和累计方差贡献率。

第一组数据项指的是初始因子解的情况，第二组数据项指的是因子解的情况，第三组数据项指的是最终因子解的情况。以特征根值大于 1 的因子的标准，提取出七个因子，七个因子的累计方差贡献率为 68.85%（表 4-15、表 4-16）。总体上，原有题项的信息丢失较少，因子分析效果较好。

表 4-15 转轴后的成分矩阵

题项	成分						
	1	2	3	4	5	6	7
V1	0.865	0.209	0.344	0.344	0.107	0.044	0.037
V2	0.812	0.209	0.211	0.311	0.231	0.106	0.105
V3	0.778	0.209	0.036	0.094	0.044	0.177	0.314
V4	0.743	0.209	0.102	0.117	0.176	0.233	0.376
V5	0.685	0.201	0.199	0.093	0.072	0.052	0.082
V9	0.528	0.225	0.037	0.172	0.183	0.181	0.109
V6	0.234	0.844	0.241	0.275	0.091	0.099	0.274
V7	0.278	0.816	0.207	0.238	0.172	0.132	0.315
V8	0.299	0.681	0.217	0.053	0.097	0.265	0.322
V11	0.209	0.550	0.168	0.005	0.002	0.219	0.387
V13	0.004	0.103	0.807	0.244	0.311	0.394	0.057
V14	0.005	0.209	0.849	0.365	0.347	0.006	0.214
V15	0.108	0.247	0.744	0.206	0.209	0.317	0.163
V16	0.168	0.127	0.557	0.258	0.216	0.293	0.067
V29	0.245	0.188	0.531	0.824	0.037	0.068	0.085
V26	0.134	0.055	0.353	0.861	0.199	0.202	0.184
V27	0.164	0.199	0.216	0.790	0.063	0.063	0.291
V28	0.277	0.313	0.003	0.649	0.004	0.192	0.317
V30	0.112	0.076	0.215	0.573	0.078	0.169	0.021
V22	0.233	0.166	0.389	0.047	0.912	0.231	0.138
V23	0.272	0.198	0.186	0.288	0.767	0.265	0.171
V24	0.055	0.246	0.212	0.042	0.681	0.055	0.251
V25	0.189	0.099	0.277	0.209	0.599	0.091	0.199
V31	0.215	0.123	0.398	0.209	0.614		0.217
V17	0.183	0.146	0.174	0.209	0.209	0.807	0.315
V18	0.244	0.233	0.009	0.325	0.209	0.760	0.327
V20	0.202	0.378	0.162	222	0.209	0.523	0.034
V21	0.338	0.303	0.282	0.109	0.209	0.533	0.177
V34	0.372	0.022	0.295	0.356	0.209	0.088	0.845
V12	0.233	0.189	0.246	0.231	0.372	0.588	0.685
V32	0.313	0.176	0.337	0.275	0.311	0.217	0.597
V33	0.033	0.069	0.301	0.351	0.176	0.267	0.578
V35	0.349	0.081	0.212	0.239	0.334	0.034	0.537
V36	0.215	0.135	0.011	0.320	0.159	0.148	0.649

表 4-16　民族社区社会资本量表的探索性因子分析结果和信度系数

因子命名	克龙巴赫	解释			
	题项	因子载荷	特征根值	α系数	变异量/%
人际信任	1. 在任何情况下，我都相信我家人说的话	0.865	4.535	0.919	13.85
	2. 在任何时候，我都相信我的亲戚（三代以内的近亲）	0.812			
	3. 村里的人都是可信的	0.778			
	4. 陌生人向我求助，我会帮助他	0.743			
	5. 社会上的人都是可信的	0.685			
	9. 我可以借钱给我的大部分朋友，且不用打借条	0.528			
规范信任	6. 一般来说，到政府机关办事都不需要关系	0.844	3.663	0.907	10.67
	7. 政府机关部门及公务员是可以信任的	0.816			
	8. 在遇上大的纠纷时，我会寻求法律帮助	0.681			
	11. 我完全信任经营村庄旅游事务的管理公司	0.550			
社区参与	13. 羌历年时，村里组织的活动我每次都参与	0.807	3.425	0.883	10.08
	14. 我每次都参加村委会的选举	0.849			
	15. 我经常参加村里的婚丧嫁娶的仪式	0.744			
	16. 我经常参与村里的表演队	0.557			
社区归属感	26. 为了村容村貌我从不乱丢垃圾	0.861	3.243	0.879	9.54
	27. 我十分喜欢我所在的村庄并从未考虑搬离	0.790			
	28. 我村得到上级政府表彰，我感到很自豪	0.649			
	30. 我相信我们村一定会更好的	0.573			
互惠	22. 农忙时，我常常与其他村民互换活路	0.912	2.947	0.858	8.67
	23. 红白喜事时，我常常与其他村民相互帮助	0.767			
	24. 我的邻居给了我好处，我也会给他好处	0.681			
	25. 村民需要帮忙，我会不计报酬地帮助他	0.599			
	26. 我们村的邻里会相互帮忙	0.614			
网络	17. 我经常与我的朋友一起吃饭	0.807	2.562	0.849	8.67
	18. 空闲时，村民之间常常在一起玩耍	0.760			
	20. 我和亲戚经常一起聚会	0.523			
	21. 邻里之间经常串门	0.533			
民族认同感	32. 我非常热爱羌族的传统文化	0.685	2.116	0.877	6.54
	33. 我十分喜欢我们村庄的建筑风格	0.597			
	35. 我赞同大力保护释比文化	0.578			
	36. 我们村民都有白石信仰	0.537			
总解释变异量					68.85
总量表的克龙巴赫 α 系数=0.950					

注：样本数 105 份

经过上述统计学处理，量表最终删除了题项 12、29、34 三个题项，预测试量表由 31 个题项七个因子组成。七个因子的累计方差贡献率达到了 68.85%。Hair 等（2006）认为，在社会科学研究中，一组题项的累计方差贡献率达 60%即可接受，有时更低也可接受。说明本章的数据统计分析结果较理想。

5）信度、效度和因子命名

在对上述通过探索性因子分析所得出的民族社区社会资本七个因子进行命名前，首先需要对量表的信度和效度进行初步分析。根据规范研究的要求，测量所使用的工具（如测量量表等）必须经过科学性检验才能保证测量结果是可靠而有效的。

（1）信度分析。本章在民族社区社会资本量表开发的预测试阶段主要使用的是内部一致性系数来检验信度。如表 4-16 所示，总体民族社区社会资本量表的信度检测值（克龙巴赫 α 系数）为 0.950，各因子构面的信度检测值则介于 0.849～0.918，高于 0.8 的水平。在实际的应用中，Hinkin（1998）认为克龙巴赫 α 系数一般应大于 0.7 的标准。所以，本量表可以通过信度检验，具有较高的内部一致性。

（2）效度分析。效度是指一份测量量表能够正确测量到所要测量特质的程度，一般也被称为测量的有效度和可靠度（王保进，2007）。判断效度主要可以从校标关联效度、内容效度和结构效度三个方面展开，本书在量表开发的预测试阶段主要使用的是内容效度和结构效度来对量表进行检验。

从内容效度来看，Haynes 等（1995）指出，内容效度是指测验内容在多大程度上反映或代表了研究者所要测量的构念。简单来讲，即开发的测验题项在内容上是否包含了想要评价的东西。在三种情况下，测验的内容效度可能会受到损害：①遗漏了反映构念内容的测量指标；②包含了与构念内容无关的指标；③在估计构念的不同成分对测验分数的影响时出现偏颇。

当对一个构念的测量涵盖了它的所有层面及意义时，那么研究所使用的测量工具就具备了较好的内容效度。就本书而言，题项是经过多次大量的访谈和调查而得来的，这在一定程度上保证了取样的充分性。与此同时，课题组邀请相关专家对量表中题项与构念操作性定义的吻合程度进行判断。课题组在收集关键事件形成题项库的过程中，邀请了三位旅游管理专业专家和三位富有经验的当地接待户，就题项与操作性定义之间的关联性进行了深入细致地分析和筛选，最大化保证了题项的适应性。

从结构效度来看，结构效度又被称为建构效度。它指的是能够测量到理论上的建构或心理特质的程度（王保进，2007）。由于其在理论上具有很强的逻辑分析，同时又可以借助于经验数据来验证理论的"可接受性"，故学者们普遍认为结构效度是最为严谨的效度检验方法（Loevinger，1947）。实施结构效度的经验检验主要包括以下三个步骤：一是进行假设性理论建构；二是根据理论内涵编制测试题项；三是通过逻辑或实证的方式检验量表中的测试题项是否呈现出某种结构化（Campbell and Fiske，1959）。本章在对预测试数据的探索性因子分析中，利用主成分分析法得到了民族社区社会资本的七个因子模型。分析结论显示，民族社区社会资本的结构清晰，七个因子的累计方差贡献率达到 68.85%，并且各题项可解释性强、含义清楚。由此可以判定，本书所开发的民族社区社会资本测量量表在预测试中体现了良好的结构效度。

（3）因子命名。探索性因子分析的结果显示，本章所编制的民族社区社会资本量表可以分为七个分量表，即民族社区社会资本具有七个清晰的结构维度。本书将根据各维度中的题项所反映的内容对因子进行命名。

因子 1：人际信任。这一维度涉及民族社区居民对家人、亲戚、朋友、陌生人、社会上的人的信任。具体包括测量量表中的 V1、V2、V3、V4、V5、V9 六个题项。

因子 2：规范信任。这一维度涉及民族社区居民对政府机关及公务员、法律以及经营村庄旅游事务的旅游管理公司的信任。具体包括测量量表中的 V6、V7、V8、V11 四个题项。

因子 3：社区参与。这一维度涉及民族社区居民对村庄选举、婚丧嫁娶等传统礼仪、村庄的表演队、传统节日的参与情况。具体包括测量量表中的 V13、V14、V15、V16 四个题项。

因子 4：社区归属感。这一维度涉及民族社区居民对村庄的将来发展的态度、是否对社区有很强的归属感而自觉保护村庄的卫生、并愿意长期生活在村庄。具体包括测量量表中的 V26、V27、V28、V30 四个题项。

因子 5：互惠。这一维度涉及民族社区居民生活场景中对互帮互助的态度和行为。具体包括测量量表中的 V22、V23、V24、V25、V31 五个题项。

因子 6：网络。这一维度涉及民族社区居民的社交网络。具体包括测量量表中的 V17 、V18、 V20、V21 四个题项。

因子 7：民族认同感。这一维度涉及民族社区对本民族文化的认同度。具体包括测量量表中的 V32、V33、V35、V36 四个题项。

三、量表的验证性因子分析

为了对探索性因子分析的研究结果进行进一步的验证，本书采用了结构方程中的验证性因子分析，检验七个因子模型是否是最佳的匹配模型。

验证性因子分析采用了上述研究所最终确定的包含有 31 个测量题项的民族社区社会资本量表。

本次调查仍然是选择了桃坪羌寨和萝卜寨社区两个民族村寨。课题组于 2012 年 12 月再次进行了数据收集。本次调查共发放调查问卷 198 份，回收问卷 175 份，其中有效问卷 175 份。

本章采用 5 点量表法进行测量："1"表示完全不同意，"2"表示不同意，"3"表示不确定，"4"表示同意，"5"表示完全同意。所有题项不再采用预测问卷中的编号，而是按照探索性因子分析中各题项在相应因子上的载荷降序进行了重新编号，故 SV1～SV6 是反映人际信任的六个题项；SV7～SV10 是反映规范信任的四个题项；SV11～SQ14 是反映社区参与的四个题项；SQ15～SQ18 是反映社区归属感的四个题项；SV19～SV23 是反映互惠的五个题项；SV24～SV27 是反映网络的四个题项；SV28～SV31 是反映民族认同感的四个题项。样本特征的具体描述如表 4-17 和表 4-18 所示。

表 4-17 样本分布特征（N=175）

人口特征	样本分类	百分比/%	频数
性别	男	54	94
	女	46	81
年龄	30 岁以下	29	50
	30～60 岁	54	95
	60 岁以上	17	30
民族	羌族	98	171
	汉族和藏族	2	4
出生地	桃坪羌寨	41	71
	萝卜寨	59	104
文化程度	没有文化	11	19
	小学	31	54
	初中	39	68
	高中及以上	19	34

表 4-18 民族社区社会资本量表 31 个题项的描述性统计分析（N=175）

题项	N	均值	标准差
SV1. 在任何情况下，我都相信我家人说的话	175	4.5	0.808
SV2. 在任何时候，我都相信我的亲戚（三代以内的近亲）	175	3.9	1.153
SV3. 村里的都是可信的	175	3.5	1.129
SV4. 陌生人向我求助，我会帮助他	175	3.86	1.014
SV5. 社会上的人都是可信的	175	2.76	1.069
SV6. 我可以借钱给我的大部分朋友，且不用打借条	175	3.83	1.189
SV7. 一般来说，到政府机关办事都不需要关系	175	2.31	1.128
SV8. 政府机关部门及公务员是可以信任的	175	3.08	1.215
SV9. 在遇上大的纠纷时，我会寻求法律	175	3.75	1.253
SV10. 我完全信任经营村庄旅游事务的管理公司	175	2.89	1.211
SV11. 羌历年时，村里组织的活动我每次都参与	175	4.01	1.206
SV12. 我每次都参加村委会的选举	175	3.93	1.258
SV13. 我经常参加村里的婚丧嫁娶	175	4.27	0.925
SV14. 我经常参与村里的表演队	175	3.37	1.314
SV15. 为了村容村貌我从不乱丢垃圾	175	4.41	0.900
SV16. 我十分喜欢我所在的村庄并从未考虑搬离	175	4.18	1.199
SV17. 我村得到上级政府表彰，我感到很自豪	175	3.97	0.978
SV18. 我相信我们村一定会更好的	175	4.32	0.867
SV19. 农忙时，我常常与其他村民互换活路	175	3.97	0.710
SV20. 红白喜事时，我常常与其他村民相互帮助	175	4.51	0.692
SV21. 我的邻居给了我好处，我也会给他好处	175	4.43	0.744
SV22. 村民需要帮忙，我会不计报酬的帮助他	175	4.37	0.732
SV23. 我们村的邻里会相互帮忙	175	4.39	1.199
SV24. 我经常与我的朋友一起吃饭	175	3.91	1.013
SV25. 空闲时，村民之间常常在一起玩耍	175	4.15	1.040
SV26. 我和亲戚经常一起聚会	175	4.20	0.917
SV27. 邻里之间经常串门	175	3.99	1.064
SV28. 我非常热爱羌族的传统文化	175	4.46	0.842
SV29. 我十分喜欢我们村庄的建筑风格	175	4.43	0.894
SV30. 我赞同大力保护释比文化	175	4.37	0.880
SV31. 我们村民都有白石信仰	175	4.21	0.996

验证性因子分析的主要内容有内容效度、一维性检验、内部一致性检验、收敛效度和区别效度。Churchill（1979）认为：阐述构念内涵和范围，产生契合构念内涵和范围的测验题项，提纯题项而获得的测量量表应当具有较好的内容效度。本章在开发民族社区社会资本量表时严格依照了上述程序，所开发题项能够较好地反映相应潜在构念，具有较好的内容效度。在此仅对大样本数据进行其他几种检验。其检验指标及标准见表4-19。

表4-19　验证性因子分析检验的内容及评价指标

检验目的	检验内容	评价指标	判断标准
单一性	绝对拟合指标	(x^2/df)	<5，<3 更佳
		GFI	>0.90（大于 0.85 也可接受）
		AGFI	>0.90（大于 0.85 也可接受）
		RMSEA	<0.05（适配良好）<0.08（适配合理）
	相对拟合指标	CFI	>0.90（大于 0.85 也可接受）
		NFI	>0.90（大于 0.85 也可接受）
		NNFI（TLI）	>0.90（大于 0.85 也可接受）
内部一致性	克龙巴赫 α 系数	α	大于或等于 0.7
	组合信度（建构信度）	ρ_c	大于或等于 0.6
收敛效度	平均方差抽取（AVE）	ρ_v	大于或等于 0.5
潜变量区分度	区分效度	r、$\sqrt{\rho_v}$	$\sqrt{\rho_v}$ 大于任何两个维度间的 r

验证性因子分析的单一性检验中，GFI、AGFI、NFI、TLI、CFI 的值超过 0.9 时，假设模型可被接受，表明假设模型与观测数据拟合良好（Bagozi and Yi，1988）。但在实际研究中部分拟合指数则常常达不到 0.9 的标准。故部分学者建议对这些拟合指数可适当放宽。Bollen（1989）指出，在开拓性研究中，拟合指数大于 0.85 也可以被接受。

（一）单一性分析

经验证，所有题项对其相应因子都具有较强的正相关关系，且所有参数均在 0.05 水平上达到显著。其中，标准回归系数最小的是一阶因子人际信任下的第三个题项（SV3），其值为 0.57；最大的是社区参与因子下的第三个题项（SV13）。此外，所有因子间的相关系数在 0.05 水平上达到了显著。相关系数最大的为社区归属感因子，其值为 0.73；最小的为人际信任与民族认同感因子，其值为 0.33。系统输出的单一性分析的拟合程度指标如表 4-20 所示。

表 4-20 民族社区社会资本一阶测量模型拟合结果

χ^2/df	GFI	AGFI	RMSEA	CFI	NFI	NNFI
2.513	0.926	0.935	0.058	0.98	0.96	0.97

由表 4-20 可知，民族社区社会资本一阶测量模型的所有单一性分析的拟合指标均达到理想水平。

（二）内部一致性检验

对民族社区社会资本的一阶测量模型进行内部一致性检验的评价指标，本书选取了组合信度 CR 值、克龙巴赫 α 系数和平均变异抽取量（AVE），检验结果见表 4-21。

表 4-21 民族社区社会资本一阶因子内部一致性信度及收敛效度检验结果

测量项目	标准化负荷(λ)	负荷标准误	临界比率	测量误差	CR	AVE	α 系数
人际信任					0.889	0.577	0.859
SV1	0.79	0.032	21.786**	0.38			
SV2	0.83	0.037	25.893**	0.31			
SV3	0.57	0.034	28.683**	0.68			
SV4	0.86	0.035	27.424**	0.26			
SV5	0.83	0.033	23.567	0.43			
SV6	0.71	0.037	21.224**	0.49			
规范信任					0.774	0.534	0.834
SV7	0.73	0.047	17.390**	0.47			
SV8	0.77	0.052	14.460**	0.41			

续表

测量项目	标准化负荷(λ)	负荷标准误	临界比率	测量误差	CR	AVE	α系数
SV9	0.81	0.051	15.583**	0.46			
SV10	0.69	0.058	14.793**	0.52			
社区参与					0.889	0.669	0.897
SV11	0.84	0.059	20.412**	0.29			
SV12	0.82	0.030	33.569**	0.33			
SV13	0.71	0.037	21.224**	0.50			
SV14	0.89	0.044	13.640**	0.23			
社区归属感					0.751	0.602	0.829
SV15	0.73	0.046	18.837**	0.47			
SV16	0.82	0.057	20.335**	0.33			
SV17	0.77	0.054	19.368**	0.43			
SV18	0.76	0.053	17.252**	0.42			
互惠					0.935	0.675	0.926
SV19	0.63	0.065	19.293**	0.60			
SV20	0.73	0.074	22.247**	0.48			
SV21	0.62	0.033	24.155**	0.65			
SV22	0.88	0.044	13.640**	0.23			
SV23	0.83	0.037	25.893**	0.31			
网络					0.796	0.566	0.837
SV24	0.73	0.032	24.782**	0.47			
SV25	0.82	0.030	33.569**	0.33			
SV26	0.71	0.037	21.224**	0.50			
SV27	0.79	0.059	17.413**	0.37			
民族认同感					0.874	0.634	0.868
SV28	0.86	0.067	19.945**	0.26			
SV29	0.80	0.061	25.893**	0.36			
SV30	0.74	0.063	28.683**	0.45			
SV31	0.78	0.059	11.661**	0.39			

**表示在0.01水平上显著
α表示固定参数

由表4-21可知，验证性因子分析中所有一阶因子的克龙巴赫α系数均大于0.7的标准值。其中，以互惠因子的值最高，达到了0.926；社区归属感因子最低，为 0.829。并且系统输出该量表的总体 α 系数为 0.932，超过了给定的 0.8 参考标准值。各因子下的组合信度 CR 值和 AVE 值均超过了建议的门槛值 0.6 和 0.5 的标准，说明量表具有较好的收敛效度。

本章对民族社区社会资本做了二阶验证性因子分析，发现民族社区社会资本所有二阶因子与一阶因子均具有较强的相关关系，所有参数值均在 0.05 水平上达到显著，其中标准化因子载荷的最大值为规范信任 0.88，以人际信任的 0.72 最低。这显示出所提出的二阶民族社区社会资本理论模型拟合良好。对民族社区社会资本二阶因子所做的模型拟合度分析结果显示：卡方与自由度之比为 2.887。渐进残差均方和平方根（RMSEA）=0.030；GFI、AGFI、CFI、NFI、NNFI 均大于 0.9（表 4-22、表 4-23）。这也显示出二阶理论模型具有较好的拟合度。

表 4-22　民族社区社会资本二阶验证性因子分析摘要表

一阶变量	标准化负荷（λ）	负荷标准误	临界比值	r^2	测量误差
人际信任←民族社区社会资本	0.72	$-^\alpha$	$-^\alpha$	0.52	0.48
规范信任←民族社区社会资本	0.88	0.040	9.155**	0.77	0.23
社区参与←民族社区社会资本	0.74	0.041	11.657**	0.55	0.45
社区归属感←民族社区社会资本	0.81	0.052	8.844**	0.66	0.34
互惠←民族社区社会资本	0.73	0.033	10.257**	0.53	0.47
网络←民族社区社会资本	0.78	0.036	11.364**	0.61	0.39
民族认同感←民族社区社会资本	0.76	0.036	10.798**	0.58	0.42

**表示在 0.01 水平上显著
α 表示固定参数

表 4-23　民族社区社会资本二阶验证性因子分析模型拟合度分析结果

χ^2/df	GFI	AGFI	RMSEA	CFI	NFI	NNFI
2.887	0.972	0.968	0.030	0.936	0.933	0.944

（三）区别效度

将各因子间相关系数 r 与各因子的平均变异抽取量（AVE）值的平方根输入下表进行比较，其中相关系数 r 位于矩阵左下角，$\sqrt{AVE}$ 位于对角线的位置。从表 4-24 可以看出，民族社区社会资本相关系数的绝对值在 0.52～0.73，各因子 AVE 值的平方根在 0.72～0.83，每个因子的 $\sqrt{AVE}$ 都大于任何两个因子之间的相关系数，这表明各因子（也即各维度）间具有较好的区别效度。又因为各因子之间的相关系数大于 0.5，所以因子之间具有较强的相关关系，这也表明这七个因子之间存在一个更高阶的共同因素，即民族社区社会资本构念。

表 4-24　民族社区社会资本区别效度分析结果

因素	人际信任	规范信任	社区参与	社区归属感	互惠	网络	民族认同感
人际信任	**0.76**						
规范信任	0.58	**0.72**					
社区参与	0.65	0.62	**0.82**				
社区归属感	0.55	0.53	0.67	**0.78**			
互惠	0.57	0.57	0.68	0.61	**0.83**		
网络	0.53	0.57	0.64	0.72	0.62	**0.75**	
民族认同感	0.59	0.63	0.63	0.56	0.68	0.58	**0.75**

四、结论与建议

由于国内外的研究少有涉及民族社区社会资本的文献，所以直接测量民族社区社会资本的量表也是鲜见。本书在借鉴福山、帕特南等学者关于民族社区社会资本的定义的基础上，结合我国民族社区的客观情境，收集了来自民族社区居民和民族社区研究专家的意见。笔者经过参考已有的文献研究成果，进行民族社区社会资本题项的编制，保证了题目的合理性，使问卷具有了良好的内容效度。从探索性因子分析得到七个因子，分别是人际信任、规范信任、社区参与、社区归属感、互惠、网络和民族认同感。本书创新性地将民族认同感整合进了量表进行测量，弥补了原有量表结构效度不足的缺陷，使量表具有更为完善的结构效度。数据统计分析结果也显示：量表具有良好的信度和效度，能够有效地测量民族社区社会资本。

概括来讲，该量表的积极意义有：在理论上，由于本量表是针对我国民族社区这一特定情境所开发的，因此各维度和题项的内容均具有中国本土化的意义。与其他国内外社区社会资本量表相比，本量表具有较佳的适用性，后续研究者将能以此为测量工具进行相关变量的理论探讨。在实践上，民族社区社会资本量表的测量结果可为社区管理者指明改善和提高民族社区社会资本的方向。

本量表开发的不足主要表现在量表的普适性问题。除了上述两个调查地点，还有许多典型的民族社区如云南的香格里拉雨崩村、贵州的西江千户苗寨等都是很好的研究地，但由于受到时间、人力等因素的制约，本书仅选择了两个民族社区作为研究对象。从两个民族社区归纳出的民族社区社会资本题项能否在我国民族村寨中具有普适性，这需要在未来的研究中更进一步验证。

第四节 数据分析

本节通过数据统计分析和质性资料对民族社区的社会资本状况进行考察，并验证上文的假设。

一、调查样本基本信息

按照表 4-25 所示，受访样本中男性占 54%，女性占 46%，基本保持平衡；年龄以 30~60 岁为多，占 54%，超过一半，其余依次为 30 岁以下和 60 岁以上，分别占 29% 和 17%。民族则以羌族为主，占 98%，出生地方面，出生在萝卜寨的占 59%，出生在桃坪羌寨的占 41%；学历以初中居多，占 39%，其余依次为小学、高中及以上，分别占 31% 和 19%。

表 4-25　调查样本信息

人口特征	样本分类	百分比/%	频数
性别	男	54	94
	女	46	81
年龄	30 岁以下	29	50
	30~60 岁	54	95
	60 岁以上	17	30
民族	羌族	98	171
	汉族和藏族	2	4
出生地	桃坪羌寨	41	71
	萝卜寨	59	104
文化程度	没有文化	11	19
	小学	31	54
	初中	39	68
	高中及以上	19	34

二、民族社区社会资本各维度存量

（一）人际信任

根据前边研究假设以及实证统计数据，人际信任维度各个题项的均值、标准差统计结果如表 4-26 所示。

表 4-26　人际信任维度

题项	N	均值	标准差
SV1. 在任何情况下，我都相信我家人说的话	175	4.5	0.808
SV2. 在任何时候，我都相信我的亲戚（三代以内的近亲）	175	3.9	1.153
SV3. 村里的都是可信的	175	3.5	1.129
SV4. 陌生人向我求助，我会帮助他	175	3.86	1.014
SV5. 社会上的人都是可信的	175	2.76	1.069
SV6. 我可以借钱给我的大部分朋友，且不用打借条	175	3.83	1.189

由表 4-26 可以看出，民族社区居民在 SV1~SV5 五个问题中对家人的信任度最高，均值为 4.5，对社会上的人信任度最低，均值为 2.76，居民的信任度由高到低排列分别是家人、亲戚、陌生人、朋友、村里人、社会

上的人。

这说明民族社区的居民的信任结构仍是"差序格局"，但是又存在变化。第一，对亲戚的信任程度超过了朋友；第二，对陌生人的信任度得到提升，紧随亲戚之后。

用独立样本 t 检验，检验两个村庄在人际信任维度上差异是否显著，统计结果如表 4-27 所示。

表 4-27　人际信任在两个村庄的差异（$M \pm SD$）

因素	桃坪羌寨	萝卜寨	F	P
人际信任	3.47±0.72	4.10±0.56	37.28	0.000

由表 4-27 可知，人际信任维度在两个村庄的差异显著，萝卜寨的人际信任度的均值显著高于桃坪羌寨。验证了前边的假设。

所以 H1 的假设部分得到验证，根据本书数据，可修正为：民族社区的信任格局呈现"家人—朋友—亲戚—陌生人—村里人—社会上的人"的"差序格局"，两个村庄在人际信任上具有显著差异。

（二）规范信任

由表 4-28 可知，居民在 SV7~SV10 这个四个关于规范信任的问题的均值分别为 2.31、3.08、3.75、2.89，分值都较低。在调研过程中，大部分村民都认为"到政府机关办事没有关系不得行"，对政府机关和公务员的信任度较低，对经营村庄旅游事务的管理公司也表现出了低的信任度，在调查中村民反映"旅游公司挣到的钱，都不晓得花哪里去了"，这说明旅游公司对于旅游收入的分配不够透明，造成村民的不满。关于遇到较大的纠纷时，会不会寻求法律解决时，大多数村民表示"那肯定还是会，但是就是不晓得怎么去申诉"，这表示人们的法律意识在提升，但是现实中寻求法律的途径少。

由表 4-29 可知，规范信任维度在两个村庄的差异显著，萝卜寨的规范信任度的均值显著高于桃坪羌寨，由此，H2 得到验证。

表 4-28　规范信任维度

题项	N	均值	标准差
SV7. 一般来说，到政府机关办事都不需要关系	175	2.31	1.128
SV8. 政府机关部门及公务员是可以信任的	175	3.08	1.215
SV9. 在遇上大的纠纷时，我会寻求法律	175	3.75	1.253
SV10. 我完全信任经营村庄旅游事务的管理公司	175	2.89	1.211

表 4-29　规范信任在两个村庄的差异（$M \pm SD$）

因素	桃坪羌寨	萝卜寨	F	P
规范信任	2.87±0.72	3.22±0.75	9.69	0.002

（三）社区参与

由表 4-30 可知，村民在 SV11~SV14 这四个关于社区参与的问题上的均值为 4.01、3.93、4.27、3.37，均高于中间值 3。

羌历年是羌族最重要的节日，每逢此节日村里都会举行大型的欢庆活动，村民参加的积极性非常高；村民对村委会的选举参与度也较高，这是因为旅游发展过后，旅游发展的好与坏都跟村民的切身利益相关，大家都希望能有一个好的带头人带领村民发展旅游；村里的婚丧嫁娶等人情来往，多数村民都表示"那是肯定的，都是互相的，今天你家有事，我来帮；明天我家有事，别个也来帮嘛""婚事是请了才去，丧事只要听说了，全村人都会"，参与度很高；由于发展旅游，村庄有了自己的表演队，虽然数字显示村民们的参与度较高，但是调研中发现，参与度高的原因是"每人每天100 元"，大家参与表演队的原因一大部分还是因为能产生经济收益，还有的村民说"没得办法，上级领导来，村里就号召大家来表演"，这说明村民参与基于行政命令，而非数字显示的积极性那么高，更多的时候是被动参加的。

由表 4-31 可知，社区参与维度在两个村庄的差异显著，萝卜寨的社区参与度的均值显著高于桃坪羌寨。由此，H3 得到验证。

表 4-30 社区参与维度

题项	N	均值	标准差
SV11. 羌历年时，村里组织的活动我每次都参与	175	4.01	1.206
SV12. 我每次都参加村委会的选举	175	3.93	1.258
SV13. 我经常参加村里的婚丧嫁娶的仪式	175	4.27	0.925
SV14. 我经常参与村里的表演队	175	3.37	1.314

表 4-31 社区参与在两个村庄的差异（$M \pm SD$）

因素	桃坪羌寨	萝卜寨	F	p
社区参与	3.29 ± 0.66	3.65 ± 0.70	12.59	0.000

（四）社区归属感

由表 4-32 可知，村民在 SV15~SV18 这四个关于社区归属感的问题上的均值分别是 4.41、4.18、3.97、4.32。在问到"为了村容村貌会不会乱丢垃圾时"，村民表示"肯定不会撒，现在发展旅游了，还是要保持村庄的清洁"，据调研期间的观察，两个村庄干净整洁，很少有人乱丢垃圾；在被问到"有没有考虑过搬离村庄，到城里居住"时，32%的 25 岁以下及 26~45 岁的村民表示，"村里住得舒服，但是交通不方便，还是希望在城头住"，但是受访的 46~65 岁的村民中，82%的人不愿搬离，而 65 岁以上的村民都不愿搬离村庄。在得到上级政府表彰时，村民的态度很明确，97%的人都会感到非常自豪。对于村庄将来的发展，村民对基于旅游的发展做出判断，59%的村民表示肯定会很好的，30%的人很不看好村庄的发展。这种现象多是因为旅游分配不公，村民认为村庄旅游发展只让少数人受益了，"都让少部分人把钱挣了"。

由 4-33 可知，社区归属感维度在两个村庄的差异不显著。由此，H4未得到验证。

表 4-32　社区归属感

题项	N	均值	标准差
SV15. 为了村容村貌我从不乱丢垃圾	175	4.41	0.900
SV16. 我十分喜欢我所在的村庄并从未考虑搬离	175	4.18	1.199
SV17. 我村得到上级政府表彰，我感到很自豪	175	3.97	0.978
SV18. 我相信我们村一定会更好的	175	4.32	0.867

表 4-33　社区归属感在两个村庄的差异（$M \pm SD$）

因素	桃坪羌寨	萝卜寨	F	p
社区归属感	4.23 ± 0.69	4.21 ± 0.73	0.021	0.885

（五）互惠

由表 4-34 可知，村民在 SV19～SV23 这五个关于互惠的问题上均值分别为 3.97、4.51、4.43、4.37、4.39，均值都较高。在被问到"农忙时，会不会与其他村民互换活路"时，大家都说"农忙的时候都要互相帮助"，但是同时表示"现在村里的地被占用修了新房子，地越来越少了，帮忙就少了"（桃坪羌寨和萝卜寨在地震过后，村民都占用村里的地盖了新寨子）。在"我的邻居给了我好处，我也会给他好处""村民需要帮忙，我会不计报酬地帮助他""我们村的邻里会相互帮忙"这三项上，95%的村民表示同意以及非常同意。

由表 4-35 可知，社区归属感维度在两个村庄的差异显著，萝卜寨的互惠均值显著高于桃坪羌寨。由此，H5 得到验证。

表 4-34　互惠

题项	N	均值	标准差
SV19. 农忙时，我常常与其他村民互换活路	175	3.97	1.199
SV20. 红白喜事时，我常常与其他村民相互帮助	175	4.51	0.710
SV21. 我的邻居给了我好处，我也会给他好处	175	4.43	0.692
SV22. 村民需要帮忙，我会不计报酬地帮助他	175	4.37	0.744
SV23. 我们村的邻里会相互帮忙	175	4.39	0.732

表 4-35　互惠在两个村庄的差异（ *M* ± *SD* ）

因素	桃坪羌寨	萝卜寨	*F*	*p*
互惠	3.47±0.72	4.10±0.56	37.28	0.000

（六）网络

由表 4-36 可知，村民在 SV24～SV27 这四个关于网络的四个问题上的均值分别为 3.91、4.15、4.20、3.99。从中可以看出，社区居民更多的空闲时间主要跟亲戚和村民一起活动，邻里串门认可度也较高，但最为重要的是居民与朋友网络关系开始变得更加紧密，说明其关系网络更加开放，不再局限于传统的血缘关系和地缘关系，更加重视朋友等后致网络的发展与维护。

表 4-36　网络

题项	*N*	均值	标准差
SV24. 我经常与我的朋友一起吃饭	175	3.91	1.013
SV25. 空闲时，村民之间常常在一起玩耍	175	4.15	1.040
SV26. 我和亲戚经常一起聚会	175	4.20	0.917
SV27. 邻里之间经常串门	175	3.99	1.064

由表 4-37 可知，网络维度在两个村庄的差异显著，萝卜寨的网络均值显著高于桃坪羌寨。由此，H6 得到验证。

表 4-37　网络在两个村庄的差异（ *M* ± *SD* ）

因素	桃坪羌寨	萝卜寨	*F*	*p*
网络	3.85±0.76	4.38±0.68	27.677	0.000

（七）民族认同感

由表 4-38 可知，村民在 SV28～SV31 这四个关于民族认同感的问题上的均值为 4.46、4.43、4.37、4.21，均值都较高，表明人们的民族认同感很高。有些村民表示"以前羌族的很多文化都在'文化大革命'的时候破除了，认为都是封建迷信"，现在旅游发展过后，民族文化的价值开始凸显，人们越来越重视传统文化，并且认为这些是羌族的瑰宝，应该进行保护，但是不懂得其文化内涵。

表 4-38　民族认同感

题项	N	均值	标准差
SV28. 我非常热爱羌族的传统文化	175	4.46	0.842
SV29. 我十分喜欢我们村庄的建筑风格	175	4.43	0.894
SV30. 我赞同大力保护释比文化	175	4.37	0.880
SV31. 我们村民都有白石信仰	175	4.21	0.996

由表 4-39 可知，民族认同感维度在两个村庄的差异显著。由此，H7 得到验证。

表 4-39　民族认同感在两个村庄的差异（$M \pm SD$）

因素	桃坪羌寨	萝卜寨	F	p
民族认同感	4.10 ± 0.56	3.47 ± 0.72	37.28	0.000

三、小结

将假设结果和修正后的假设呈现如表 4-40 所示。

表 4-40　假设验证结果

假设	假设内容	是否得到验证
H1	原假设：民族社区的信任格局呈现"家人—亲戚—朋友—村里人—社会上的人—陌生人"的"差序格局"，两个村庄在总体信任上差别显著 修正后的：民族社区的信任格局呈现"家人—朋友—亲戚—陌生人—村里人—社会上的人"的"差序格局"，两个村庄在人际信任上差别显著	部分验证，并修正
H2	民族社区的规范信任整体水平偏低，法律意识增强。两个村庄的规范信任差异显著	是
H3	民族社区在与旅游相关，能带来经济价值的事务参与度高。两个村庄社区参与程度差异显著	是
H4	两个村庄的社区归属感差异显著	否
H5	两个村庄的互惠差异显著	是
H6	两个村庄的网络差异显著	是
H7	两个村庄在民族认同感上的差异显著	是

本 章 小 结

本章围绕民族社区的社会资本展开，经过相关的实证研究，主要的研究成果和结论如下。

第一，民族社区的信任结构仍以特殊信任为主，普遍信任发育不足；旅游对人际信任、规范信任产生了负面影响。

第二，规范信任整体存量低，但法律规范信任度高。

第三，经济理性导致社区参与度提高，"被动社区参与"较多，旅游对社区参与产生负面影响。

第四，社区归属感是否受旅游发展的影响仍需进一步验证。

第五，旅游降低了村民对传统的互惠机制的依赖。

第六，旅游使当地居民交往半径扩大，降低了亲缘地缘网络的密度。

第七，旅游的发展增强了民族认同感。

第五章
研究结论与展望

民族社区的旅游发展在给当地居民带来生活福祉的同时，也带来了市场经济的运行机制和新的文化模式，民族社区传统文化和外来文化以前所未有的力度和广度开始交融和碰撞，社区居民的精神世界和心理不可避免地经历着巨大的震荡。应当看到，这一场精神世界的震荡具有必然性。这是因为，市场经济并不意味着简单的商品交易的"市场"，也不仅仅是单纯的经济行为，而是一种与农业经济社会全然不同的现代社会的运行机制和文化模式。它开始改变居民的行为习惯，唤醒居民的资源权利意识。因此，它必然对民族社区的传统文化、价值观念和行为规范产生冲击，通过对甲居藏寨、桃坪羌寨和萝卜寨的实证研究，我们可以得出以下结论。

一、本书的基本结论

第一，旅游发展促使社区居民日常的生产生活场景向具有观光、体验、休闲的舞台展演场景转变，引致社区资源价值的凸显和增值，从而唤醒社区居民的资源权利意识，社区居民开始陷入"功利的诱惑与淳朴的呼唤的两难境地"。

民族社区旅游资源是由自然山水、田园风光、民居建筑、居民生产生活方式等要素构成的有机联系整体，是民族社区居民在长期的共同生产实践和社会生活中集体创造并世代传承的生活文化事象，主要体现在居民的日常生活形态特征之中，在社区旅游发展以前，其主要功能是满足社区居民的日常生产生活所需。

社区旅游发展后，由于旅游者的进入，必然引起居民的日常生活场景向旅游者观光、体验、休闲的"舞台化"的展演场景转变，原本属于居民日常生活行为中的习惯、习俗、节庆等民俗生活事项在这一过程中转变成为具有展演功能、观赏功能的旅游吸引物，成为旅游者观光、体验、休闲的客体，成为旅游者消费的对象，变成了能够直接产生经济收益的商业资源。

当社区居民意识到"他们的房屋、服饰、言行举止、节庆活动等原本居民日常生活的要素居然能够吸引旅游者前来旅游,变成了宝贵的资源,能够产生直接经济价值"的时候,他们就要开始关注个人拥有的资源的权利归属和相应的收益分配。在这一转变过程中,社区居民往往无所适从。首先,在经济利益的刺激下,社区居民开始变得斤斤计较、唯利是图,为了个人的利益,不惜牺牲他人或者集体的利益,社区居民淳朴、重义轻利的形象开始向势利、重利轻义的形象转变,严重损害民族社区在旅游者头脑中的美好形象。其次,民族社区传统文化的传承主要是通过代际的耳濡目染来获得,具有"天然习得"的特征,而非"有意而为之"。在民族社区发展以后,社区居民开始有意识地选择传承的文化事项,能够直接产生经济收益的传统文化事项往往容易得以传承,而不能产生经济收益或者收益较低的传统文化事项则受到冷落。或者为了迎合游客的需求,擅自改变具有庄严、神圣的民族传统节日和风俗习惯,使社区传统文化的根基受到威胁。最后,民族社区能够吸引旅游者前来旅游观光的"根基"就在于其淳朴的民风和独特的乡土文化,居民是本民族传统文化的创造者和继承者,是社区传统文化资源的"活态"载体,内化于居民身上的"活态"资源在社区旅游发展后具有人力资本产权特性,其"所有权"限于体现它的人,社区居民自己有权决定是否使用及使用多少。一旦其人力资本产权受损,"其资产可以立刻贬值或荡然无存,因此,人力资本不能强制,只能激发,只可激励而无法压榨"。

第二,旅游活动对民族社区的乡土特征产生显著影响,利益关系、业缘关系加速了民族社区"差序格局"结构的裂变,但作为社区结构内核的血缘关系和亲缘关系受到旅游活动冲击较小,"差序格局"结构的基本面依然存在。

民族社区旅游发展后,旅游活动带来的商品经济交换关系对民族社区原有的社会结构的影响明显增强,基于社区旅游接待服务需要而形成的利益关系、业缘关系开始对原有的以血缘、亲缘、地缘为纽带的乡土社会结构产生冲击。研究发现，甲居藏寨家庭成员之间依旧保持着深厚的情感关系，维系"差序格局"的血缘基础因素仍发挥着重要作用，受旅游发展的影响较小，"差序格局"的基本面依然存在。但旅游活动对亲缘、地缘关系冲击较大，以利益关系、业缘关系为纽带的社区结构开始逐步形成。

在公私、群己观念变化上，旅游发展促使居民更关注私己利益，促使居民多关注自家利益，"私、己"观念进一步增强，削弱了保护"公共资源"的集体意识。

旅游活动对居民价值观产生了较大影响，但并未动摇其核心观念，传统价值观和功利价值观新旧并存，共同指导着居民的行为。

在礼治变化上，旅游发展促使民族社区居民根据自我意愿对某些传统礼治秩序进行改革，传统礼俗的约束力稍有降低。

不同类型的居民户对乡土特征变化的感知存在显著差异，应区分清楚他们各自的认知状态，从而提出针对性的引导策略，才能真正起到对居民行为调控的作用。

第三，非物质文化遗产在经济资本的强势话语和符号消费的双重背景下转化成人力资本，保证持有者对非物质文化遗产的完整产权是非物质文化遗产保护的原动力，保证非物质文化遗产学习者获得较高投资收益率和降低学习者的投资风险是非物质文化遗产延续的基石。

当代社会明显体现出经济支配一切的特征，这使得社会的各个"场域"都明显地受制于经济资本的逻辑。作为重要传统文化的非物质文化遗产也不能例外，要想行使自己的权利都要转变为经济权利的形式。与此同时，当代社会的人们对于"符号消费"的追求，无疑为非物质文化遗产的开发利用提供了巨大的市场空间。在市场经济条件下，只要存在市场需求，一切文化资源都可以转化为文化产品，这些文化产品凸显出文化资源的经济价值。此时，以"人"为载体的非物质文化遗产便转化为其持有者的人力资本。

一旦非物质文化遗产在经济资本的"强势话语"和"符号消费"的双重背景下转化为人力资本，能为其持有者带来经济收益时，非物质文化遗产持有者将倾向于把这种资源的产权界定得更加清楚。只有非物质文化遗产利益的权利得到分配公平，才能使非物质文化遗产持有者预期到他们的权利和利益能够实现并得到保护，才能避免非物质文化遗产持有者因产权残缺而"关闭"人力资本，使其价值一落千丈。因此，只有确保非物质文化遗产持有者得到公平的利益和充分的尊重，才能充分发挥其保护和再生产的积极性、主动性，最终达到保护非物质文化遗产的目的。

非物质文化遗产是人们在特定情境下根据自身经验而得来的一套处理自己所面临问题的特有知识和技能。这些知识和技能是人们在自然的文化生态环境中无意"习得"和在濡化过程中获得的，其学习非物质文化遗产并不带有目的性。但是随着现代学校教育的普及以及人的经济价值的上升，非物质文化遗产变成年轻人有意投资学习的对象之一。作为理性的经济人，学习者的投资决策是在充分考虑非物质文化遗产投资收益率，以及从众多备选投资方案中选择投资收益率最高的一个作为自己的投资对象的过程。与此同时，投资非物质文化遗产面临的诸多风险也会让学习者犹豫不决。因此，提高学习非物质文化遗产的收益率以及降低投资非物质文化遗产的风险是非物质文化遗产延续的基石。

第四，从整体上看，旅游活动对民族社区社会资本的影响较为明显，除社区归属感外，旅游活动对社会文化背景相似、但旅游发展程度不同的两个社区的社会资本的影响表现出显著差异性。

一是民族社区的信任结构仍以特殊信任为主，普遍信任发育不足；旅游对人际信任、规范信任产生负面影响。韦伯把信任分为特殊信任和普遍信任。特殊信任指的是建立在血缘、亲缘和地缘基础上的，并以道德、意识形态等非制度安排为保证的信任关系。对家人、亲戚以及邻里的信任即属于特殊信任。普遍信任是建立在契约关系基础之上，并以法律和正式的规章制度为保证的信任关系，这种信任关系的确立不以情感的存在为前提。通过数据分析研究，我们发现少数民族社区的信任结构仍呈现"差序格局"。引入韦伯对特殊信任和普遍信任的定义，民族社区的信任特征可总结为特殊信任为主，普遍信任发育不足。

二是规范信任整体存量低，但法律规范信任度高。规范信任在范畴上隶属于普遍信任，是指人们对国家、社会、团体、组织等正式的规章制度有信心。研究中发现，人们对政府机关及公务员、经营村庄旅游的管理公司信任度很低。人们在"面对大的纠纷时，我会寻求法律帮助"这个问题的均值很高，说明人们的法律意识在不断增强，法律规范的信任度高。

三是经济理性导致社区参与度提高，"被动的社区参与"较多，旅游对社区参与产生了负面影响。萝卜寨的社区参与度显著高于桃坪羌寨，说明旅游对社区参与产生了负面的影响。在民族社区的调研中我们发现，旅游的发展，村庄的传统活动舞台化、常态化，村民的参与往往有经济回报，所以村民参与性很高。同时由于近年政府部门重视民族社区旅游的发展，以及村领导招商引资的需要，村民的表演都是村里的行政命令，村民"被动参与"的现象较多，而在没有经济利益的社区公共事务的参与度上村民的参与积极性有下降的趋势。

四是社区归属感是否受旅游发展的影响仍需进一步验证。两个村庄的社区归属感差异不显著，说明社区归属感是否受旅游发展的影响还不清晰，仍需进一步验证。旅游发展给民族社区的社会文化带来了一些负面影响，引起社会道德标准的下降，人际关系的恶化，导致少数民族社区过去淳朴的民风不在。旅游的发展还一定程度上破坏了少数民族的生态环境。多数村民虽然表示很痛心，但是出于对村庄本身的依恋，他们都不愿搬离村庄，并相信村庄会越来越好。社区归属感的差异仍需要进一步的验证。

五是旅游对村民的互惠规范产生了负面影响。萝卜寨的互惠水平显著高于桃坪羌寨，说明旅游对村民的互惠规范产生了负面影响。旅游发展给少数民族社区带来了便利的交通、先进的技术以及可观的收入。这样就使人们的生产、生活更加"原子化"，不必过分依赖传统的互惠机制，同时由于维持这样互惠机制的成本相对较高，所以村民之间的互惠有减少、下降的趋势。

六是旅游扩大了当地居民的交往半径，降低了亲缘地缘网络的密度。萝卜寨的网络密度显著高于桃坪羌寨，说明旅游的发展增加了当地居民与外界的经济联系，同时交通的发展也加强了少数民族村庄跟外界的联络。因此相对于旅游发展程度低的村庄，旅游发展程度高的村庄关系网络更广泛，网络半径更大，使原有的村民与亲戚、邻里及其他村民之间的亲缘地缘网络的密度降低。

七是旅游的发展增强了民族认同感。桃坪羌寨的民族认同感显著高于萝卜寨，说明旅游的发展对民族认同感产生了正面的影响。当地居民在享受其民族传统特色旅游带来的巨大经济利润的同时，逐渐发现自身传统文化的重要价值，且该文化具有不可替代性，从而消除了原本因民族封闭、落后而导致的民族自卑感，树立起由经济带动的民族文化的自信与自豪感。从最初因经济利益保护自己的传统文化，到最终自觉地发掘民族文化本身的价值，并唤起对民族文化传承的责任心和使命感，增强了民族认同感。

二、需要进一步研究的问题

（一）进行多目的地的适应性推广验证

本书在研究过程中，由于受人力、物力条件所限，样本选取点仅为四川省境内的三个民族社区，虽然选取的样本数量达到了统计学的要求，也对旅游活动社区乡土特征、社区非物质文化遗产传承、社区社会资本的影响进行了实证研究和探索，但它们是否具有普适性仍需进行适应性推广研究，以提升研究结论的外部效度。笔者建议后续研究可以扩大研究地点的范围，可延伸到不同地域、不同民族种类的民族社区，特别是选取与本书研究的经济水平、社会结构都有差异的民族社区进行分析和比较，以发现旅游活动对民族社区传统文化影响的内在作用过程和机理。

（二）进行长期的跟踪研究

本书所使用的数据都是在一个时间点上的调查所得，其反映的是一个时间点上的旅游活动对民族社区传统文化的影响状况，但旅游活动带来的外来文化和社区传统文化的相互作用过程非常漫长，而且在不同的时间段内，二者碰撞的强度存在差异。因此，要揭示旅游活动影响下的民族社区传统文化的演变规律和路径，就需要对民族社区进行长期的跟踪研究，形成时间序列的研究成果，来探究其内在的规律性。

参 考 文 献

巴莫曲布嫫. 2008. 非物质文化遗产：从概念到实践. 民族艺术，24（1）：6-17.

巴泽尔. 1997. 产权的经济分析. 上海：上海三联书店.

保继刚，楚义芳. 1999. 旅游地理学（第2版）. 北京：高等教育出版社.

卜长莉，金中祥. 2001. 社会资本与经济发展. 社会科学战线，24（4）：217-222.

常雪. 2008. 基于参考价格的消费者价格评价研究. 山东大学博士学位论文.

陈国富，卿志琼. 1999. 制度变迁：从人格化交换到非人格化交换. 南开经济研究，15（3）：14-19.

陈华文. 2010. 论非物质文化遗产生产性保护的几个问题. 广西民族大学学报（哲学社会科学版），32（5）：87-91.

陈金华，周灵飞. 2008. 海岛居民对旅游影响感知的实证研究——以福建东山岛为例. 地域研究与开发，27（2）：90-94.

陈烈，黄海. 1995. 论民俗旅游资源的基本特征及其开发原则. 热带地理，15（3）：272-277.

陈庆德. 2001. 经济人类学. 北京：人民出版社.

陈庆云. 2006. 非物质文化遗产保护法律问题研究. 中央民族大学学报，33（1）：40-44.

陈晓萍，徐淑英，樊景立. 2008. 组织与管理研究的实证方法. 北京：北京大学出版社.

池静，崔凤军. 2006. 乡村旅游地发展过程中的"公地悲剧"研究——以杭州梅家坞、龙坞茶村、山沟沟景区为例. 旅游学刊，21（7）：17-23.

崔玉范. 2009. 关于民族文化旅游资源收益权问题的思考. 黑龙江民族丛刊，25（2）：

132-137.

丹尼逊·纳什. 2004. 旅游人类学. 宗晓莲译. 昆明：云南大学出版社.

德姆塞茨 H. 2004. 关于产权的理论//R. 科斯，A. 阿尔钦，D. 诺斯. 财产权利与制度变迁——产权学派与新制度学派译文集. 上海：上海三联书店：97-104.

杜瑛. 2006. 国内"差序格局"研究的文献综述. 河海大学学报（哲学社会科学版），8（1）：15-17.

樊景立，梁建，陈志俊. 2008. 实证研究的设计与评价//陈晓萍，徐淑英，樊景立. 组织与管理研究的实证方法. 北京：北京大学出版社.

范莉娜. 2009. 对民族文化旅游资源产权制度中所有者缺位现象的探讨. 旅游论坛，2（2）：205-208.

方竹兰. 1997. 人力资本所有者拥有企业所有权是一个趋势——兼与张维迎博士商榷. 经济研究，32（6）：36-40.

方竹兰. 2002. 论人力资本及其制度分析价值——与魏杰教授商榷. 学术月刊，46（10）：26-32.

飞龙. 2005. 国外保护非物质文化遗产的现状. 文艺理论与批评，20（6）：63-64.

费孝通. 2007. 乡土中国. 上海：上海人民出版社.

冯晓青. 2010. 非物质文化遗产与知识产权保护. 知识产权，24（5）：15-23.

冯智明. 2007. 国内目的地居民对旅游社会文化影响感知研究综述. 桂林旅游高等专科学校学报，18（2）：284-287.

福山. 2002. 大分裂：人类本性与社会秩序的重建. 刘榜离译. 北京：中国社会科学出版社.

高丙中. 2007. 非物质文化遗产——作为整合性的学术概念的成型. 河南社会科学，15（2）：15-17.

高燕，王毅杰. 2002. 社会研究方法. 北京：中国物价出版社.

高永久，朱军. 2010. 试析民族社区的内涵. 北方民族大学学报（哲学社会科学版），22（1）：5-11.

桂勇，黄荣贵. 2008. 社区社会资本测量——一项基于经验数据的研究. 社会学研究，23（3）：122-142.

郭山. 2007. 旅游开发对民族传统文化的本质性影响. 旅游学刊，22（4）：30-35.

郭伟，陆旸. 2005. 目的地居民对旅游影响的感知研究综述. 燕山大学学报（哲学社会科学版），6（4）：89-92.

贺学君. 2005. 关于非物质文化遗产保护的理论思考. 江西社会科学，26（2）：103-109.

胡涤非. 2011. 农村社会资本的结构及其测量——对帕特南社会资本理论的经验研究. 武汉大学学报（哲学社会科学版），64（4）：62-68.

胡伟清. 2008. 无形人力资本研究. 重庆大学博士学位论文.

黄光国. 2006. 儒家关系主义：文化反思与典范重建. 北京：北京大学出版社.

黄洁，吴赞科. 2003. 目的地居民对旅游影响的认知态度研究——以浙江省兰溪市诸葛、长乐村为例. 旅游学刊，18（6）：84-89.

黄乾. 2000. 论人力资本产权的概念、结构与特征. 江汉论坛，43（10）：9-14.

黄胜进. 2006. 从"文化遗产"到"文化资本"——非物质文化遗产的内涵及其价值考察. 青海民族研究，17（4）：10-12.

黄燕玲，罗盛峰. 2008. 少数民族地区居民对农业旅游影响的感知研究——以广西恭城瑶族自治县红岩新村为例. 广西民族研究，24（3）：197-205.

姜言文，滕晓慧. 2007. 论国有非物质文化遗产的法律保护. 法学杂志，28（5）：68-71.

蒋敬. 2011. 旅游发展对民族社区乡土特征影响的实证研究——以四川丹巴县甲居藏寨为例. 四川师范大学硕士学位论文.

金颖若. 2002. 试论贵州民族文化村寨旅游. 贵州民族研究，22（1）：61-65.

凯西·卡麦兹. 2009. 建构扎根理论：质性研究实践指南. 边国英译. 重庆：重庆大学出版社.

堪永生，王乃昂，范娟娟，等. 2005. 主社区居民对旅游效应的感知研究——以敦煌市为例. 地域研究与开发，24（2）：73-77.

科尔曼. 1990. 社会理论的基础. 邓方译. 北京：社会科学出版社.

兰玉杰，陈晓剑. 2003. 人力资本的概念界定及其性质研究. 科学学与科学技术管理. 24（4）：80-81.

雷玉琼. 2009. 混合产权交易制度：公共池塘资源治理的有效路径. 江西财经大学学报，11（5）：17-21.

李海峥，梁赟玲，Barbara Fraumen，等. 2010. 中国人力资本测度与指数构建. 经济研究. 47（8）：42-54.

李建民. 1999. 人力资本通论. 上海：上海三联书店.

李建欣. 1999. 国外旅游社会学研究管窥. 桂林旅游高等专科学校学报，S2：64-68.

李墨丝. 2011. 非物质文化遗产法律保护路径的选择. 河北法学，29（2）：107-112.

李强. 2010. 少数民族村寨旅游的社区自主和民族文化保护与发展——以云南泸沽湖与青海小庄村为例. 贵州民族研究，31（2）：106-112.

李荣启. 2009. 论保护主体在非物质文化遗产恢复重建中的作用. 广西民族研究, 25（4）: 192-196.

李晟. 2008. 基于旅游视角的非物质文化遗产传承激励机制研究——以传统手工艺技能为例. 浙江工商大学硕士学位论文.

李淑敏, 李荣启. 2005. 论非物质文化遗产的保护原则. 船山学刊, 91（3）: 173-175.

李伟梁. 2006. 试论民族社区文化旅游开发的若干原则. 黑龙江民族丛刊, 22（2）: 43-48.

李伟民, 梁玉成. 2002. 特殊信任与普遍信任: 中国人信任的结构与特征. 社会学研究, 17（3）: 11-22.

李卫华, 赵振斌, 李艳花. 2006. 古村落旅游地居民综合感知及差异分析——以陕西韩城党家村为例. 旅游科学, 20（6）: 52-58.

李雪峰. 2002. 旅游区资源过度利用的经济学分析及治理途径探究. 旅游学刊, 17（5）: 22-28.

李友梅. 2005. 费孝通与 20 世纪中国社会变迁. 上海: 上海大学出版社.

李志飞. 2006. 少数民族山区居民对旅游影响的感知和态度——以柴埠溪国家森林公园为例. 旅游学刊, 21（2）: 21-25.

梁玉华, 陈志永, 李乐京. 2006. 少数民族村寨村民参与旅游开发实证研究——以贵州镇山村为例. 贵州民族研究. 26（6）: 39-45.

廖明君, 周星. 2007. 非物质文化遗产保护的日本经验. 民族艺术, 23（1）: 31-32.

林聚任, 等. 2007. 社会信任和社会资本重建——当前乡村社会关系研究. 济南: 山东人民出版社.

林聚任, 杜金艳. 2007. 当前中国乡村社会关系特征与问题分析. 中国农业大学学报（社会科学版）, 24（3）: 34-42.

林聚任, 刘翠霞. 2005. 山东农村社会资本状况调查. 开放时代, 24（4）: 119-138.

刘怀伟. 2003. 商务市场中顾客关系的持续机制研究. 浙江大学博士学位论文.

刘晖. 2001. "摩梭人文化保护区"质疑——论少数民族文化旅游资源的保护与开发. 旅游学刊, 16（5）: 27-30.

刘静艳, 陈阁芝, 肖悦. 2011. 社区资本对生态旅游收益与居民环保意识关系的调节效应. 旅游学刊, 26（8）: 80-86.

刘魁立. 2004. 非物质文化遗产及其保护的整体性原则. 广西师范学院学报（哲学社会科学版）, 25（4）: 1-8.

刘民坤. 2010. 国内旅游社会影响研究反思. 旅游论坛, 3（1）: 5-9.

刘润秋, 赵雁名. 2011. 人力资本投资悖论与适度人力资本投资. 经济体制改革, 29(1): 45-49.

刘婷. 2002. 浅论少数民族地区的传统文化和自然生态的保护及可持续发展——来自建设"民族文化生态村"彝族村寨的调查. 楚雄师范学院学报, 17 (5): 53-58.

刘旺, 蒋敬. 2011. 旅游发展对民族社区社会文化影响的乡土视野研究框架. 经济地理, 31 (6): 1025-1030.

刘旺, 孙璐, 吴明星. 2008. 少数民族村寨旅游开发中的"公地悲剧"及其对策研究——以丹巴县甲居藏寨为例. 开发研究, 24 (1): 125-129.

刘旺, 王汝辉. 2008. 文化权理论在少数民族社区旅游发展中的应用研究——以四川省理县桃坪羌寨为例. 旅游科学, 28 (2): 63-68.

刘旺, 杨敏. 2005. 旅游资源保护激励机制探析. 四川师范大学学报 (社会科学版), 32 (5): 126-131.

刘伟. 2010. 从马克思艺术生产理论看非物质文化遗产保护. 学术论坛, 33(8): 165-168.

刘锡诚. 2006. 传承与传承人论. 河南教育学院学报 (哲学社会科学版), 25 (5): 24-36.

刘喜梅, 卢润德, 潘立军. 2008. 基于旅游影响感知的南岳古镇居民类型划分. 安徽农业科学, 36 (28): 12432-12435.

刘赵平. 1998a. 社会交换理论在旅游社会文化影响研究中的应用. 旅游科学, 18 (4): 30-33.

刘赵平. 1998b. 再论旅游对接待地的社会文化影响——野三坡旅游发展跟踪调查. 旅游学刊, 13 (1): 50-54.

刘赵平. 1999. 旅游对目的地社会文化影响研究结构框架. 桂林旅游高等专科学校学报, 10 (1): 29-34.

刘振礼. 1992. 旅游对接待地的社会影响及对策. 旅游学刊, 7 (3): 52-55.

刘志军. 2009. 非物质文化遗产保护的人类学透视. 浙江大学学报 (人文社会科学版), 39 (5): 36-45.

卢纹岱. 2006. SPSS for Windows 统计分析 (第三版). 北京: 电子工业出版社.

卢现祥. 2004. 新制度经济学. 武汉: 武汉大学出版社.

卢小丽, 肖贵蓉. 2008. 居民旅游影响感知测量量表开发的实证研究. 旅游学刊, 23 (6): 86-89.

陆林. 1996. 旅游地居民态度调查研究——以皖南旅游区为例. 自然资源学报, 11 (4): 377-382.

罗伯特·K·殷. 案例研究：设计与方法. 周海涛，李永贤，张蘅译. 重庆：重庆大学出版社.

罗家德，方震平. 2014. 社区社会资本的衡量——一个引入社会网观点的衡量方法. 江苏社会科学，35（1）：114-124.

罗永常. 2003. 民族村寨旅游发展问题与对策研究. 贵州民族研究，23（2）：102-107.

罗永常. 2005. 乡村旅游社区参与研究——以黔东南苗族侗族自治州雷山县郎德村为例. 贵州师范学院学报（自然科学版），23（4）：108-111.

吕俊彪. 2009. 非物质文化遗产保护的去主体化倾向及原因探析. 民族艺术，25（2）：6-11.

马翀炜，陈庆德. 2004. 民族文化资本化. 北京：人民出版社.

马克思恩格斯列宁斯大林著作编译局. 1995. 马克思恩格斯选集（第一卷）. 北京：人民出版社.

马戎. 2001. 民族与社会发展. 北京：民族出版社.

曼瑟尔·奥尔森. 1995. 集体行动的逻辑. 陈郁，郭宇峰，李崇新译. 上海：上海三联书店.

梅术文. 2007. "非物质文化遗产保护与知识产权国际研讨会"综述. 法商研究，24（4）：156-160.

蒙本曼. 2011. "非科学"的地方性知识及其价值. 辽宁工业大学学报（社会科学版），13（2）：38-41.

苗东升. 2006. 系统科学精要. 北京：中国人民大学出版社.

年志远. 2002. 也谈人力资本产权特征——兼与刘大可和王健民商榷. 财经科学，46（4）：92-94.

欧阳润平，覃雪. 2010. 目的地居民旅游影响感知量表研究. 湖南大学学报（社会科学版），24（3）：47-52.

潘秋玲，李文生. 2004. 我国近年来旅游对目的地社会文化影响研究综述. 经济地理，24（3）：412-422.

庞树奇，蒋雅蓉. 2001. 普通社会学概论. 上海：上海大学出版社.

裴志军. 2010. 村域社会资本：界定、维度及测量——基于浙江西部37个村落的实证研究. 农村经济，28（6）：92-96.

彭多意. 2001. 发展民族社区经济方法探索——以可邑彝族生态文化旅游村项目为例. 思想战线，27（6）：113-115.

彭曙齐. 2011. 社会主义核心价值体系对构建和谐校园文化生态的作用. 教学与管理,
　　28（27）: 33-34.

彭兆荣. 2004. 旅游人类学. 北京: 民族出版社.

祁庆富. 2006. 论非物质文化遗产保护中的传承及传承人. 西北民族研究, 21（3）:
　　114-123.

秦伟, 吴军, 等. 2000. 社会科学研究方法. 成都: 四川人民出版社.

邱皓政, 林碧芳. 2009. 结构方程模型的原理与应用. 北京: 中国轻工业出版社.

邱皓政. 2009. 量化研究与统计分析——SPSS 中文视窗版数据分析范例解析. 重庆: 重
　　庆大学出版社.

邱云美, 封建林. 2005. 少数民族地区社区参与旅游的影响因素与措施. 黑龙江民族丛
　　刊,（6）: 48-51.

仇立平. 2008. 社会研究方法. 重庆: 重庆大学出版社.

单纬东, 许秋红. 2006. 连南瑶族自治县文化旅游资源开发效应的实证分析. 广东技术
　　师范学院学报, 27（5）: 62-65.

单纬东, 许秋红. 2007. 剩余索取权与非物质文化资源保护的激励——广东连南、连山、
　　乳源等地区的实证研究. 福建论坛（人文社会科学版）, 28（1）: 36-39.

单纬东, 许秋红. 2008. 基于产权理论的少数民族非物质文化资源的开发与保护. 贵州
　　民族研究, 30（3）: 23-28.

单纬东. 2004. 少数民族文化旅游资源保护与产权合理安排. 人文地理, 19（4）: 26-29.

单纬东. 2007. 资源理论与少数民族地区旅游经济的竞争优势——以广东连南瑶族自治
　　县为例. 贵州民族研究, 26（1）: 72-78.

单纬东. 2009. 利益权利与少数民族非物质文化旅游资源的保护——基于广东连南瑶族
　　自治县的实证分析. 广东技术师范学院学报, 30（5）: 16-19.

单纬东, 许秋红. 2006. 连南瑶族自治县文化旅游资源开发效应的实证分析. 广东技术
　　师范学院学报, 27（5）: 62-65.

单纬东, 许秋红. 2007. 剩余索取权与非物质文化资源保护的激励——广东连南、连山、
　　乳源等地区的实证研究. 福建论坛（人文社会科学版）, 28（1）: 36-39.

单纬东, 许秋红. 2008. 基于产权理论的少数民族非物质文化资源的开发与保护. 贵州
　　民族研究, 30（3）: 23-28.

单纬东. 2004. 少数民族文化旅游资源保护与产权合理安排. 人文地理, 19（4）: 26-29.

单纬东. 2007. 资源理论与少数民族地区旅游经济的竞争优势——以广东连南瑶族自治
　　县为例. 贵州民族研究, 26（1）: 72-78.

单纬东. 2009. 利益权利与少数民族非物质文化旅游资源的保护——基于广东连南瑶族自治县的实证分析. 广东技术师范学院学报, 30（5）: 16-19.

盛晓明. 2000. 地方性知识的构造. 哲学研究, 46（12）: 36-44.

史春云, 张捷, 李东和. 2007. 基于个体视角下的旅游地居民感知与态度研究——以九寨沟为例. 北京第二外国语学院学报.29（11）: 11-17.

宋俊华. 2006. 非物质文化遗产概念的诠释与重构. 学术研究, 49（9）: 117-121.

苏晓红, 胡晓东. 2010. 代表性传承人保护与培养机制的多元构建——以苗族民间文学为例. 贵州师范大学学报（社会科学版）, 51（4）: 49-54.

孙诗靓, 马波. 2007. 旅游社区研究的若干基本问题. 旅游科学, 21（2）: 29-33.

孙艳红. 2006. 乡村旅游开发效率机制分析. 河南师范大学学报（哲学社会科学版）, 33（3）: 125-128.

唐德彪, 方磊. 2009. 少数民族文化旅游资源开发中的产权困境及制度构建. 企业经济, 30（1）: 141-143.

唐德彪. 2002. 民族旅游业收益分配的公平性研究. 桂林旅游高等专科学校学报, 13（4）: 56-58.

唐顺铁. 1998. 旅游目的地的社区化及社区旅游研究. 地理研究, 17（2）: 145-149.

唐晓云, 赵黎明. 2005. 社区旅游资源产权困境及其改善. 旅游科学, 19（4）: 11-16.

陶艳梅, 景琴玲. 2006. 对新形势下本土化农村社会资本研究的认识与反思. 安徽农业科学, 34（16）, 4161-4163.

滕尼斯. 1999. 共同体与社会——纯粹社会学的基本概念. 林荣远译. 北京: 商务印书馆.

田里. 1997. 论民俗旅游资源及其开发. 人文地理杂志, 12（3）: 16-19.

瓦伦·L. 史密斯. 2002. 东道主与游客——旅游人类学研究（中译本修订版）.张晓萍, 何昌邑, 等译. 昆明: 云南大学出版社.

王保进. 2007. 英文视窗版 SPSS 与行为科学研究. 北京: 北京大学出版社.

王辉, 忻蓉, 徐淑英. 2006. 中国企业 CEO 的领导行为及对企业经营业绩的影响. 管理世界, 22（4）: 87-96.

王建民. 2001. 论人力资本产权的特殊性. 财经科学, 45（6）: 8-12.

王莉, 陆林. 2005. 国外旅游地居民对旅游影响的感知与态度研究综述及启示. 旅游学刊, 20（3）: 87-93.

王莉霞, 陈荣婕, 徐中媛. 2009. 非物质文化遗产知识产权保护研究进展. 人文地理, 24（5）: 7-11.

王亮. 2006. 社区社会资本与社区归属感的形成. 求实, 48（9）：48-50.

王璐璐. 2006. 国内旅游对目的地社会文化影响研究的理论综述. 黔东南民族师范高等专科学校学报, 24（4）：25-28.

王妙, 孙亚平. 2001. 旅游对接待地的社会文化影响. 天津商学院学报, 21（4）：35-37.

王铭铭. 1999. 村落姓氏与权力——威海资料偶得. 民俗研究, 15（1）：14-18.

王琦. 2010. 现代性的内在矛盾与现代化发展的动力和困境. 齐鲁学刊, 70（4）：71-74.

王汝辉, 刘旺. 2009. 民族村寨旅游开发的内生困境及治理路径——基于资源系统特殊性的深层次考察. 旅游科学, 23（3）：1-5.

王汝辉. 2009b. 基于人力资本产权理论的民族村寨居民参与旅游的必要性研究. 旅游论坛, 21（4）：559-562.

王汝辉. 2010a. 非物质文化遗产在民族村寨旅游开发中的特殊性研究——以四川理县桃坪羌寨为例. 贵州社会科学, 31（11）：37-40.

王汝辉. 2010b. 民族村寨旅游中居民人力资本产权研究——兼析《合作开发讨桃坪羌寨旅游协议》的合约缺陷. 西南民族大学学报（人文社会科学版）, 31（4）：193-196.

王思斌. 1987. 经济体制改革对农村社会关系的影响. 北京大学学报（哲学社会科学版）, 24（3）：28-36.

王文章. 2008. 非物质文化遗产概论. 北京：教育科学出版社.

王宪礼, 朴正吉, 黄永炫, 等. 1992. 长白山生物保护区旅游的社会影响分析. 旅游学刊, 14（2）：65-70.

王晓辉. 2005. 旅游客源地与目的地的文化交流和互动研究. 四川大学硕士学位论文.

王雪华. 1999. 论旅游的社会文化影响. 桂林旅游高等专科学校学报（旅游学科建设与旅游教育增刊）, S2：60-63.

王忠福. 2009. 旅游目的地居民旅游感知影响因素研究. 大连理工大学博士学位论文.

魏宏森. 1994. 试论系统的整体性原理. 清华大学学报（哲学社会科学版）, 9（3）：57-62.

文红, 唐德彪. 2007. 产权制度的构建与民族文化旅游资源开发. 云南社会科学, 27（5）：50-52.

文彤. 2002. 家庭旅馆业的发展——以桂林龙脊梯田风景区为例. 旅游学刊, 17（1）：26-30.

乌丙安. 2010. 非物质文化遗产保护理论与方法. 北京：文化艺术出版社.

吴必虎, 余青. 2000. 中国民族文化旅游开发研究综述. 民俗研究, 16（4）：85-94.

吴明隆. 2003. SPSS 统计应用实务——问卷分析与应用统计. 北京：科学出版社.

吴明隆. 2009. 结构方程模型——AMOS 的操作与应用. 重庆：重庆大学出版社.

吴彤. 2007. 两种"地方性知识"——兼评吉尔兹和劳斯的观点. 自然辩证法研究，23（11）：88-89.

吴晓萍. 2000. 浅析民族地区旅游可持续发展的某些限制性因素. 旅游学刊，15（5）：42-46.

西奥多·W·舒尔茨. 1990. 论人力资本投资. 吴珠华，等译. 北京：北京经济学院出版社.

肖洪根. 1993. 旅游与艺术的商品化. 华侨大学学报（哲学社会科学版），11（3）：69-75.

肖洪根. 2001. 对旅游社会学理论体系研究的认识——兼评国外旅游社会学研究动态（上）. 旅游学刊，16（6）：16-26.

肖洪根. 2002. 对旅游社会学理论体系研究的认识——兼评国外旅游社会学研究动态（下）. 旅游学刊，17（1）：59-69.

肖琼. 2009. 民族村寨旅游环境困境及路径选择. 广西民族研究，25（4）：183-186.

肖唐镖. 2002. 宗族在村治权力分配与运行中的影响分析. 北京行政学院学报，4（3）：1-6.

萧放. 2008. 关于非物质文化遗产传承人的认定与保护方式的思考. 文化遗产，2（1）：127-132.

谢婷，钟林生，陈田，等. 2006. 旅游对目的地社会文化影响的研究进展. 地理科学进展，25（5）：120-130.

谢治菊，谭洪波. 2011. 农村社会资本存量：概念、测量与计算. 贵州财经学院学报，29（5）：87-93.

徐碧祥. 2007. 员工信任对其知识整合与共享意愿的作用机制研究. 浙江大学博士学位论文.

徐杰舜，陈华文. 2007. 人类学与非物质文化遗产保护——人类学学者访谈之四十三. 广西民族大学学报（哲学社会科学版），29（1）：95-101.

徐静. 1998. 中国传统文化与当前社会转型的关系. 中央社会主义学院学报，11（11）：29-32.

宣国富，章锦河，陆林. 2002. 海滨旅游地居民对旅游影响的感知——海南省海口市及三亚市实证研究. 地理科学，22（6）：741-746.

薛薇. 2009. SPSS统计分析方法及应用（第二版）. 北京：电子工业出版社.

阎云翔. 2006. 差序格局与中国文化的等级观. 社会学研究. 21（4）：201-214.

杨国枢，文崇一，吴聪贤，等. 2006. 社会及行为科学研究法（上）. 重庆：重庆大学出版社杨洪兰，王方华. 1996. 现代实用管理学. 上海：复旦大学出版社.

杨学燕. 2008. 回族社区居民对旅游开发的态度差异——以宁夏永宁县纳家户村及西吉火石寨乡的对比分析为例. 经济地理，28（6）：1068-1072.

杨雪冬. 2000. 社会资本：对一种新解释范式的探索//李惠斌，杨雪冬. 社会资本与社会发展. 北京：社会科学文献出版社.

杨雪冬，李惠斌. 2000. 社会资本与社会发展. 北京：社会科学文献出版社.

杨艳，肖京雨. 2007. 非物质文化遗产的法律思考. 法学杂志，28（5）：65-67.

杨永福，段红涛，孟磊. 2003. 制度性规则建构方法研究综述. 经济学动态，44（6）：70-74.

杨振之，马治弯，陈谨. 2002. 我国风景资源产权及其管理的法律问题——兼论西部民族地区风景资源管理. 旅游学刊，17（4）：39-45.

叶舒宪. 2001. 地方性知识. 读书，23（5）：121-125.

衣俊卿. 1995. 论社会转型时期的生存模式重塑——关于价值重建与文化转型的深层思考. 北方论丛，37（4）：1-8.

衣俊卿. 2004. 现代性的维度其及当代命运. 中国社会科学，25（4）：13-24.

游晓兰，胡春华. 2009. 民族民间文化遗产权利性质——以国际人权法为视角. 西南民族大学学报（人文社科版），31（1）：46-51.

苑利，顾军. 2009. 非物质文化遗产学. 北京：高等教育出版社.

詹姆斯·S. 科尔曼. 2008. 社会理论的基础. 邓方译. 北京：社会科学文献出版社.

张春丽，李星明. 2007. 非物质文化遗产概念研究述论. 中华文化论坛. 14（2）：137-140.

张耕. 2010. 非物质文化遗产私法保护模式研究——以重庆市非物质文化遗产保护为例. 西南民族大学学报（人文社会科学版），31（8）：105-109.

张宏梅. 2004. 旅游地形象形成的心理过程及其影响因素. 安徽师范大学学报（自然科学版），27（2）：216-219.

张杰，陈剑光. 2009. 非物质文化遗产法律保护体系的构建. 法律适用，24（11）：111-112.

张洁，杨桂华. 2005. 社区居民参与旅游积极性的影响因素调查研究. 生态经济，21（10）：303-306.

张捷. 1998. 区域民俗文化旅游资源的定量评价研究——九寨沟藏族民俗文化与江苏吴文化民俗旅游资源比较研究之二. 人文地理，13（1）：63-66.

张进福，肖洪根. 2000. 旅游社会学研究初探. 旅游学刊，15（1）：53-59.

张钧. 2005. 文化权法律保护研究——少数民族地区旅游开发中的文化权保护. 思想战线，31（4）：29-33.

张维迎. 1996. 所有制、治理结构及委托—代理关系——兼评崔之元和周其仁的一些观点. 经济研究，31（9）：3-15.

张文，何桂培. 2008. 我国旅游目的地居民对旅游影响感知的实证调查与分析. 旅游学刊，23（2）：72-79.

张晓萍. 2005. 民族旅游的人类学透视——中西旅游人类学研究论丛. 昆明：云南大学出版社.

章锦河. 2003. 古村落旅游地居民旅游感知分析——以黟县西递为例. 地理与地理信息科学，19（2）：105-109.

赵廷彦. 2008. 重建社区社会资本的路径选择. 辽宁大学学报（哲学社会科学版），36（3）：15-19.

赵雪雁. 2012. 社会资本测量研究综述. 中国人口·资源与环境，22（7）：127-133.

赵延东. 2006. 测量西部城乡居民的社会资本. 华中师范大学学报（人文社会科学版），45（6）：48-52.

赵玉宗，李东和，黄明丽. 2005. 国外旅游地居民旅游感知和态度研究综述. 旅游学刊，20（4）：85-92.

郑杭生. 2003. 社会学概论新修（第3版）. 北京：中国人民大学出版社.

郑晓云. 2009. 社会资本与农村发展. 北京：中国社会科学出版社.

周安平，龙冠中. 2010. 我国非物质文化遗产传承人的认定探究. 知识产权，20（5）：34-38.

周红云. 2002. 社会资本理论述评. 马克思主义与现实，13（5）：29-42.

周慧颖，吴建华. 2004. 国内有关旅游对接待地社会文化影响的研究述评. 旅游学刊，19（6）：88-92.

周建国. 2005. 社会资本及其获取途径. 上海交通大学学报（哲学社会科学版），13（6）：31-37.

周其仁. 1996. 市场里的企业——一个人力资本与非人力资本的特别合约. 经济研究，31（6）：71-80.

周三多，贾良定. 2010. 管理学——原理与方法（第五版）. 上海：复旦大学出版社.

周星. 2004. 民族民间文化艺术遗产保护与基层社区. 民族艺术，20（2）：18-24.

朱必祥. 2005. 人力资本理论与方法. 北京：中国经济出版社.

朱琴芬. 2006. 新制度经济学. 上海：华东师范大学出版社.

宗晓莲. 2002. 布迪厄文化再生产理论对文化变迁研究的意义——以旅游开发背景下的民族文化变迁研究为例. 广西民族学院学报（哲学社会科学版），24（2）：22-25.

左文超. 2011. 民族社区旅游资源特殊性及居民对门票分红感知的研究. 四川师范大学硕士学位论文.

《2000/2001 年世界发展报告》编写组. 2001. 2000/2001 世界发展报告：与贫困作斗争. 世界发展报告翻译组译. 北京：中国财政经济出版社.

E. H. 菲吕博腾, S. 配杰威齐. 2004. 产权与经济理论：近期文献的一个综述//R. 科斯, A. 阿尔钦, D. 诺斯. 财产权利与制度变迁——产权学派与新制度学派译文集. 上海：上海三联书店：204.

G. S. 贝克尔. 1987. 人力资本. 梁小明译. 北京：北京大学出版社.

Yin R K. 2004. 案例研究设计与方法（第三版）. 周海涛, 李永贤, 张蘅译. 重庆：重庆大学出版社.

Aikawa N. 2004. An Historical Overview of the Preparation of the UNESCO International Convention for the Safeguarding of the Intangible Cultural Heritage. Museum International, 56（1-2）：137-149

Ap J. 1992. Residents'perceptions on tourism impacts. Annals of Tourism Research, 19（4）：665-690.

Ap J, Crompton J L. 1998. Developing and testing a tourism impact scale. Journal of Travel Research, 37（2）：120-130.

Bagozi R, Yi P. 1998. On the valuion f strucal models. Academi of Marketing Scien, 16（1）：76-94.

Bennett R J, Robinson S L. 2000. Development of a measure of workplace deviance. Journal of Applied Psychology, 85（3）：349.

Bollen K A. 1989. A new incremental fit index for general structural models. Sociological Methods & Research, 303-316.

Bourdieu P, Loic. 1985. Wacquan invitation to reflexive sociology. Chicago：University of Chicago Press, 119.

Brougham J E, Butler R W. 1981. A segmentation analysis of resident attitudes to the social impact of tourism. Annals of Tourism Research, 8（4）：569-590.

Brunt P, Courtney P. 1999. Host perceptions of sociocultural impacts. Annals of Tourism Research, 26（3）：493-515.

Burt. R. S. 1992. Structural holes：The social structure of competition, Cambridge：Harvard University Press.

Butler R W. 1980. The concept of a tourist area cycle of evolution: Implications for management of resources. Canadian Geographer, 24（1）: 5-12.

Campbell D T, Fiske D W. 1959. Convergent and discriminant validation by the multitrait-multimethod matrix. Psychological Bulletin, 56（2）: 81-105.

Carnevale D G, Wechsler B. 1992. Trust in the public sector: Individual and organizational determinant. Administrationand Society, 23（4）: 471-494.

Churchill G A. 1979. A paradigm for developing better measures of marketing constructs. Journal of marketing research, 29（2）: 64-73.

Cohen D J., Prusak L. 2001. In good company: How social capital makes organizations work, Boston, Massachusetts: Harvard Business School Press.

Davis. 1988. Segmenting local residents by their attitudes, interests, and opinions toward tourism. Journal of Travel Research, 27（2）: 1-8.

Eisenhardt K M. 1989. Building theories from case study research, academy of management review, 14（4）: 532-550.

Farver J A M. 1984. Tourism and employment in The Gambia. Annals of Tourism Research, 11（2）: 249-265.

Fukuyama F. 1997. Falling tide: Global trends and US civil society. Harvard International Review, 20（1）: 60-64.

Gambetta D T. 1988. Making and Breaking Cooperative Relations. Oxford: Basil Blackwell.

Hair J F, Black W C, Babin B J, et al. 2006. Multivariate data analysis（6th ed）, Pearson Prentice-Hall, Englewood Cliffs.

Haralambopoulos, N, Pizam A. 1996. Perceived impacts of tourism: The case of samos. Annals of Tourism Research, 23（3）: 503-526.

Haynes S N, Richard D, Kubany S. 1995. Content validity in psychological assessment: A functional approach to concepts and methods. Psychological Assessment, 7（3）: 238.

Hinkin T R. 1998. A brief tutorial on the development of measures for use in survey questionnaires. Organizational research methods, 1（1）: 104-121.

Jafari J. 1996. Tourism and culture: An inquiry into paradox. Proceeding of the Round Table Debate on Culture, Tourism, Development: Crucial issues for the 21st Century. UNESCO, Paris. 43-47.

Kenneth &Whiteley, Paul（eds.）, Social Capital and European Democracy. London: Routledge. 1999.

Knack S, Keefer P. 1997. Does Social Capital Have an Economic Payoff ? A Cross-country Investigation. Quarterly Journal of Economics, 112（4）: 1251-1288.

Lankford S V, Howard D R. 1994. Developing a tourism impact attitude scale. Annals of Tourism Research, 21（1）: 121-139.

Lin N. 1982. Social resources and instrumental action//Marsden, Peter V. and Nan L. Social Structure and Network Analysis, London: Sage Publications.

Loevinger J A. 1947. A systematic approach to the construction and evaluation of tests of ability. Psychological Monographs, 61（4）: 1-49.

Long T, Perdue R R, Allen L. 1990. Rural resident tourism perceptions and attitudes by community level of tourism. Journal of Travel Research, 28（3）: 3.

Madrigal R. 1995. Residents' perceptions and the role of government. Annals of Tourism Research, 22（1）: 86-102.

Marsden PV, Lin N. 1982. Social Resources and Instrumental Action//Marsden P, Nan L. Social Structure and Network Analysis, London: Sage Publications.

McKercher B, Cross H. 2002. Cultural Tourism: the Partnership between Tourism and Cultural Heritage Management. New York: The Haworth Hospitality Press.

Miles M B, Huberman A M. 1984. Qualitative Data Analysis: A Sourcebook of new methods. CA: Sage Publications.Sage Press.

Perdue R R, Long P T, Allen L.1987. Rural resident tourism perceptions an attitudes. Annals of Tourism Research, 15（4）: 420-429.

Putnam R. 1993. Making democracy work: Civic traditions in modern Italy, Princeton: Princeton University Press.

Rollins R. 1997. Validation of the TIAS as a tourism tool. Annals of Tourism Research, 24（3）: 740-742.

Rosen.1985. The Theory of Equalizing Differences// Ashenfelter, Layard R. Handbook of Labour Economics, Amsterdam: North-Holland.

Saveriades A. 2000. Establishing the social tourism carrying capacity for the tourist resorts of the east coast of the Republic of Cyprus. Tourism Management, 21（2）: 147-156.

Upchurch R S, Teivane U. 2000.Resident perceptions of tourism development in Riga, Latvia.Tourism Management, 21（5）: 499-507.

Urry J. 2002. The Tourism Gaze（2th edn）. London, Thousand Oaks, New Delhi: Sage Publications.

Vecco M. 2010. A definition of cultural heritage: From the tangible to the intangible. Journal of Cultural Heritage, 21 (11): 321-324.

Whiteley P F. 2009. The origins of social capital, in Van Deth, Jan W.; Maraffi, Macro, Newton.

Williams J, Lawson R. 2001. Community issues and resident opinions of tourism. Annals of Tourism Research, 28 (2): 269-290.

Yin R K. 1994. Case Study Research: Design and Methods(Second Edition), Applied Social Science Research Methods Series, Vol. 5. Thousand Oaks, CA: Sage Publications.

附录

调查问卷

附　录　1

调查时间：_____　调查地点：_____　调查员：_____

调查编号：_____

社区居民对社区旅游发展经济影响感知的调查问卷

说明：民族社区旅游资源的特殊性导致其公共领域权利的存在和攫取，随着民族旅游业的持续发展，目的地居民在参与旅游发展的过程中，资源意识逐渐觉醒，不同类型的居民对公共资源价值的分配及补偿存在不同期望。本次调查就是想要了解您对收入、就业及利益分配这些问题的态度，以期对民族社区旅游资源的保护提出宝贵建议。我们保证调查结果只作为研究资料，不会用于其他方面。请配合我们的调查，对下列问题作出选择。谢谢您的合作！

一、基本情况

姓名：_____　年龄：_____

民族：藏族　　　　其他民族_____

性别：男　　　女

是否本地出生：是　　　否

文化程度：小学以下　小学　初中　高中　其他_____

类型：接待大户　一般接待户　零星接待户　非接待户

二、社区居民对社区旅游发展经济影响的感知

对下列问题您可能会有五种不同程度的感知，如发展旅游业后，自家的收入水平与以前相比：①大幅增加；②小幅增加；③没有变化；④小幅降低；⑤大幅降低。它们分别表示您对这些现象的感知程度。如果您几乎没有感觉到变化，或者不了解、不清楚，请选择第三个答案"基本没有变化"或"中立"。请做出最符合您看法的选择。

1. **发展旅游业后，自家的收入水平与以前相比：**

①大幅增加 　②小幅增加 　③没有变化 　④小幅降低

⑤大幅降低

2. **发展旅游业后，自己的就业机会与以前相比：**

①大幅增加 　②小幅增加 　③没有变化 　④小幅降低

⑤大幅降低

3. **甲居藏寨发展旅游后，当地居民生活水平：**

①大幅提高 　②小幅提高 　③没有变化 　④小幅下降

⑤大幅下降

4. **甲居藏寨发展旅游业后，居民之间的获益差距：**

①很大差距 　②较大差距 　③没有变化 　④较小差距

⑤很小差距

5. **我认为甲居藏寨是村民共有的，不属于哪一个人，我也应该分得一定的旅游收益，共同富裕：**

①完全同意 　②同意 　③中立 　④不同意

⑤完全不同意

6. **对景区门票分红金额满意吗？**

①非常满意 　②满意 　③中立 　④不满意

⑤完全不满意

7. **对于景区门票分红的期望是多少：**

①15%～19% 　②20%～29% 　③30%～39% 　④40%～50%

⑤50%以上

再次感谢您的合作！

附　录　2

调查时间：_____　　调查地点：_____　　调查员：_____

调查编号：_____

旅游发展对民族社区乡土特征影响研究调查问卷

说明：旅游发展在带来经济收益的同时，也为旅游目的地的乡土特征带来了影响。本次调查就是想要了解您对这些问题的感知情况。我们保证调查结果只作为研究资料，不会用于其他方面。请配合我们的调查，并对下列问题作出选择。谢谢您的合作！

一、基本情况

姓名：_____　　　　年龄：_____

性别：男　　　女　　　民族：藏族　　汉族　　　其他民族_____

出生地：甲居藏寨一村　　甲居藏寨二村　　　其他_____

文化程度：没有文化　　　小学　　　初中　　　高中及其以上

居民类型：接待大户　　一般接待户　　零星接待户　　非接待户

备注：有讲解员　　有汽车　　　有停车场　　有标间　　临近公路

二、旅游发展对乡土特征影响感知

下列问题有五个选项，请作出最符合您看法的选择，并在该选项后面划"√"。

1. 旅游发展对兄弟姊妹（直系）之间的交往影响：

①很大影响　　　②较大影响　　　③没有影响　　　④较小影响

⑤很小影响

2. 旅游发展对亲戚之间的情感联系影响：

①很大影响　　　②较大影响　　　③没有影响　　　④较小影响

⑤很小影响

3. 旅游发展使亲戚之间产生的经济联系：

①大幅增加　　②小幅增加　　③没有变化　　④小幅减少

⑤大幅减少

4. 与旅游发展之前相比，村民之间的商品买卖：

①大幅增加　　②小幅增加　　③没有变化　　④小幅减少

⑤大幅减少

5. 旅游发展后，村民与游客之间的商品买卖：

①大幅增加　　②小幅增加　　③没有变化　　④小幅减少

⑤大幅减少

6. 以前请人帮忙是相互换工，现在该方式如何：

①很大变化　　②较大变化　　③没有变化　　④较小变化

⑤很小变化

7. 旅游发展后，居民在红白喜事等方面的来往如何：

①很大变化　　②较大变化　　③没有变化　　④较小变化

⑤很小变化

8. 与旅游发展之前相比，现在的邻里关系如何：

①很大变化　　②较大变化　　③没有变化　　④较小变化

⑤很小变化

9. 如果客源住不下，最先倾向于将游客分给/介绍给：

①接待条件好的　　　　②亲戚　　　　③邻居

④经济条件差的　　　　⑤无所谓

10. 旅游发展后，村民认为民居风貌保护是：

①完全是个人的事情　　　②个人的事情

③政府的事情　　　　　　④大家的事情

⑤完全是大家的事情

11. 旅游发展后，村民认为传统文化（如民族服装、民族语言、传统歌舞）的保护是：

①完全是个人的事情　　　　　②个人的事情

③政府的事情　　　　　　　　④大家的事情

⑤完全是大家的事情

12. 现在村民对"做人要讲诚信、诚恳"这个传统观念的认识怎样：

①很大变化　　②较大变化　　③没有变化　　④较小变化

⑤很小变化

13. 现在村民对"讲容忍、宽容"这个传统观念的认识怎样：

①很大变化　　②较大变化　　③没有变化　　④较小变化

⑤很小变化

14. 现在村民对"讲团结"这个传统观念的认识怎样：

①很大变化　　②较大变化　　③没有变化　　④较小变化

⑤很小变化

15. 现在村民对"长幼有序"这个传统观念的认识怎样：

①很大变化　　②较大变化　　③没有变化　　④较小变化

⑤很小变化

16. 现在村民对"财富"的看重程度：

①非常看重　　②比较看重　　③没有变化　　④不太看重

⑤很不看重

17. 现在村民对"权力"的看重程度：

①非常看重　　②比较看重　　③没有变化　　④不太看重

⑤很不看重

18. 旅游发展后，村民对传统节庆（春节、转山会、跑马节）的过法：

①很大变化　　②较大变化　　③没有变化　　④较小变化

⑤很小变化

19. 现在村民对传统行为规范的要求:

①很大变化　　　②较大变化　　　③没有变化　　　④较小变化
⑤很小变化

20. 旅游发展以后,年轻人对传统歌舞、刺绣等技能学习的积极性:

①大幅提高　　　②小幅提高　　　③没有变化　　　④小幅降低
⑤大幅降低

21. 现在家长对子女文化教育问题重视程度:

①大幅提高　　　②小幅提高　　　③没有变化　　　④小幅降低
⑤大幅降低

再次感谢您的合作!

附 录 3

人力资本视野下非物质文化遗产保护的
微观机制研究调研提纲

姓名：_____ 艺名：_____ 性别：_____ 民族：_____

职业：_____ 信仰：_____ 文化程度：_____ 职务：_____

技艺全称：_____ 年龄：_____

问传承人

一、了解非物质文化遗产传承现状

1. 您掌握这种非物质文化遗产多久了？

2. 您当时为什么学习非物质文化遗产？（是出于喜欢吗？还是继承传统或是无意习得？）

3. 你当时是怎么学习非物质文化遗产的？（长辈的教授？拜师学艺？自学？）

4. 您有徒弟吗？您收徒弟有哪些要求？

5. 您觉得现在收授徒弟的主要困难在哪里？（与自己当时学习非物质文化遗产做徒弟时有哪些不同？）

6. 您愿意向外人（游客或者其他的非本民族、本家族的成员）传授您的技艺吗？为什么？

7. 与旅游发展之前相比，愿意学习您的技艺的人有没有增多？愿意学习的人的情况？（经济、文化水平）

二、非物质文化遗产缺乏传习人可能原因分析

8. 您目前的经济来源有哪些？每年的收入大概有多少？

9. 您的这个手艺每年能帮您挣多少钱？这些收入都是由哪些部分组成，各自的顾客和收入情况怎么样？

10. 发展旅游之后，您的手艺为您带来收入了没有？收入有多少？收入的主要来源方式有哪些？

11. 您是否以地方文化代表身份获得各级政府官员的接见？当时的情况怎么样？

12. 政府有没有为专门为您办理保险？

13. 您受邀参加过国家、省、市、县级的非物质文化遗产保护研讨会或组织的非物质文化遗产的宣传活动吗？当时的情况是怎么样的，您的感受怎么样，觉得好不好？为什么好或是不好？您怎么样看这些事情？

14. 您作为释比，有没有政府人员来看望您？

15. 政府对您传承的非物质文化遗产重视吗？您知道他们为什么重视？您觉得是否应该重视，为什么？

16. 有没有大学老师了解关于您的手艺传承问题？他们来找您干什么？他们对传承和保护非物质文化遗产有哪些建议？你觉得这些建议怎么样，能行得通吗？

17. 有没有游客来您家拜访？他们对您传承的非物质文化遗产感兴趣吗？他们来主要是干什么？有没有个人或团体资助您的传承与保护活动？

18. 如果您收徒的话，国家有资助吗？有多少？他们是怎么资助的？

19. 政府给您发过奖牌没？

20. 羌绣是做装饰还是销售呢？如果销售，销售的对象是哪些人？政府有没有为您生产产品的销售提供帮助呢？

21. 您有定期向观众讲述或表演的机会吗？一般都在哪里表演？政府有没有为您提供固定的表演场所？如果有的话，表演过几次及什么时间？都是在什么样的情况下进行的，您喜欢这样的表演机会吗？（问土风歌舞队？自愿还是政府？）

22. 政府有没有资助您出版、整理与非物质文化遗产相关的传承资料？是在什么时候、什么情况下，您觉得这样好不好？对您有什么好处和不好的地方？

23. 您（您的孩子）从事什么行业？学习释比怎么样？为什么愿意或者不愿意学习？

问传习人

三、非物质文化遗产缺乏传习人可能原因分析

24. 您觉得非物质文化遗产重要吗？您愿意学习吗？旅游发展之后，您对非物质文化遗产的认识有没有变化？有哪些变化？

25.（如果不愿意学习，继续问）让您的孩子在学校学习之余学习非遗，您觉得怎么样？如果政府补贴您孩子学习非物质文化遗产的费用，您愿意让他去学习吗？

26. 问询已经在学的年轻人，了解他学习非物质文化遗产的情况，以及了解他自身的特点（包括经济情况，文化程度，学习的意愿、动机）

问社区居民

四、人力资本产权

27. 您每年从社区旅游发展中获取收入有多少？您满意吗？您觉得应该获得多少？为什么您觉得您应该从社区旅游中获得收入呢？（收益权）

28. 政府或企业有没有请您为游客表演过？付给您表演费用了吗？您对付给您的费用满意吗？为什么？（有偿使用权、自由让渡）

29. 您觉得村寨最吸引游客的什么？是"人"吗？（产权意识）

政府将村寨的经营权转让给企业时有没有征询您的意见？（如果没有征询，进一步问）您觉得应不应该征询呢？为什么？

附 录 4

调查时间：_____ 调查地点：_____ 调查员：_____

调查编号：_____

民族社区社会资本内涵及测量调查问卷

各位朋友：

您好！

首先感谢您能接受我们的调查，我们是四川师范大学历史文化与旅游学院的研究生，正在进行一项民族村落社会资本的研究，请您按照您的实际情况填写下面的问题，你只需在所选的答案系号上划"√"，或者在"___"处填写出您的答案，无所谓对错之分。调查结果仅用于学术研究，不会用于其他方面。

感谢您的支持与合作！

基本情况

姓名：_____ 性别：男 女 年龄：_____

民族：藏族 羌族 汉族 出生地：本村 外村

文化程度：没有文化 小学 初中 高中及以上

职业：_____ 婚姻：已婚 未婚

居民类型：接待大户 一般接待户 零星接待户 非接待户

题目	1. 表示非常不同意；2. 表示不同意；3. 表示不确定；4. 表示同意；5. 表示非常同意				
1. 在任何情况下，我都相信我家人说的话	1	2	3	4	5
2. 在任何时候，我都相信我的亲戚（三代以内的近亲）	1	2	3	4	5
3. 村里人都是可信的	1	2	3	4	5

续表

题目	1. 表示非常不同意；2. 表示不同意；3. 表示不确定；4. 表示同意；5. 表示非常同意				
4. 陌生人向我求助，我会帮助他	1	2	3	4	5
5. 社会上的人都是可信的	1	2	3	4	5
6. 我可以借钱给我的大部分朋友，且不用打借条	1	2	3	4	5
7. 一般来说，到政府机关办事都不需要关系	1	2	3	4	5
8. 政府相关部门及公务员是可以信任的	1	2	3	4	5
9. 在遇上较大纠纷时，我会寻求法律帮助	1	2	3	4	5
10. 我完全信任经营村庄旅游事务的管理公司	1	2	3	4	5
11. 羌历年时，村里组织的活动我每次都参与	1	2	3	4	5
12. 我每次都参加村委会的选举	1	2	3	4	5
13. 我经常参加村里的婚丧嫁娶	1	2	3	4	5
14. 我经常参与村里的表演队	1	2	3	4	5
15. 为了村容村貌我不会乱倒垃圾	1	2	3	4	5
16. 我十分喜欢我所在的村庄并从未考虑搬离	1	2	3	4	5
17. 我村得到上级政府表彰，我感到很自豪	1	2	3	4	5
18. 我相信我们村一定会更好的	1	2	3	4	5
19. 农忙时，我常常与其他村民互换活路	1	2	3	4	5
20. 红白喜事时，我常常与其他村民相互帮助	1	2	3	4	5
21. 我的邻居给了我好处，我也会给他好处	1	2	3	4	5
22. 村民需要帮忙，我会不计报酬地帮助他	1	2	3	4	5
23. 我们村的邻里会相互帮忙	1	2	3	4	5
24. 我经常与我的朋友一起吃饭	1	2	3	4	5
25. 空闲时，村民之间常常在一起玩耍	1	2	3	4	5
26. 我和亲戚经常一起聚会	1	2	3	4	5
27. 邻里之间经常串门	1	2	3	4	5
28. 我非常热爱羌族的传统文化	1	2	3	4	5
29. 我十分喜欢我们村庄的建筑风格	1	2	3	4	5
30. 我赞同大力保护释比文化	1	2	3	4	5
31. 我们村民都有白石信仰	1	2	3	4	5

后　记

　　本书集合了我所指导部分研究生的硕士论文，在国家社会科学规划项目的资助下终于要付梓印行了，这对我们来说是一件值得高兴的事情。对于本人而言，尽管我全部参与了这些文章的选题及撰写指导过程，但重读这些作品，仍能强烈感受到一些新鲜的思想和独特的视角，我们综合运用了多学科、多理论视角来探讨民族社区在旅游发展中存在的问题，并力图提出符合实际的解决办法。因此，这部书虽然是多人作品的合集，但研究对象始终是唯一的，是针对一个研究对象的多视角探索。

　　按照书籍编写的体例要求，以及对本书的最初设想，除过对部分论文中不符合书籍体例的地方进行了调整之外，我们基本对论文未做大的调整，较好地保留了作者的原始观点。

　　尽管这部书在编撰阶段的工作主要由我来做，但论文撰写过程中在对研究问题的结构化认识、其他学科理论的深化与借鉴、原始材料的调研与收集以及相关材料的整理和分析等方面都主要由学生完成，在由我提出理论框架的基础上学生均有创造性的思考和对理论的创新性应用，使我对自己的教育培养感到欣慰，同时也对这些学生未来学术之路能够获得成功充满了信心。

感谢新加坡国立大学丹增金巴教授在这些学生撰写学位论文和田野调查过程中的指导与帮助，感谢同门同学在互助互学过程中所做出的贡献。也感谢为本书出版做出巨大努力的科学出版社的牛玲和孙宇两位编辑。

刘　旺

2018 年 4 月 5 日